COACH DE FRACASSOS

COACH DE FRACASSOS

HUMANIZANDO O FRACASSO COM DOSES DE HUMOR

@coachdefracassos

por JÚLIO PEIXOTO

1ª edição

Rio de Janeiro | 2022

COPIDESQUE
Lígia Alves
REVISÃO
Anna Beatriz Seilhe
CAPA ORIGINAL E ILUSTRAÇÕES DO MIOLO
Renan Araújo
DIAGRAMAÇÃO
Abreu's System

CIP-BRASIL. CATALOGAÇÃO NA PUBLICAÇÃO
SINDICATO NACIONAL DOS EDITORES DE LIVROS, RJ

P43c
Peixoto, Julio
Coach de fracassos : humanizando o fracasso com doses de humor / Julio Peixoto. – 1. ed. – Rio de Janeiro : BestSeller, 2022.

ISBN 978-65-5712-234-1

1. Fracasso (Psicologia) - Humorismo. 2. Humorismo brasileiro. I. Título.

22-79962 CDD: 869.7
CDU: 82-7(81)

Meri Gleice Rodrigues de Souza – Bibliotecária – CRB-7/6439

Texto revisado segundo o novo Acordo Ortográfico da Língua Portuguesa.

Créditos de imagens de capa:
Via Láctea com silhueta: Denis Belitsky/ Shutterstock
Cometa: Marko Aliaksandr/ Shutterstock
Vazamentos de luz: overlays-textures/ Shutterstock

Impresso no Brasil

ISBN 978-65-5712-234-1

Seja um leitor preferencial Record.
Cadastre-se e receba informações sobre nossos lançamentos e nossas promoções.

Atendimento e venda direta ao leitor:
sac@record.com.br

Dedico este livro ao fracasso e às suas virtudes.

"O conto do vigário é o mais antigo
gênero de ficção que se conhece."
Machado de Assis

"O fracasso e o sucesso são impostores.
Ninguém fracassa tanto como imagina.
Ninguém tem tanto sucesso como imagina."
Rudyard Kipling

"É legal celebrar o sucesso,
mas é mais importante absorver as lições do fracasso."
Bill Gates

"O fracasso é apenas uma oportunidade
para recomeçar com mais inteligência."
Henry Ford

"O sucesso é ir de fracasso em fracasso sem perder o entusiasmo."
Winston Churchill

SUMÁRIO

Primeiro gostaria de agradecer aos irresponsáveis dos seguidores do Instagram por me ajudarem a desenvolver este personagem, Coach de Fracassos, que eu tanto desprezo e lamento, mas que vive eternamente dentro de mim. Por favor, não me confundam com o personagem — eu sou bem pior.

Tenho muito a agradecer a minha mulher, Caruza Pinheiro, que me ajudou na pesquisa, revisão e na fluidez do texto. Ela muitas vezes fez a função de um "filtro passa-baixa", excluindo partes completamente sem noção do texto. Ficou com vergonha e inteligentemente não quis ser inclusa como coautora.

Agradeço também a toda equipe editorial, principalmente pela paciência envolvida nesse projeto. Creio que lidar com alguém de exatas, escrevendo o primeiro livro e com o TDAH altíssimo não tenha sido algo fácil.

Por fim, gostaria de agradecer a todos meus fracassos. Gratiluz é o caralho!

"Eu cheguei aonde cheguei porque tudo que planejei deu errado."

Rubem Alves

Se prefácio fosse bom e útil, a editora iria me pagar por ele.

O fracasso subiu ao fígado de muita gente nestas plagas de pragas que torcem só pela vitória, não necessariamente pelo vencedor. Efeito colateral que leva à epicondilite crônica. Doença que não é pandêmica por não se saber como soletrá-la neste Brasil-il-il que não *iu*, nem foi.

(Mas, se eu disser que o palavrão acima é a popular "dor de cotovelo", você sabe o que é. E o que somos.)

Nós queremos mesmo que o vizinho se ferre mais do que a gente se acerte. Melhor a derrota do próximo do que o meu sucesso distante.

Atesto e dou no meu pé: o Coach de Fracassos me causa epicondilite braba. Eu adoraria ter as sacadas que ele tem nos placebos de sabedoria do Instagram. Quando escancara e escracha o que nossos diabinhos nos ombros adorariam mesmo falar a quem dá certo. Ou a quem acha que faz e tem fãs na pátria armada dos famosos que se perdem de tanto que se acham. Brasil brucutu e bruto de CPFs banalizados e FDPs bundalizados por frases desfeitas e pensatas que são burratas — não as comestíveis.

Cada máxima minimalista do nosso coach nesta academia de letras mal empregadas por treinadores de dragões e tapires vale o quanto pesa. Para o pesar dos que conspurcam as massas cinzentas com coliformes mentais de todos os tipos e tribos.

O autor joga na nossa cara de pau frases de autoatrapalha que pululam e poluem nessa jornada onde quem espera sempre esperneia.

O melhor desta obra do Coach de Fracassos é que ela vai além do Instagram que posta como é importante levar a vida com humor. Quem se leva muito a sério neste país não merece ser levado a sério. Quem abusa do sarcasmo construtivo de tão autodestrutivo vai encontrar nestas páginas mais motivos (não motivações) para tocar a vida como é preciso: rindo da gente, sorrindo como agente.

O livro tem a fina ironia que as grossas estultices dos sofômanos que defecam regras não vão captar. Bebe com moderação de fontes fidedignas sem maltratar o fígado. Come com farinha a jactância que jorra de vendedores de ilações que não sustentam nada além das contas das casas deles.

Sucesso não tem fórmula. E nem tudo precisa de manual de instrução. Só necessita mesmo instrução. Algo que o humor pede e ele entrega pelo app. Este livro vem com promoção que não precisa de cupom. Só cumplicidade. Ele vai além do chiste e da blague. Fala sério do melhor jeito: brincando com inteligência e brindando com cultura quem está disposto a malhar e ser malhado.

Que o autor não me leia: eu esperava muita coisa do livro. E ele entregou.

Ao menos continuo não esperando nada de mim. Para este prefácio ficar ruim, eu preciso melhorar muito. Como sempre nos ensinou o Barão de Itararé, nas batalhas brasucas contra binários e zerários: de onde nada se espera é que não sai nada mesmo.

Mauro Beting é jornalista.
Suas opiniões não necessariamente refletem o que pensa.

SALIENTANDO QUE, MESMO COM A DESCRENÇA DE MAURO BETING, ELE FOI REMUNERADO POR ESTE PREFÁCIO. E ME CONFESSOU QUE FICOU FELIZ. ISSO SÓ DEMOSTRA QUE A DESCRENÇA É UM DOS PILARES DA FELICIDADE.

ALERTA 1

Este livro é assinado por um personagem fictício, um coach, e aborda um tabu. Antes que você decida queimá-lo, pedir seu dinheiro de volta ou jogar esta suposta obra no lixo, saiba que ela foi escrita por um especialista em derrotas, o Coach de Fracassos.

Os textos que você vai ler são uma tentativa de humanizar o fracasso com doses de humor. Ao se utilizar do formato de livro de autoajuda, autoconhecimento, autogestão, automóvel etc., permitem retratar as realidades cotidianas sem romantizá-las, mas ainda contando com um senso de humor subversivo. Ao realizar a leitura de conteúdo extremamente realista, percebe-se o caráter humorístico e ficcional.

Aos desavisados e alérgicos, o livro contém alto teor de acidez e ironia. Quem não perceber as sátiras, as referências e o deboche tem grandes chances de estar contaminado pela positividade tóxica. Se os sintomas persistirem, essas pessoas têm alto potencial para serem Coaches de Vida. Se esse for o seu caso, recomendo procurar um profissional da saúde e fazer terapia.

ALERTA 2

Este livro não vai mudar seu mindset, não pretende deixá-lo foda ou fazê-lo "enfoderecer". Depois de lê-lo, você não vai se transformar em um super-herói ou mutante, munido do poder da ação, da autorresponsabilidade, da alta performance ou do hábito.

Ele não vai destravar sua inteligência emocional nem codificar seu cérebro para a prosperidade. Quero deixar bem claro que, mesmo sendo um coach, nunca vou levar um grupo de leitores para uma montanha e depois me perder, ficando na dependência do resgate dos bombeiros para descer de lá. No máximo eu levaria os leitores para o bar, e não pagaria a conta.

Não pretendo de forma alguma ensiná-lo a reprogramar a sua mente, a cocriar a sua realidade, a mudar quanticamente o seu DNA, a aumentar a sua frequência vibracional ou a se realinhar para o sucesso financeiro. Nem vou lhe apresentar uma fórmula da frequência e os códigos secretos da Holo Cocriação e sua influência na cocriação da prosperidade com treinamentos para novos códigos humanos e de frequência blindada de 1.000 Hz.

Este livro não vai apresentar métodos para criar riqueza, ativar o fator de enriquecimento ou ficar trilionário. A ideia aqui é evitar que você fique mais pobre comprando livros e cursos que mencionarei indiretamente ao longo do livro, ou mais burro pensando em adquiri-los.

Hoje vivemos na ditadura da felicidade. Por todos os lados, somos bombardeados por coisas que nos lembram da felicidade. Seja uma mensagem de bom-dia enviada no grupo do WhatsApp cheio de fake news, na propaganda de margarina que passa na TV, no gol do Oscar contra a Alemanha em 2014 e até no programa do Datena, com as suas mensagens *positivas* diante da violência.

Às vezes, quando a percebemos, aquela felicidade não é nossa. Não estamos cercados pela verdadeira felicidade, um sentimento tão raro, e sim por um produto ou subproduto de uma indústria.

Essa felicidade falsa, quase onipresente, chega até nós numa venda casada com outros fatores que rondam o imaginário cultural: sucesso, sonhos, prosperidade, conquistas, realização, superação, ostentação. Mas você está tremendamente enganado se confunde tudo isso com a felicidade real.

Faça uma busca simples na internet e encontrará milhares de livros, milhões de postagens no Instagram, bilhões de novas dancinhas no TikTok falando sobre esse tema, e ninguém ousa sequer questionar.

Você é obrigado a ser feliz, mesmo que esteja extremamente triste. Hoje, muitos pregam que é preciso desvincular a felicidade dos seus problemas e tratá-la como uma atitude. Que a prosperidade na felicidade é resultado simplesmente do treino da força interior. E esse é o único objetivo, a "meta fim" pela qual você será reconhecido até ter um AVC ou talvez algo "mais leve", como uma Síndrome de Burnout.

Aos poucos, a felicidade foi moldada em um produto, um ideal de vida utópico. Ela é fabricada, vendida, ensinada, aprendida, empacotada, contrabandeada, cheirada. Essa busca insana turbina uma indústria lucrativa, impulsionada por escritores de livros de autoajuda, coaches, gurus, empresários, blogueiros, influenciadores digitais, cantores de sertanejo universitário, pastores e todo tipo de trambiqueiro. E poucos se dão conta dos malefícios causados por essa indústria. A positividade tóxica, por exemplo, é apenas um entre muitos.

A era do otimismo exacerbado, da resiliência, da gratidão, da produtividade e de outros males, tudo isso somado aos desastres no cenário social, político e econômico, deu origem à uma Sociedade do Cansaço. A busca doentia e sistêmica pela prosperidade, que levaria à felicidade, tem como um dos principais subprodutos uma série de transtornos mentais.

Sabemos que os problemas de saúde mental têm se tornado cada vez mais comuns em todo o mundo. E o Brasil é o país com o maior número de pessoas com ansiedade: 9,3% da população, segundo a Organização Mundial da Saúde (OMS). Os brasileiros ficaram no topo de uma lista de onze países que enfrentaram ansiedade e depressão, segundo pesquisa realizada durante a pandemia de covid-19 e publicada no *International Journal of Environmental Research and Public Health*.

Em meados da década de 1990, muitos anos antes de o SARS-CoV-2 fazer parte da nossa vida, outro vírus, menos letal, mas ainda sem vacina, chegava ao Brasil: o vírus do coaching. Disfarçada de metodologia, essa espécie de tortura medieval era aplicada em executivos de empresas estrangeiras e multinacionais. Infelizmente, com o tempo, o coaching se tornou uma realidade bastante acessível e presente para muitas pessoas. Nesse sentido, ele pode ser comparado ao vírus do herpes.

Na segunda década do século XXI, a situação ficou incontrolável. Com o boom das redes sociais, a popularização do YouTube e de outras tecnologias, o coaching ganhou força, público, notoriedade e espaço na mídia. E o ápice foi atingido quando seus mantras foram parar na internet na forma de memes. Nesse contexto de sofrimento coletivo, algumas frases ecoam ao longe:

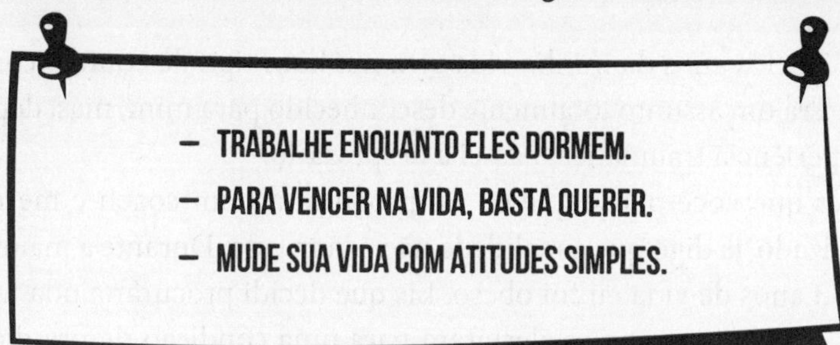

Neste livro vamos falar bem do coaching. Bem mal, obviamente. Mas, como esta seção se chama Introdução, mesmo não querendo, sou obrigado a tentar explicar o que é coaching em poucas palavras. Eu poderia muito bem explicar com apenas uma palavra, mas se fizesse isso o livro ficaria muito curto. O termo é charlatanismo. Então, resumidamente, o trabalho do coach consiste em um conjunto de "sessões" que ajudam as pessoas a:

- ✓ SE ENGANAR SOBRE SEU ESTADO ATUAL;
- ✓ DEFINIR O ESTADO DESEJADO E ESTABELECER OBJETIVOS INALCANÇÁVEIS;
- ✓ MERGULHAR NO AUTOCONHECIMENTO, DESCONHECENDO TODAS AS SUAS CARACTERÍSTICAS: PONTOS FORTES (FORÇAS, CONHECIMENTOS E HABILIDADES) E PONTOS DE DECADÊNCIA (MEDOS, CRENÇAS LIMITANTES, ÁREAS DE POUCO OU NENHUM CONHECIMENTO);
- ✓ TRAÇAR UM PLANO DE AÇÕES ESTRATÉGICAS PARA ALAVANCAR SUAS FRUSTRAÇÕES EM DIREÇÃO ÀS METAS DEFINIDAS;
- ✓ MONITORAR O PRÓPRIO DESEMPENHO E RECEBER FEEDBACKS FREQUENTES, CORRIGINDO E AJUSTANDO QUALQUER COISA, EM UM PROCESSO DE PIORA CONTÍNUA.

Embora o fenômeno do coaching não seja tão recente, sua banalização é recorrente. A cada dia, surgem novos nomes e novos cursos milagrosos que prometem o sucesso fácil que as pessoas buscam.

Passei 33 belos anos da minha vida sem nenhum tipo de contato com essa mazela. Era um assunto totalmente desconhecido para mim, mas, depois de uma experiência traumática, passei a desprezá-lo.

Antes que você pense que eu saí procurando um coach e mereci ser traumatizado, já digo que a realidade não é bem essa. Durante a maior parte desses 33 anos de vida eu fui obeso. Eis que decidi procurar ajuda médica, e os resultados nos exames alertaram para uma condição de pré-diabetes. Como sempre tive em mente que a maior motivação é o desespero, segui à risca todas as recomendações dos médicos: fiz terapia, fui ao nutricionista, comecei a praticar atividade física. Resultado: em seis meses perdi 45kg.

Certo dia, depois de ter atingido esse resultado, de perder quase 35% do peso corporal em meio ano, eu, inocente, fui ao aniversário de um amigo. Como era meio que uma novidade, todo mundo estava querendo saber como tinha conseguido atingir aquele resultado. Eu respondia brincando, pacientemente, que, tirando o crack e o óleo de coco, bastou seguir as recomendações do meu endocrinologista. E percebi que, a uma certa distância, uma pessoa ouvia atentamente a minha história. E eis que, feito uma assombração, essa pessoa surgiu do nada e, olhando nos meus olhos, disparou: "Você emagreceu ERRADO!"

Essa criatura era a namorada de um amigo (hoje ex-namorada de um ex-amigo) que se intitulava coach de emagrecimento. Ela então começou a explicar que havia vários outros métodos para emagrecer e que eu não precisava ter passado por aquele sofrimento. Depois de alguns minutos ela estava tentando me vender shakes para emagrecer.

Diante da situação, perguntei educadamente qual era a formação dela. Ela respondeu que estava no quarto semestre de ADM (imagino que essa sigla signifique administração) e que tinha feito um curso de coaching de emagrecimento. Mas a sua prática não tinha a supervisão de um médico. A fala daquela

A MAIOR MOTIVAÇÃO É O DESESPERO.

moça tocou tanto o meu coração que fiquei com raiva, mudei meu mindset para a fúria e passei a ter um propósito na vida: falar mal dos coaches.

Na mesma hora peguei o celular e comecei a catalogar todos os tipos de coaches, dos aparentemente mais sérios até os mais absurdos. A cada resultado que o Google, o Facebook ou o Instagram retornavam eu sentia um misto de espanto e vergonha alheia. Assim como na *deep web*, bastava procurar um pouco que logo os absurdos apareciam. Lembro que, a cada espécime raro que encontrava, eu dava print na tela e compartilhava em um grupo do WhatsApp com meus colegas de trabalho, mestrado, professores etc.

Em 2019, tive a péssima e talvez brilhante ideia de criar uma página no Facebook que fosse exatamente uma antítese dos coaches: *Coach de Fracassos*. Infelizmente, o Facebook já estava em decadência, transformado em ponto de encontro para discussões acaloradas, cheias de violência verbal, ódio e conteúdos tóxicos — bastante parecido com boa parte do Twitter hoje em dia. Já no Instagram, a coisa era diferente: o mundo poderia estar acabando que as postagens mostravam a humanidade feliz, quase como o Orkut em 2006.

Na época em que criei a página no Facebook, eu utilizava o Instagram apenas para postar fotos e acompanhar os stories dos amigos. Parecia que o Instagram era outra dimensão, uma exposição exacerbada da "melhor" versão das pessoas, com suas vidas perfeitas. Uma realidade diferente, que se assemelha a uma vitrine: viagens, compras, momentos felizes e famílias sem percalços, posando para fotos na praia, fotos da viagem para a Disney na época em que o dólar custava R$3,65 e ninguém mandava você ir para Cuba.

Somando o contexto social e econômico com a banalização dos coaches e a onda da *#goodvibesonly*, o Instagram acabou se tornando o "pior melhor" canal para o Coach de Fracassos, que passou a ser não apenas uma página do Facebook, mas um personagem que espalha seu desprezo pelos coaches tentando incentivar as pessoas a refletir com sensatez. As postagens são um antídoto para as pílulas de otimismo da autoajuda, uma forma de combater a positividade tóxica. Quase diariamente compartilho pérolas de sabedoria alinhadas com a realidade da vida.

Muitos seguidores, por não conhecerem a história da origem da página, acabam perguntando sobre o motivo do meu ódio, raiva, ira contra essa categoria. Não é ódio, muito menos raiva: é simplesmente uma questão de higiene. Higiene mental. Os coaches afirmam repetidas vezes que precisamos ser mais positivos. Muitos acham que eu prego a negatividade, mas na verdade eu sou realista.

Para um realista como eu ser mais positivo, só perdendo mais um elétron. A perda de elétrons em muitos casos pode significar desidratação. Caso você tenha esse sintoma, vá ao posto de saúde mais próximo e procure ajuda, pois pode ser um caso de positividade.

Trabalhar com a realidade num mundo de ilusões é muito complicado, pois alguém precisa falar a verdade. Ela dói a curto prazo, mas não machuca tanto quanto a mentira. Então, não tem problema dizer que não importa o quanto você planeje, se esforce ou se dedique a determinada coisa, ela pode dar muito errado, independentemente da sua vontade.

A página *Coach de Fracassos*, além de gerar memes, figurinhas e discussões inúteis entre os seguidores, faz provocações sobre temas que são considerados tabus. Se a provocação não atinge pelo humor, a briga acontece. Porém, com a dose certa de ironia, acidez e sarcasmo, essa provocação pode fazer você repensar uma postura. Pode lembrá-lo de que vencer é bom, mas não é tudo, nem a única possibilidade. O tom "desmotivacional" acaba alcançando justamente quem sabe que o motivacional não vai funcionar.

Como ponto de partida, temos o Mindset do Fracasso. Aquele que não deve ser nomeado, tipo o Voldemort da vida real. Ele mostra o fracasso como algo absoluto, onipresente e infinito, passando a mensagem de que é normal fracassar e que negar o fracasso é o maior de todos os fracassos. Que esse sentimento, por mais dolorido que seja, normalmente deixa ensinamentos que nos ajudam a tornar nossos dias menos ruins. Vou destacar aqui algumas vantagens do fracasso:

✓ FAVORECE A HUMILDADE E NOS AJUDA A MANTER OS PÉS NO CHÃO: HUMILHE A TODOS COM A SUA HUMILDADE.

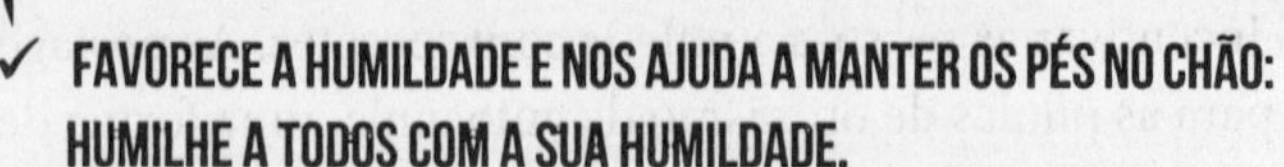

✓ ESTIMULA NOSSA IMAGINAÇÃO E NOS LEVA A EXPLORAR NOVAS ALTERNATIVAS: TENHA IMAGINAÇÃO PARA O PIOR.

✓ FAZ DE NÓS PESSOAS MAIS REFLEXIVAS, CAPAZES DE EVITAR DECISÕES PRECIPITADAS: ANTES DE DESISTIR, NEM TENTE.

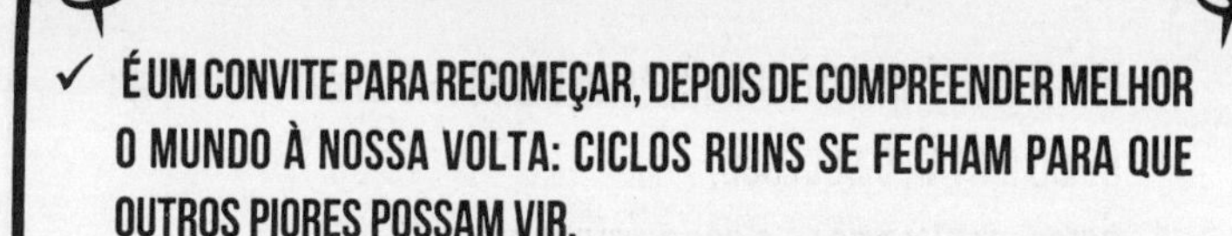

- ✓ **É UM CONVITE PARA RECOMEÇAR, DEPOIS DE COMPREENDER MELHOR O MUNDO À NOSSA VOLTA: CICLOS RUINS SE FECHAM PARA QUE OUTROS PIORES POSSAM VIR.**
- ✓ **ABRE NOVAS OPORTUNIDADES QUE PODEM LEVAR AO VERDADEIRO FRACASSO E QUE NÃO CONHECERÍAMOS SE TUDO TIVESSE DADO CERTO DE PRIMEIRA.**

Como todo coach, o Coach de Fracassos desenvolveu uma metodologia própria, o MÉTODO FDP® (FRACASSO, DERROTA, DESISTÊNCIA e PROCRASTINAÇÃO). Com base nessa premissa, este livro se divide em três partes, nas quais vou trabalhar esses conceitos e descrever as principais ferramentas utilizadas ao longo do processo de humanização do fracasso.

Logo na **Parte I**, o leitor será traumatizado por mensagens do Coach de Fracassos. Mensagens que foram publicadas no Instagram, capazes de destruir sua esperança, esvaziar suas expectativas e combater sua positividade têm agora o conteúdo irresponsavelmente estendido. O objetivo dessas postagens é impedir que você se torne refém dos seus sonhos e escravo da sua felicidade.

A **Parte II** é exclusivamente dedicada às fases do fracasso. O leitor será conduzido em uma imersão, e cada fase será explicada, analisada profundamente para que você entenda, de maneira clara e objetiva, que *o fracasso é inevitável*. Essa parte é uma etapa de transição e é aqui que o leitor começará a entender que está bem no fundo do poço. E, depois de estar ciente da sua total mediocridade e impotência diante dos fatos e dados, vai perceber que compreender as fases do fracasso pode transformar seu fundo do poço em um lugar fantástico de onde ninguém nunca deveria sair: a Zona de Conforto.

Finalmente, na **Parte III** o Coach de Fracassos apresenta, de forma mais sistematizada, conceitos, práticas e ferramentas da sua metodologia, que propõem um processo de mudança e transformação focado nas possibilidades de erros futuros e não de erros do passado. Alguns dos destaques são:

- ✓ INSTRUMENTOS COTIDIANOS PARA CONVIVER COM O FRACASSO;
- ✓ COMO EVITAR O SUCESSO;
- ✓ COMO DIAGNOSTICAR A PRODUTIVIDADE;
- ✓ A PROCRASTINAÇÃO ESTRUTURADA;
- ✓ COMO IDENTIFICAR A HORA CERTA DE DESISTIR;
- ✓ A PONTUALIDADE LIMITA A CRIATIVIDADE;
- ✓ COMO ESTRUTURAR PROBLEMAS;
- ✓ EXPANSÃO DA ZONA DE CONFORTO.

Ao final da leitura das três partes do livro, você será capaz de aplicar os conceitos aprendidos para conviver em harmonia com seu fracasso — e longe de qualquer coach.

COMPROMISSO COM O SEU FRACASSO

O Coach de Fracassos faz uma sátira do mundo que exige que você seja foda, rico, popular, bonito, feliz... e que nos faz rir, justamente porque sabemos que esse universo de glamour e sucesso não existe. No fundo, todo mundo sabe que isso é fake.

coachdefracassos Editar perfil

857 publicações 687k seguidores 374 seguindo

Coach de fracassos
Produto/serviço
By @juliojrps
Humanizar o Fracasso com Doses de #humor
Mente Vazia Oficina de #coach
Método Master FDP®
#fortaleza
AÍ Dentro
linktr.ee/ojuliojunior

PARTE I

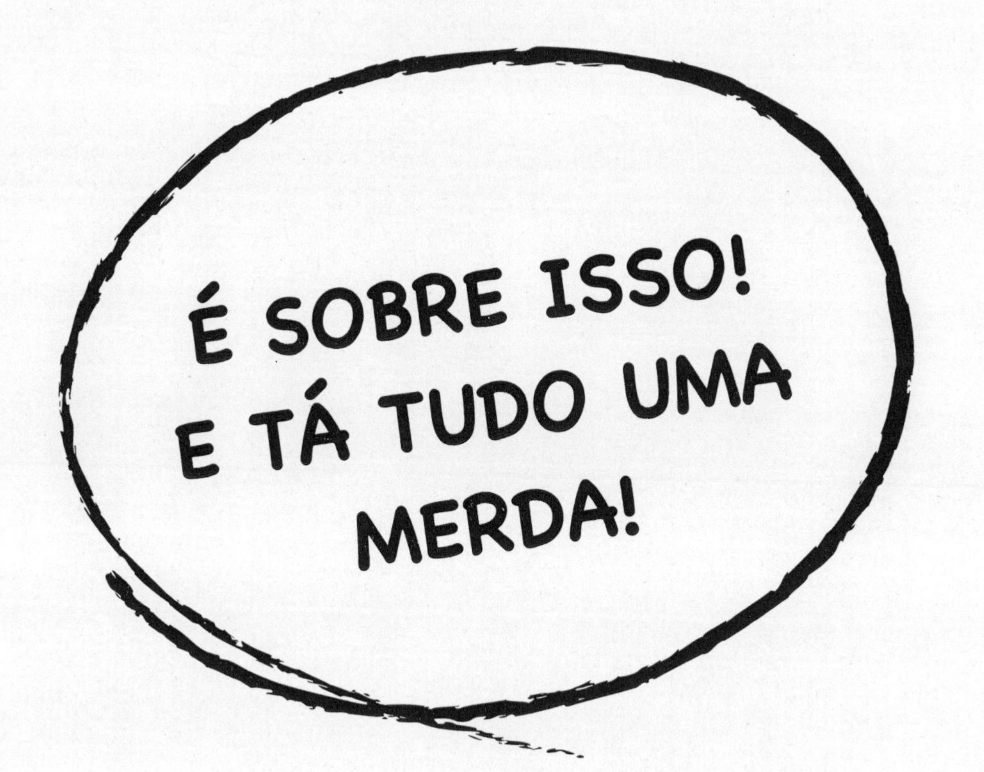

MENTE VAZIA, OFICINA DE COACH

"Oh, uô, gente hipócrita
Oh, uô, gente estúpida."[1]

Em inglês, a palavra *coach* significa um supervisor técnico da equipe ou um treinador, tipo o Tite ou o Bernadinho. *Coaching* é o treinamento, a tutoria ou aprendizado a que o aluno (ou otário) se submete. E *coachee* é o aluno, ou desavisado.

Seguindo o exemplo do esporte, os coaches costumam repetir ladainhas insuportáveis sobre superação, sucesso, vitória, produtividade etc. É como se a nossa vida fosse feita apenas disso. Mas viver não tem a ver com superação, sucesso e vitória — pelo contrário: diariamente somos confrontados com comodismo, fracasso e derrotas.

---

[1] NOS BARRACOS da cidade (Barracos). Intérprete: Gilberto Gil. Compositores: Gilberto Gil e Liminha. *In*: DIA Dorim, Noite Neon, Gilberto Gil. [*S.l.*]: WEA, 1985. Faixa 2.

Para nossa tristeza, o coaching é um setor que não para de crescer. No Brasil, algumas pesquisas apontam um crescimento aproximado de 300% no número de "profissionais" dessa área, isso entre 2010 e 2014. Depois, pararam de contabilizar, pois já tinha acontecido uma espécie de Apocalipse Coach. Qualquer um, em qualquer hora e em qualquer lugar, pode se autointitular coach, ou simplesmente se descobrir contaminado.

Ser coach está na moda. Existem treinamentos para diversas áreas, como esportes, nutrição, carreira, finanças e até — pasme — para questões psicológicas, para grávidas, sobre como cuidar da barba. Existe coach magnético, de constelação familiar, de educação masculina infantil, de pirâmides financeiras, de animais (Luisa Mell, corre aqui), coach curandeiro, Kid Coach (*kidsgraça*) e por aí vai.

Vamos visualizar esse cenário de um jeito mais organizado:

ECOSSISTEMA DOS COACHES

Tipo	O que faz?
Coach financeiro	É um suposto profissional responsável por planejar e orientar a vida financeira do seu cliente. Ao final da palestra, vai embora num Celtinha 2006 que nem quitado está ainda.
Coach de gratidão	Especialista e "doutor" em gratidão, ensina que o segredo da abundância financeira está em correr uma maratona de gratidão. O valor que cobra pela sessão é o maior exemplo de como ser ingrato à vida.

Coach de emagrecimento	Essa pessoa geralmente sem noção e sem nenhuma formação acadêmica em saúde aplica metodologias ruins no seu trabalho e os efeitos práticos na perda de peso são quase inexistentes.[2]
Coach de negócios	Um empresário perdido que ajuda, de forma descapacitada, as empresas de seus clientes a alcançar o objetivo traçado: a falência.
Coach de performance	Esse sujeito busca aumentar o desempenho dos seus clientes no trabalho, melhorando os resultados voltados para a carreira deles. Um processo que costuma ajudar a piorar sua ansiedade, agilizar seu encontro com a Síndrome de Burnout ou antecipar sua aposentadoria por invalidez depois de ter um AVC.
Coach de família	Um sujeito que se esforça para reforçar a base familiar de seu cliente, ou até mesmo reconstruí-la, caso o vínculo entre os parentes esteja rompido. Como exemplo de êxito temos clientes divorciados três vezes ou aquela jovem que é a personagem principal do filme *A menina que matou os pais.*

[2] SIECZKOWSKA, S. M.; LIMA, A. P.; SWINTON, P. A.; DOLAN, E.; ROSCHEL, H.; GUALANO, B. "Health Coaching Strategies for Weight Loss: A Systematic Review and Meta-Analysis". *Advances in Nutrition*, v. 12, p. 1449-1460, 2021. Disponível em: https://doi:10.1093/advances/nmaa159.

Coach de liderança	Pessoas com negócios reais recebem "lições" de sujeitos que nunca tiveram CNPJ ou que já faliram várias vezes.
Coach individual para executivos	Este indivíduo se propõe a realizar grandes feitos para profissionais de gestão que trabalham em companhias importantes. Funciona como uma eterna parceria entre o executivo e o amigo puxa-saco.
Coach de carreira	É aquele cidadão desempregado que promete ajudar você a se encontrar durante as fases de transição entre um emprego e (se Deus quiser) outro.
Coach de vida	Um cidadão que nunca fez nada e que prioriza o próprio bem-estar se diz capaz de ajudar outras pessoas a progredir e evoluir a vida dos clientes.
Coach de vendas	Antigamente, o coaching de vendas era uma metodologia aplicada para melhorar o desempenho das equipes de vendedores. Hoje temos a Shopee e a Amazon para mostrar que a inteligência artificial dá conta do recado sem precisar de treinamento algum.

Coach de relacionamentos	Profissional capacitado para trabalhar aspectos da pessoa ou do casal, ou seja, alguém que não conhece você e vai dar pitaco no seu casamento. Ideal para quem quer ser corno ou viver em um relacionamento abusivo, tóxico, cheio de mentiras e ilusões.
Coach espiritual	Um desequilibrado que ajuda você a exercitar a espiritualidade. Nessa modalidade, o pagamento costuma ser adiantado, pois, ao buscar sua paz interior, você pode morrer.
Coach de empoderamento feminino	Geralmente é um homem que ensina uma mulher a ser mulher. Procure no Google por homem como coach de empoderamento feminino.
Pet coach	Nome bonito para adestrador sem credibilidade.
Coach gestacional	Deveria ser alguém capaz de propiciar que a gestação, o parto e a maternidade sejam vivenciados da melhor forma possível. Como exemplo, temos a grávida de Taubaté.

Coach quântico	É um "profissional" que "trabalha" aplicando a metodologia quântica. As pessoas que empregam essa abordagem acreditam que é possível conectar o indivíduo ao universo e às outras pessoas por meio da energia de cada um. É um tipo muito peculiar de coach, pois é odiado por físicos, químicos, biólogos, engenheiros, enfim, por qualquer um que trabalhe com a ciência.

JÁ EXISTE CURSO DE COACH POR SMS. VOCÊ MANDA UMA MENSAGEM E RESPONDE (1- SIM / 2- CLARO). APÓS O PAGAMENTO (NORMALMENTE FEITO VIA PIX), EM CINCO MINUTOS VOCÊ TEM SEU DIPLOMA DE COACH.

Considerando que "de longe todo mundo é normal", esses títulos profissionais podem parecer interessantes à primeira vista. De perto, porém, você começa a sentir aquele cheiro de charlatanismo. Mas não é só isso. Há muito mais por trás dessa onda coach, uma onda que pode ser considerada um risco à saúde pública, já que o número de adeptos dessas seitas não para de crescer. Com esse crescimento exponencial, o coaching se banalizou. Estamos assistindo ao fenômeno da banalização do que já é banal.

É sabido que o Brasil vem se arrastando em uma crise econômica que só piora com o passar dos anos. Boa parte dos brasileiros foi demitida, e outros perderam seus negócios. E todos foram obrigados a buscar meios de se virar para viver. A ponto de perderem a dignidade e virarem coaches. Como promessa de resolução de problemas, surge o coach, promovendo soluções mágicas, simples e, inevitavelmente, ineficazes.

Com as pessoas cada vez mais aflitas, perdidas em meio aos problemas, mais coaches aparecem. Diante da grande demanda por esse tipo de serviço e do aumento da oferta nos últimos anos, muitos entraram para esse mercado, vendendo soluções milagrosas para todos os problemas.

Um coach, seja qual for a sua área, vende sonhos. Existe uma espécie de mantra padrão com afirmações poderosas que vendem algum tipo de sonho, meta, melhoria ou ideia que normalmente não são fáceis de alcançar. Quem compra se imagina alcançando o objetivo/a meta em dez passos, depois de cinco sessões.

Existem cursos de especialização em áreas como Psicologia, Nutrição e Administração de Empresas que duram dois anos. Mas o que dizer dos cursos ministrados por coaches que prometem mudar o mindset dos alunos em três dias? Muitos desses cursos, chamados de imersões, mexem com a resistência física e psicológica das pessoas. Quando conduzidos de modo incorreto ou por pessoas despreparadas (sinônimo de coach), os danos podem ser irreparáveis, irreversíveis.

Se você analisar friamente (o que é uma tarefa muito difícil nesse contexto), a questão mais problemática do coaching não é a ausência de formação acadêmica ou mesmo o exercício ilegal de determinadas profissões, nem os jargões em inglês usados completamente fora de contexto, ou quem sabe o conteúdo raso dos ensinamentos. O grande problema do coach está na forma simplória como ele enxerga a sociedade.

Com essa espécie de preleção de várzea segundo a qual a vida é uma eterna batalha que sempre necessitamos vencer, matando um leão por dia, somada ao conceito de que em hipótese alguma devemos nos conformar com nossas limitações e que podemos superá-las apenas com nossa força de vontade, o coach promove um sentimento de inconformidade e culpa.

É muito fácil passar a ideia de que todos nós temos um sentimento de incapacidade que pode ser superado num piscar de olhos. Consigo imaginar um coach falando: *Praticamos a autossabotagem por conta de nossas crenças limitantes. Precisamos vencer nossas barreiras pessoais para alcançar nosso verdadeiro potencial, liberando o campeão que realmente somos. Libere os dois lobos dentro de você.*

Isso não funciona nem nos esportes, imagine no contexto diário. E a maior parte desses profissionais insiste que o "método" pode ser prontamente adaptado ao mundo corporativo, em que os negócios são vistos como o campo de batalha moderno.

É necessário saber que a sua empresa não são as Olimpíadas, nem as Olimpíadas do Faustão. Imagine a companhia em que você trabalha sendo goleada por 7x1 por um concorrente direto, e no fim do ano o assistente do seu chefe ler em voz alta uma cartinha enviada pela Dona Lúcia.[3]

Pessoas felizes, lindas, corpos sarados, paisagens paradisíacas, frases inspiradoras e extremamente positivas. Imagens que alimentam sonhos. Dicas e mais dicas. Passo a passo e receitas simples para alcançar o sucesso. Blá-blá-blá. O encontro com a felicidade. Vivemos um tempo em que a grande maioria está mais preocupada em parecer e aparecer do que em ser. Tudo isso é estimulado pelas redes sociais, onde qualquer um, qualquer um mesmo, compartilha qualquer conteúdo (se é que podemos classificar certas postagens como "conteúdo") e tenta impactar um número considerável de outros imbecis.

Com essas facilidades para ser notado e compartilhar conteúdo, qualquer um fala literalmente o que quiser. Todos que entraram nesse meio viraram empreendedores de palco. Muitos dos coaches são exatamente isso: empreendedores de palco, transformando o empreendedorismo em uma espécie de nova religião, com direito à apropriação cultural da dança maori para fazer o haka motivacional. Nesse cenário, os líderes gritam incentivos banais como: "Você vai chegar lá!", "Acredite, você vai vencer!", seguidos de gritos de "YES, YES, YES...".

COACH É AUTOAJUDA PARA QUEM TEM PREGUIÇA DE LER.

Analise os pontos. As promessas do coaching geralmente são relacionadas a questões

[3] Se você não captou a referência, leia esta matéria que saiu no site da ESPN: "7 a 1: há seis anos, Dona Lúcia escrevia carta para Felipão depois de Brasil x Alemanha". *ESPN*, 8 jul. 2020. Disponível em: https//www.espn.com.br/artigo/_/id/7135358/7-a-1-dona-lucia-escrevia--carta-a-felipao.

de prosperidade, à possibilidade de consumir, ao bem-estar, ao emagrecimento, à produtividade e à ostentação. Ao mesmo tempo, as pessoas vivem cheias de culpa, sensação de impotência e ansiedade diante dos seus desejos — e deprimidas por se verem muito longe de seus ideais ou dos ideais que lhes são impostos.

DIA DO COACH É 12 DE NOVEMBRO, MAS PODERIA SER 1º DE ABRIL.

O coaching não é a solução, nunca vai resolver a sua vida. Muito pelo contrário: ele se torna parte do problema para muitos que o procuram. Afinal, estamos falando de um mercado que se alimenta do sentimento de insatisfação diante da vida, dos relacionamentos, da economia, do próprio corpo e que lucra com o inadequado. Existe um padrão nesse trabalho: afirmações poderosas que vendem um sonho ou uma ideia bem difícil de alcançar.

Repare bem: o discurso do coach é sempre no imperativo: *Supere seus limites. Seja uma engrenagem melhor. Ganhe mais*, como se a culpa de não conseguir fosse exclusivamente sua. Quando, na metodologia do coaching, o cliente atinge uma meta, é usado como exemplo. Então essa pessoa faz um testemunho, posta stories dizendo: "O Fulano salvou minha vida...". Quando o cliente não atinge a meta, a culpa é sempre dele mesmo, que não conseguiu quebrar suas crenças limitantes, não se esforçou ou estava "vibrando" na frequência errada. Ou seja, nesse processo o coach não tem compromisso com seu fracasso, muito menos com você. O comprometimento dele é com a autopromoção em cima de alguns resultados positivos.

Viver não é fácil. A vida é uma experiência caótica. Tudo muda em segundos com a morte de alguém, uma tragédia, um vídeo do Felipe Neto. Achamos, burramente, que temos algum controle sobre o que vai acontecer, mas a vida não é o programa da Ana Maria Braga, cheio de receitas fáceis e saborosas. Se fosse assim, estaria todo mundo bilionário, trabalhando quatro horas por semana, com o corpo perfeito, fluente em vários idiomas e com direito a um companheiro bacana feito o Louro José (*RIP*).

Por mais que o coaching, infelizmente, faça parte do cotidiano de muitas pessoas, existem dúvidas relacionadas a essa prática:

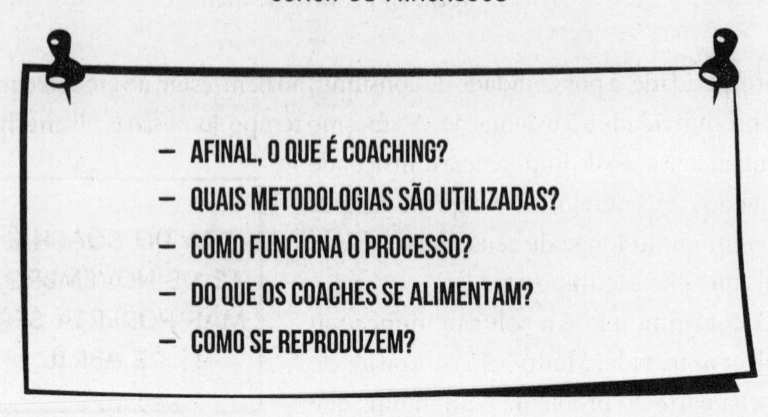

Muitas pessoas ainda não sabem como trabalha um coach, o que abre espaço para oportunistas, charlatões, ex-BBBs e influenciadores digitais. E boa parte dos "profissionais" que atuam nessa área esquecem que não podem ser confundidos com um terapeuta, psicólogo, psiquiatra, educador físico ou nutricionista.

Qualquer pessoa pode se tornar coach, pois se trata de uma "profissão" não regulamentada. Não se exige curso de formação, tampouco há um conselho profissional que regule ou supervisione a atividade. A falta de barreiras de entrada no mercado de coaching foi um dos fatores que levaram à banalização da profissão. Não existe um consenso sobre o que é esse trabalho, e qualquer um pode se autointitular coach. Não há qualquer tipo de fiscalização ou controle.

Essa falta de regulamentação é acarretada principalmente pelo fato da atuação como coach no Brasil não exigir nenhuma graduação nem a obrigação de um curso específico. Além disso, há diversas sociedades, institutos e federações desse segmento que oferecem uma infinidade de cursos de formação que infelizmente não podem ter a qualidade avaliada ou certificada por um órgão de regulação, tipo o que acontece na avaliação dos cursos de graduação do MEC, por exemplo.

NÃO TRATE COMO TERAPEUTA QUEM TRATA VOCÊ COMO COACHING.

Porém, há diversos profissionais das mais variadas áreas, como advogados, médicos, publicitários, arquitetos e outros que além da expertise em suas áreas se capacitam em metodologias de coaching e atuam nessa área. Só para mostrar o quanto esse ponto é complexo, tramita no Senado uma sugestão de projeto (transformada em sugestão legislativa), de iniciativa popular, para criminalizar a atividade do coach (o que não permitirá o charlatanismo de muitos autointitulados formados sem diploma válido) e também foi apresentada ao Portal e-Cidadania outra ideia para reconhecer e regulamentar a profissão.

Essa regulamentação não é apenas boa para as pessoas que buscam os coaches. É excelente também para verdadeiros profissionais da área que estão sofrendo com essa banalização, generalização e virando piada. Portanto, essa regulamentação somada à criminalização afastará pessoas bizarras, aproveitadores e charlatões da área — restaria apenas 0,00001%.

Certa vez questionei um coach financeiro que me pedia dinheiro a respeito do que é ser coach. Ele respondeu: "Coaching não é aula, não é tratamento, não é consultoria, não trata de questões psíquicas ou emocionais." Ou seja, é nada.

No entanto, apesar da ausência de regulamentação, o profissional de coaching está sujeito à responsabilização civil pelos atos ilegais que cometer, podendo ser processado por danos morais e materiais, se da sua atuação resultarem prejuízos concretos ao seu cliente. Isso em uma sociedade que padece diante do crescimento dos transtornos mentais. E assistimos a isso de camarote e usando abadá.

"De onde menos se espera é que não sai nada mesmo." Essa frase do barão de Itararé resume a minha sensação ao ser apresentado a um coach. A pessoa pode até ter qualificação ou ser um profissional competente, mas se apresentar como coach, para mim, é assinar um atestado de incompetência e até de mau-caratismo.

Em palavras mais concretas, se você tem capacidade para aprender, raciocinar e colocar seu conhecimento em prática, não precisa de um coach. O indivíduo precisa buscar um olhar mais realista sobre o que de fato está impactando seu comportamento no cotidiano e, nesse sentido, o trabalho de um profissional da saúde mental é diferente da ajuda de um conselheiro. O terapeuta não é coach, não é conselheiro, não resolve nem promete resolver os problemas do paciente, e sim ajuda a encontrar a melhor solução para os problemas que ele enfrenta. Em caso de dúvidas, procure um profissional de saúde e busque sólidas informações na Associação Brasileira de Psicoterapia (ABRAP) ou na Sociedade Brasileira de Psicologia (SBP). Enfim, procure um diagnóstico com profissionais especializados e ouça as palavras do ET Bilu: "Busquem conhecimento."

Por um mundo livre de coaches e da #gratidao. O Apocalipse Coach cada dia ameaça mais e mais a humanidade. Tem até KIDCOACH (#kidsgraça), quântico, de relacionamento e até dark coach vampiro. Não que todos os coaches sejam charlatões, mas dentro da onda tem uns que tentam usar física quântica, reprogramação do DNA, mudar seu mindset, "cocriar" um balão gástrico, tratar a depressão e até outros transtornos mentais. Em resumo, os ruins estão pagando pelos péssimos. Em todas as áreas há profissionais picaretas, porém, quando se trata de auxiliar o cliente a alcançar as metas, sonhos, desejos e objetivos, uma pessoa necessitada/desesperada se torna presa fácil para sair postando #gratidao e frases motivacionais sem sentido. Desespero e ignorância são fatores-chave, somados à descrença na ciência, à falta de denúncias e de fiscalização. Se você é um coach sério, sabe que isso prejudica a todos, inclusive você mesmo.

O ESFORÇO DE HOJE É O FRACASSO DE AMANHÃ.

RELAXE, O FRACASSO É INEVITÁVEL

"Ouça-me bem, amor
Preste atenção, o mundo é um moinho
Vai triturar teus sonhos, tão mesquinho
Vai reduzir as ilusões a pó."[4]

Em muitos dicionários, "fracasso" é definido como a ausência de êxito. Mas a real definição depende de como você o encara. Engana-se quem pensa que o fracasso é apenas a ausência de sucesso.

Antes de falar sobre esse assunto, contudo, vamos pensar no sucesso. O que é sucesso para você? Saiba que o que você considera sucesso pode ser um tremendo fracasso para outros; é quase como o cuscuz paulista: há quem ame, há quem odeie.

A maior verdade que existe é: você precisa saber que vai fracassar. Não tenha medo, tenha costume. Quando estamos no conforto e na proteção

---

[4] O MUNDO é um moinho. Intérprete: Cartola. Compositor: Cartola. *In*: CARTOLA ao vivo. [*S.l.*]: Eldorado, 1982.

do útero de nossa mãe, nem imaginamos quão aterrorizante, desafiante e deprimente é a vida aqui fora. Ao nascer, choramos copiosamente querendo voltar. Somos, então, obrigados a participar dessa experiência cruel que é a vida. Seu primeiro choro é também seu primeiro fracasso. O fracasso é a experiência da própria vida.

Durante o convívio incessante com nossos fracassos, sofremos um choque de realidade, e esse confronto com a existência cria em nós uma enorme resistência. Tudo aquilo que oferece oposição nos surpreende negativamente e nos distancia dos sonhos; desejos e anseios são esquecidos para não causar mais dor.

Infelizmente, porém, a sociedade sempre tratou e sempre tratará o fracasso como algo proibido. E, diferentemente do que faz o pessoal do *Quebrando o tabu*, minha intenção aqui não é — nem nunca será — romper com essa ideia. *É sobre isso e tá tudo bem.*

Todos os dias, bilhões de pessoas acordam com o objetivo de alcançar suas metas, seus objetivos ou sonhos. Pessoas se sacrificam, lutam e persistem diante das dificuldades. E, quando tudo indica que não vão conseguir, de fato elas não conseguem.

NÃO TENHA MEDO, TENHA COSTUME

Mas sabemos que não é essa a história que nos é contada. Não é isso o que vemos. Os fracassos não nos são apresentados. Mesmo em histórias difíceis, de garra e superação, não vemos o caminho percorrido: conhecemos apenas o resultado positivo.

Tudo isso soa como se a história de milhões de pessoas que tentaram não valesse ser mencionada, já que não atingiram os objetivos e sabem que o seu fracasso não vale nada. As histórias reais não vendem. Não se criam sonhos nem ideias com os fracassos alheios, as trajetórias de pessoas comuns que não cabem nas redes sociais dos viciados em sucesso efêmero.

A venda do sucesso age como entorpecente em nosso sangue. No auge dessa lombra, temos a sensação de flutuar em picos de endorfina, energia, autoconfiança, elevação da pressão sanguínea, ansiedade, estresse e paranoia. Se o sucesso fosse uma droga injetável, neste momento milhões de pessoas estariam em banheiros públicos compartilhando uma seringa com estranhos, e os coaches seriam os fornecedores.

Falar de fracasso não necessariamente significa comemorar a derrota. Ninguém gosta de errar, a não ser que você seja a Pollyanna no seu tóxico "jogo do contente", mas entender que o fracasso é, na maioria das vezes, inevitável ajuda muito.

Quando de fato acontecer, "aceita que dói menos". Não veja o fracasso como uma porta que se fecha; ele também pode ser uma janela que se tranca.

O fracasso nos dá a chance de nos render, enfim, a esta evidência: temos bem diante de nós uma coisa que se chama realidade. Depois de fracassar, mesmo tendo lutado com todas as nossas forças, é difícil negá-la. E nessa realidade há o que depende de mim e o que não.

Alguns consideram pequenos erros cotidianos como fracassos. Todos nós cometemos erros diariamente e, dependendo das consequências deles, sentimos que fracassamos. Mas o problema está em fracassar ou nas consequências negativas disso? O fracasso em si não é um FIM; ele pode ser um MEIO de incentivo para você nunca tentar um novo começo.

A VIDA É UMA SUCESSÃO DE FRACASSOS QUE SE SUCEDEM SUCESSIVAMENTE, SEM CESSAR.

A vida é uma sucessão de fracassos que se sucedem sucessivamente, sem cessar. Podemos, então, representar matematicamente o fracasso total (F) como um somatório de cada fracasso com seu respectivo peso. A cada dia vamos atualizando essa conta até que começamos a esquecer quão grande está ficando esse número. É como se essa soma parecesse estável, mas em algum momento uma merda muito grande acontece e você percebe que a sequência não converge: ela diverge e tende para o infinito.

$$\mathcal{F} = f_1 + f_2 + \cdots + f_n = \sum_{t=1}^{n} f_t$$

Alguns dirão que é o fim da linha, outros desavisados vão falar que é um aprendizado, um obstáculo ou metade do caminho para o sucesso. Não há um padrão ouro sobre o que exatamente é o fracasso. Então, ele sempre pode ser superado, pois nada como um trauma maior para superar um menor.

No entanto, o momento certo de admiti-lo é *o quanto antes*. Não existe caminho ou receita para evitar o inevitável. Você pode simplesmente recusar-se a admitir a existência do fracasso, mas negar o fracasso é o pior dos fracassos, pois você está mentido para si mesmo, fracassando em admitir que fracassou. Enganando-se como uma criança ou adolescente otaku.

Com o passar do tempo, com o peso das decisões e da responsabilidade, as coisas vão, sim, piorar. Vai dar merda, sim. Eu, tu, ele, nós, vós, eles vamos fracassar mesmo... muito mais do que acertar.

E a única coisa que você tem a fazer é se agarrar ao fracasso. Não resista! Resistir é ineficaz contra as derrotas na vida. Se não dá para evitar, o melhor é aprender a lidar.

O caminho é longo, mas a derrota é certa. Pessoas querem indicar a você os caminhos, porém não sabem nem sequer seguir o GPS. Todos os caminhos levam ao fracasso. E o coach tenta levar você por atalhos. Não se iluda: os atalhos só antecipam as suas frustrações, decepções e sofrimento. O fracasso não está no fim da caminhada, mas em todo o caminho. E você tem que entender que perder-se também é um caminho, às vezes o melhor. Caminhos difíceis levam a fracassos extraordinários, incríveis até. Se você não pode mudar o seu destino, volte para o início. Desistir é um ato de coragem e sabedoria. A persistência é o caminho do erro. Há apenas dois caminhos a enxergar: o da derrota e o da desistência. Todos os caminhos estão certos ou errados quando você não sabe onde acha que vai chegar. LEMBRE-SE de que foi muito difícil chegar aonde você chegou, mesmo que não tenha chegado a LUGAR NENHUM.

QUANTO MAIOR O SEU ESFORÇO MAIOR O SEU FRACASSO.

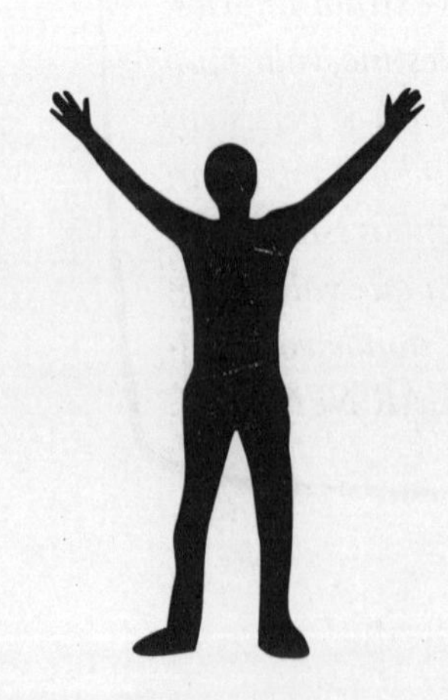

NADA É TÃO NOSSO QUANTO NOSSOS FRACASSOS

"Me dê um pouco de atenção
Quero abrir meu coração
E lhe contar do meu fracasso."[5]

Acordar atrasado numa segunda, correr atrás do ônibus, ser roubado, receber ligação de São Paulo, "saldo insuficiente", esquecer de usar desodorante, o zíper da calça quebrar, peidar alto em público, golpe de WhatsApp, "Objeto em trânsito — Encaminhado para Unidade de Distribuição em Curitiba/PR" — essas são apenas algumas das pequenas derrotas diárias que o brasileiro enfrenta.

Diariamente, essas pequenas humilhações constroem a nossa história, esses causos que brevemente serão contados aos nossos amigos em uma mesa de bar seguidos por frases de "não, e o bom é que...", "a melhor parte foi que...", "e detalhe...", "e até aí tudo bem". Assim, de derrota em derrota, vamos descrevendo nossas trajetórias.

---

[5] MEU fracasso. Intérprete: Reginaldo Rossi. Compositor: Reginaldo Rossi. *In*: REGINALDO Rossi: CHEIO de amor. [*S. l.*]: Jangada, 1981. Faixa A1.

Toda vez que externalizamos fracassos, também ouvimos os dos outros, seja de algum desconhecido conversando dentro do ônibus, um motorista de Uber carente, o porteiro gente boa. Nesse passo, cresce a gama de histórias e desgraças, que nivela todos a partir das desventuras narradas. Quase uma competição de quem está mais lascado em diversas áreas da vida. É como se fosse um campeonato de decatlo moderno, só que em uma disputa de fracassos.

Vivemos na sociedade da comparação. Seja no ambiente de trabalho, na escola, em casa, em relação a quem tem mais dinheiro, bens, tamanho do pênis, a quantidade de chifres e até quanto aos sonhos. Não se comparar aos outros é praticamente impossível.

Nas redes sociais, os algoritmos buscam padrões, e você acaba sendo bombardeado por aquilo que desperta seu interesse e por coisas nas quais provavelmente vai se interessar, resultado da probabilidade ou escore de alguma modelagem computacional.

Constantemente admiramos os sucessos alheios e nos sentimos mal ou equiparamos nossas desgraças para nos sentirmos melhor, buscando motivação. É um mix de ódio com inveja que dá muito errado, cujo resultado novamente culmina em transtornos mentais.

Essa situação é diferente do que ocorre durante a infância, porque nos primeiros anos de vida os sonhos dão origem a expectativas. E é justamente a intensidade das expectativas que começa a nos corroer por dentro. As crianças falam facilmente sobre sonhos de forma clara e fantasiosa: "Quando crescer, quero ser astronauta — para ter a foto estampada em embalagem de travesseiro"; "Quando crescer, quero ser jogador de futebol — jogar fora do Brasil e sonegar impostos"; "Quando crescer, quero ser médico — salvar as pessoas da covid-19 com cloroquina". À medida que essas brilhantes crianças crescem, os sonhos (in)felizmente vão sendo esquecidos ou viram pesadelos (o que é uma péssima notícia).

A soma dos nossos fracassos e das nossas irrealizações é a nossa jornada. E ela é pessoal, assim como as derrotas.

> A SOMA DOS NOSSOS FRACASSOS E DAS NOSSAS IRREALIZAÇÕES É A NOSSA JORNADA.

Pensando assim, não há ninguém mais fracassado do que você. Cuidado, não fique feliz por interpretar mal essa frase;

o objetivo deste livro não é trazer felicidade. Também não estou afirmando que você é mais ou menos medíocre em relação à maioria. Apenas venho salientar que o fracasso é incomensurável, ou seja, não se pode medi-lo e não se deve compará-lo.

Ora, se nada é tão nosso quanto nossos fracassos, não devemos medi-los pela régua do outro, já que alguém pode ser muito feliz devendo ao agiota e outro estar contente pela rara vitória do Botafogo, lembrando sempre que nenhum vegano é feliz.

O leitor mais atento (geralmente uma raridade) deve ter percebido que o título deste capítulo remete a uma frase de Friedrich Nietzsche. A frase é tão batida que qualquer blogueira/influenciadora digital pode ter como mote o discurso de que "nada é tão nosso quanto os nossos sonhos".

> APENAS VENHO SALIENTAR QUE O FRACASSO É INCOMENSURÁVEL, OU SEJA, NÃO SE PODE MEDI-LO E NÃO SE DEVE COMPARÁ-LO.

É óbvio que esse trecho foi retirado de um contexto maior e que, utilizado de forma isolada, é muito mal interpretado. E pior: a frase circula no WhatsApp como figurinha motivacional em grupos da terceira idade ou em mensagens de bom-dia em grupos de condomínio.

> "Em tudo vocês querem ser responsáveis! Mas não pelos seus sonhos! Que miserável fraqueza; que falta de coragem consequente! Nada é MAIS seu do que seus sonhos! Nada é mais sua obra: conteúdo, forma, duração, ator espectador; nessas comédias vocês próprios são tudo...! Disso concluo que a maioria dos homens deve ter consciência de sonhos abomináveis.[6]"

[6] NIETZSCHE, Friedrich. "Af.128. O Sonho e a Responsabilidade". *In*: *Aurora*. LeBooks Editora, 2019. *E-book*.

Ninguém quer ser responsável pelos seus sonhos, principalmente quando um sonho vira um tremendo fracasso. A maioria dos nossos sonhos cria expectativas irrealistas da vida. Quando aspiramos ao sucesso e na primeira tentativa falhamos, nos damos como fracassados. Nos mais abomináveis sonhos vislumbramos que, para ter sucesso, felicidade e prosperidade, devemos buscar a perfeição.

O perfeito é desumano, e na busca de perfeição para ser bem-sucedido não pode haver falhas. Diante da falha, a pessoa se sente inadequada, fracassada e todos a julgam como perdedora, alguém fraco.

Isso porque não existe quem acorde feliz às cinco da manhã, vá para o trabalho em uma condução lotada, escute o chefe gritando, volte para casa exausto, saia para fazer compras e gaste metade do salário no mercado, na volta passe na academia e continue *#gratiluz*, praticando yoga e postando no Instagram todo dia quão edificante é sua jornada. Isso não existe.

Se você é essa pessoa que acha que consegue ser bem-sucedida, ter um corpo bonito, ser bonito (isso por si já pode ser um desafio), ter uma família em que ninguém comete crimes e vira um bilionário porque comprou o livro do Steve Jobs, você é burro e está coberto de expectativas surreais.

Essa série de esperanças infelizes que você projeta tem resultado proporcional à quantidade de vezes em que o Palmeiras ganhou o mundial. A autoestima elevada só vai causar instabilidade emocional. O Ministério do Fracasso adverte: "Não sonhe; isso só vai jogar você na mão de coaches e por fim levá-lo a consultórios psiquiátricos."

A VIDA É UM CONTO DE FALHAS.

Quando uma pessoa amadurece, passa a ser realista e descobre o verdadeiro problema: a baixa autoestima.

Ao analisar as situações de forma mais realista, a pessoa percebe que as situações estão fora de controle. A essa altura a expectativa já saiu pelos poros, o sujeito já cansou de ser angustiado e agora está com a instabilidade emocional neutralizada.

O Ministério do Fracasso também adverte: "Sonhar grande e ter autoestima elevada causa instabilidade emocional." Quando a pessoa tem a autoestima elevada, tende a reagir mais assertivamente na vida, se enche de confiança, passa a enfrentar os problemas com mais realismo e energia e pode chegar a melhores resultados. Deve-se, pois, cuidar muito bem dela!

A vida é um conto de falhas. Nada é em vão, tudo vem para decepcionar você. Principalmente você! Não desanime, mantenha a calma e a compostura, o pior está por vir. A vida vai decepcioná-lo sempre, ela vai tentar derrubá-lo e você provavelmente já estará caído. Mas é assim que a vida nos ensina. Nos ensina a compreender que não é possível sempre vencer, mas é humanamente possível perder todas. É preciso enfrentar com lucidez e ser crítico com tudo isso, ou viveremos de ilusões, de faz de conta. Todos os lugares estão cheios de falsas esperanças, falsos profetas, falsos mitos, coaches etc. De nada adiantará somente esperar ou viver de ilusões. A vida vai nos decepcionar. É necessário enfrentar conscientemente esse turbilhão de decepções, frustrações, medos, angústias que temos pela frente, ou nos enganamos em ser felizes através de falsas ilusões. Ninguém ilude você, a ilusão é sua. Não seja escravo da felicidade.

VOCÊ NÃO FALHA QUANDO ERRA, FALHA QUANDO TENTA.

SEJA O PROTAGONISTA DO SEU FRACASSO

"Não te deixes destruir...
Ajuntando novas pedras
e construindo novos poemas.

Recria tua vida, sempre, sempre.
Remove pedras e planta roseiras e faz doces. Recomeça.

Faz de tua vida mesquinha
um poema."[7]

Ora, se nada é mais nosso do que os nossos fracassos, por que não assumir esse protagonismo? Só você pode falar sobre a realidade das suas derrotas, então não deixe a vida passar diante dos seus olhos. O "não" você já tem; levante-se e vá atrás da humilhação.

Confie que ligar de madrugada em desespero para sua ex vai dar certo. Peça demissão de um emprego ruim que logo outro pior vai aparecer. Aplique seu

---

[7] CORALINA, Cora. "Aninha e suas pedras". *In*: CORALINA, Cora. *Melhores poemas*. Seleção de Darcy França Denófrio. São Paulo: Global, 2017. *E-book*.

dinheiro com um *trader* não qualificado; o que poderia dar errado? Pare de imitar o Homer Simpson, que diz: "A culpa é minha, eu boto em quem eu quiser." Vá lá e assuma seus erros com a mesma coragem (ou burrice) que teve para cometê-los.

Falar sobre erros é desconfortável para você? E quanto a assumir suas falhas? E seus defeitos? Para muita gente, assumir essas questões é bastante desconfortável.

O NÃO VOCÊ JÁ TEM. LEVANTE-SE E VÁ ATRÁS DA HUMILHAÇÃO.

Mas, antes de assumir seus erros, vamos tentar compreender por que erros, defeitos e enganos são diferentes, mas levam ao fracasso. Quando você não cumpre o seu objetivo, o resultado é um fracasso. Fracasso esse que é a soma de uma série de incapacidades, limitações e fraquezas inerentes a todo ser humano, ou seja, nossos "defeitos". Um erro é a diferença entre um resultado obtido e um resultado esperado com base em nossas iniciativas ou decisões. Já o engano é o simples ato de tentar.

Quem nunca errou que erre a primeira pedra. Cuidado: você pode receber uma pedrada quando menos espera. Ao terceirizar a culpa, você não assume a responsabilidade por ser medíocre e errar constantemente, o que só faz de você mais idiota. Assuma logo que é o Elon Musk dos seus fracassos e nunca se esqueça de que o mérito da derrota é todo seu.

QUEM NUNCA ERROU QUE ERRE A PRIMEIRA PEDRA.

Vale ressaltar que, no ideal da sociedade, em vários aspectos, o vencedor é lembrado e valorizado por superar o outro, independentemente dos recursos utilizados para esse fim. Ao derrotado restam apenas a vergonha pelo objetivo perdido, a confusão com a incapacidade e a falta de reconhecimento pelo esforço realizado. Porém, como disse José Saramago: "Nem as derrotas nem as vitórias são definitivas. Isso dá uma esperança aos derrotados, e deveria dar uma lição de humildade aos vitoriosos."[8]

[8] AGUILERA, Fernando Gómez (Org.) *As palavras de Saramago*. São Paulo: Companhia das Letras, 2010.

Infelizmente, depois de 2014 e da intensificação do processo de polarização política, ninguém mais aceita receber lição, muito menos se for de humildade. Já para o derrotado sobra apenas a cruel esperança. Esta é como o sal: além de não alimentar, causa aumento da pressão arterial, que pode evoluir para um AVC.

Na companhia do fracasso e da derrota você fica mais longe de ganhar dinheiro, ser famoso, vender produtos, impressionar incautos, ganhar seguidores, ser saudável, fechar negócios ou entrar em determinado círculo social. Graças às suas derrotas você consegue se distanciar ainda mais de uma possível participação no BBB. Ao assumir o Everest das derrotas que já cometeu, você percebe que sua performance no trabalho não é espantosa, que seu relacionamento é péssimo, que sua conta bancária está negativa e que você não é nenhum gênio. Basta abrir qualquer tutorial no YouTube: há crianças ensinando a consertar impressoras. Aceite que você é facilmente substituível.

Qual o seu Everest?

É inevitável que os fracassos aconteçam. Agora, conhecendo essa possibilidade, é fundamental saber lidar com os erros e assumi-los — essa é uma qualidade excepcional. Assim, em qualquer oportunidade, erre só para ter a oportunidade de assumir seus erros. O que realmente vale é que você tenha compreendido a importância de se arrepender por ter cometido um erro. E, caso se arrependa de ter se arrependido, você entrará em um loop infinito de arrependimentos até cometer um erro maior.

Admitir que somos um total fracasso não é sinal de fraqueza ou ignorância. Muito pelo contrário: aceitar que temos falhas mostra que somos mesmo fracos, porém humildes, e, assim, somos levados a compreender que somos imperfeitos e que necessitamos estar em constante busca pela melhoria. Para ficarmos ruins, temos que melhorar muito.

Ser bom em dar desculpas não faz de você um gênio, mas sim um coach. Não seja um vice decorativo, mostre seu protagonismo. Pare de reclamar e comece a fracassar.

É lamentável, nos dias de hoje inúmeras pessoas ficam sentadas à beira do caminho simplesmente olhando a vida passar diante dos próprios olhos. O NÃO você já tem. Levante-se e corra atrás da humilhação. Pare de culpar terceiros. A culpa é sua. Mas não se responsabilize por toda a sua trajetória. A vida é caótica e cheia de variáveis aleatórias. E cabe a você entender que não tem o controle de absolutamente nada. E, naquilo em que tem controle, você é incapaz. Mude para permanecer o mesmo. Já não há mais tempo para se autovitimizar e terceirizar culpas. O maior problema é você. Quem é bom em desculpas é coach. Pare de reclamar e comece a fracassar. Experimente trocar o sofrimento, dor, exaustão pela decisão de desistir de algo. Assuma as rédeas da sua vida, lute e galgue obstinadamente rumo as suas decepções, frustrações e fracassos. A vida é assim. Se acostume. Não esqueça suas limitações. Não terceirize o seu fracasso, muito menos privatize suas derrotas.

TUDO DANDO ERRADO CONFORME O ESPERADO.

POSITIVIDADE RADIOATIVA

"Tire o seu sorriso do caminho
Que eu quero passar com a minha dor
Hoje pra você eu sou espinho
Espinho não machuca a flor."[9]

Atualmente, muito se discute sobre a tal da positividade tóxica. Se nunca ouviu falar sobre o tema, é porque a pratica fortemente. Talvez você já tenha sido contaminado por esse otimismo irrestrito, irresponsável e doentio, um universo no qual as pessoas tentam incessantemente suprimir, eliminar ou escapar de situações ou sentimentos negativos. Nunca se esqueça de que, quanto mais evita o sofrimento, mais você sofre. A supressão de sentimentos negativos adoece.

A positividade tóxica foi percebida recentemente, mas a prática ocorre há anos. E como saber quando ela está acontecendo? O primeiro traço a ser

[9] A FLOR e o espinho. Intérprete: Beth Carvalho. Compositor: Nelson Cavaquinho. In: BETH Carvalho canta Nelson Cavaquinho. [S. l.]: JAM Music, 2001. Faixa 13.

observado é reparar se os dizeres que você anda repetindo são de um jovem místico. Alguém muito *good vibes* que não deixa a energia ruim contaminá-lo, mas acaba infestando o ambiente com a sua indesejável *#gratiluz*.

Se não vier de um branco usando dreads, preste atenção se a pessoa é coach ou rica. Apesar de serem coisas distintas, os dois acreditam em "vibrar na frequência da abundância" e na meritocracia — e em ambos os casos as pessoas padecem de burrice.

É fácil cair no papo de um praticante de yoga *#gratidao*, mas aos poucos você percebe o quanto ele vomita positividade tóxica por onde passa. Agir de forma venenosa com a positividade é como beber água: sai na urina e você nem percebe. Mas fique atento à presença anormal de eritrócitos (glóbulos vermelhos), ou seja, de uma infecção urinária. Todos nós bebemos pequenas doses diárias de substâncias químicas e radioativas presentes na água. Substâncias são oriundas dos agrotóxicos e de outros resíduos da indústria que se misturam a rios e represas. De certa forma, tomar goles de água com essas pequenas doses de veneno não vai fazer mal.

A POSITIVIDADE TÓXICA É APENAS MAIS UM DOS SINAIS DO APOCALIPSE COACH.

De gole em gole, porém, você passa a vida toda tomando uma média de dois litros de água ou cerveja por dia. Parte dessas substâncias tóxicas fica no seu organismo, aumentando o risco de câncer, mutações genéticas, problemas hormonais, nos rins, no fígado e no sistema nervoso — a depender do produto. A positividade age do mesmo jeito que a água, ou seja, sem substâncias tóxicas é algo extremamente benéfico. No entanto, quando está contaminada, só causa problemas.

Se, diante de uma situação adversa enfrentada por outra pessoa, você fala; "Tem gente em situação muito pior que a sua, pelo menos você não..."; ou: "Se você se animar, as coisas com certeza vão melhorar" — você é tóxico na mesma proporção que o rio Tietê.

E há pessoas que estão além da positividade tóxica. São as que se superam e praticam a positividade radioativa. Denomino essas pessoas *good vibes Chernobyl*.

Essa tribo consegue emitir a positividade radioativa independentemente de seu estado psicológico, físico (sólido, líquido ou gasoso) e de fatores químicos (temperatura e pressão em que se encontra), como fazem, por exemplo, as bandas de reggae do bem.

Entenda que a positividade tóxica é algo individual e a positividade radioativa é geral. Essa generalização se deve ao uso de novas plataformas. Um tanto mais modernas, as pessoas que propagam a positividade ganharam espaço na internet, potencializadas pelas redes sociais, em que a maioria das pessoas se habituou a apresentar sempre o melhor dos nossos mundos. Dê uma olhadinha no Instagram e veja indivíduos viajando por aí, se divertindo enquanto você está lendo este livro. Triste!

É notório que certos círculos sociais muito afeitos às práticas da pseudociência (oração quântica, pedras/cristais de Reiki, mudança de DNA para abundância, Lei da Atração, Reforma Trabalhista etc.) são os maiores vetores dessa epidemia, evocando até mesmo supostos poderes de cura advindos de boas energias. Eles usam um discurso cheio de bordões, frases prontas e principalmente palavras de baixo calão como *gratidão, gratiluz* e *namastê.*

> TODO OTIMISTA
> É UM
> MAL-INFORMADO.

Bloquear ou ignorar emoções "negativas" tem sérias consequências para a sua saúde. Isso porque todas as emoções que reprimimos são somatizadas, expressas por meio do corpo, muitas vezes na forma de flatulência. Quando negamos uma emoção, ela encontra uma forma alternativa de se expressar, que pode ser a caganeira quântica ou a síndrome do intestino irritável.

Calma, ainda tem muito o que piorar ao tratarmos desse tema.

Quando nos concentramos apenas nas emoções positivas, criamos uma versão mais ingênua, infantil, abobalhada das situações que podem acontecer na vida. Tornamo-nos mais vulneráveis aos momentos difíceis. Mas é preciso que a sociedade seja mais honesta diante de fraquezas e vulnerabilidades. Só dessa forma vamos nos sentir mais livres para experimentar todo tipo de sensação, seja ela ruim ou péssima.

É normal não estar bem. Na verdade, anormal é estar bem. Pode ser déficit de atenção. É muito fácil mentir para si mesmo afirmando que tudo vai dar certo, mas é mais realista e saudável acreditar que coisas ruins vão acontecer, e vão passar. Tudo passa, nem que seja por cima de você.

> TUDO PASSA,
> NEM QUE SEJA
> POR CIMA
> DE VOCÊ.

Muita atenção: não saia excretando sua positividade tóxica por aí. Quando alguém compartilha sentimentos negativos com você, em vez de tentar fazer essa pessoa se sentir melhor ou pensar mais positivamente com um combo de frases — "Tudo vai ficar bem"; "Você vai superar"; "Não se preocupe, seja feliz" — levante-se e pare para refletir sobre seu desconforto, a raiva por não ter se desvencilhado dessa situação, e se esforce ao máximo para ouvir o que a pessoa tem a dizer até o final. Depois de ouvir atentamente, olhe nos olhos dela e fale: "Não há nada tão ruim que não possa piorar."

Enfim, devemos ser felizes quando coisas boas acontecem (o que é muito raro), mas precisamos ser críticos e negativos diante de coisas ruins (sempre), até para compreendê-las melhor. A positividade tóxica é apenas mais um dos sinais do Apocalipse Coach!

Seu maior problema é você. Tem gente que busca respostas para tudo, o sentido da vida, vive correndo atrás de um propósito (odeio essa palavra e coloquei aqui propositadamente), porém as principais perguntas não têm resposta, a vida é sem sentido e ninguém vive por um propósito. Sempre digo que querer não é poder, querer é sofrer e viver é dar significado a esse sofrimento. Mesmo sendo um sofrimento em vão, tem um significado deprimente. E você vive buscando soluções para seus problemas, e não se deu conta de que: você é o maior problema das suas soluções. Você é que faz as suas escolhas, e as suas escolhas não escolhem você. Calma, você não tem o controle de tudo. Naquilo em que supostamente tem o controle, você é incapaz. Então não se faça de vítima do seu fracasso; o fracasso é seu, a culpa é sua. Aceita que dói menos. Direta ou indiretamente, tudo aquilo pelo que você lutou, se esforçou, se dedicou e persistiu contribui mais e mais para o seu extraordinário fracasso. Não seja escravo da sua felicidade e muito menos refém dos seus sonhos.

O QUE ESTÁ POR VIR SERÁ MUITO PIOR DO QUE VOCÊ JÁ PASSOU.

ATÉ O CHEQUE É ESPECIAL E VOCÊ NÃO

"Não sou nada.
Nunca serei nada.
Não posso querer ser nada."[10]

Atualmente somos cerca de 7,753 bilhões de pessoas no mundo, com uma taxa de crescimento de 1% ao ano, e você ainda se acha especial. É um direito seu pensar assim, mas saiba que está errado. Na verdade, é um problema seu, e eu particularmente não estou nem aí.

A questão é que hoje todos querem ser especiais, e isso está gerando grandes problemas em toda a sociedade, até porque, se 7,753 bilhões de pessoas se acham especiais, acaba que ninguém é. Infelizmente muitos de nós somos criados para acreditar nisso. As intenções na maioria das vezes são as melhores, mas às vezes é só para gerar inveja em outros pais mesmo.

---

[10] PESSOA, Fernando [Álvaro de Campos]. "Tabacaria". *In*: *Poesia completa de Álvaro de Campos.* São Paulo: Companhia das Letras, 2007.

Após anos e anos ouvindo de nossos pais que somos incríveis ou fantásticos, acabamos acreditando nessa história. Nos relacionamentos, a grande maioria acredita ser alguém sensacional. O pior é que essas pessoas exigem que o reconhecimento seja recíproco, o que é extremamente perigoso, doloroso e decepcionante. Isso é uma mentira, uma pantomima, uma patuscada. É uma fantasia, um devaneio, um sonho de uma noite de verão.

O discurso atual que impera é o de que "ser especial" é obrigação e uma métrica de sucesso pessoal e profissional. Em tempos de redes sociais dominantes e de construção de realidades, "ser comum" é interpretado erroneamente como padrão de fracasso. Quanto mais se acha especial, mais trouxa você é. E olhe que não estou falando da família do Harry Potter.

Há pessoas especiais? A resposta é sim. Óbvio que você não é uma delas, no máximo é mediano. Essas pessoas especiais não saem por aí se achando especiais por nada. Se você se acha pelo menos um pouquinho especial, saia desse delírio: você não é.

Você não é especial porque estudou naquela universidade e porque tem aquele trabalho. Não é especial porque tem boa aparência ou porque há alguém que gosta de você. Não é especial por fazer tutoriais em redes sociais. Ser filmado aprendendo a fazer as coreografias do TikTok só faz você ser besta e perder tempo. Acostume-se: você não é especial.

O mundo não gira em torno de você e de ninguém mais; ele gira em torno do Sol — e precisamos aceitar isso. Da primeira vez que você se deparar com essa verdade, provavelmente vai ficar revoltado, porque deve ter crescido ouvindo o contrário.

Muita gente tem medo de aceitar que a vida é medíocre. Deixo essa reflexão para que você possa fazer sua vida valer a pena. Mesmo sabendo que nada é em vão, tudo vem para decepcionar.

SEU MAIOR PROBLEMA É VOCÊ.

Então, ao receber uma mensagem do banco, lembre-se de que até o cheque é especial, e você não. O mundo não está avaliando você o tempo todo; quem faz isso é o Google. Você é o protagonista da sua própria vida, mas nas histórias dos outros é um coadjuvante, um simples figurante, às vezes só o cara que segura o cartaz.

Você, que discorda de mim e se acha muito especial, é tipo terceiro goleiro em copa do mundo, cujo nome ninguém lembra. Você é só mais uma hamburgueria em São Paulo — existem pelo menos mais quinhentas iguais. Você não é tão importante quanto acredita, nem tão relevante quanto gostaria.

Todos os seus questionamentos, derrotas, dúvidas e conflitos já foram enfrentados por alguém antes de você, e muito depois da sua morte outras pessoas passarão pelas mesmas questões. Então, pare de postar essa merda de mensagem motivacional durante o seu dia de bosta.

Você não é incrível, invencível, inquebrável, insuperável. Você é normal. Sua carreira, seu trabalho, seu corpo, seu relacionamento não o tornam melhor do que ninguém — a realidade é que o mundo está repleto de pessoas que fazem o mesmo que você e não são notadas.

É importante falar que se achar especial ou querer ser especial está ligado à ambição — aquele anseio veemente de alcançar um objetivo, de obter sucesso, aspiração, pretensão.

A ambição é uma tremenda ironia. Chega a ser tragicômico, pois, enquanto deseja ser o mais esperto e o mais bem-sucedido, você automaticamente se sente um fracasso. Sempre que tenta ser o mais amado e o mais popular, se sente sozinho mesmo na multidão. Quando deseja ser o mais poderoso e admirado, se sente mais fraco e mais impotente.

Você pode até ser especial, mas para coisas ruins. É como ser um Everest da incompetência, um triunfo da mediocridade, a má companhia de que sua mãe tanto reclamava, o exemplo a não ser seguido. Então, não ser especial pode até fazer você subir na carreira. Porque quem não é notado não faz nada. E quem não faz nada não erra. E quem não erra é promovido.

No fim das contas, ninguém é ESPECIAL, mas pode fazer coisas que outras pessoas julgam especiais. Portanto, quando você usa suas qualidades para contribuir com as pessoas, construir valor para o mundo ou simplesmente fazer o ambiente à sua volta melhor ou pior, cada pequena retribuição da vida faz sua trajetória parecer um fracasso extraordinário.

Por fim, nunca deixe que digam que você não é especial; diga você mesmo: "Eu não sou especial."

Até o cheque é especial e você não!

Essa frase deveria ser trabalhada logo na alfabetização. Evitaria muita frustração e criaria casca (ao menos teórica) para muitos que não têm inteligência emocional alguma. Claro que não existe nada melhor que as derrotas da vida (que aliás são muito mais recorrentes que as vitórias, caso contrário, desconfie!) para nos ensinar mais, pois hoje deparamos com uma galera extremamente frágil, qualquer revés parece ser o "fim de tudo"... Aprenda uma coisa, "cara pálida": o mundo não acaba na esquina da sua casa!!! São mais de 7 bilhões de "viventes racionais" neste planeta: BILHÕES!!! E de repente você se depara com cada "mimimi" imbecil, pessoas que querem deter o monopólio do sofrimento!!! Sim: existem muitos que têm a certeza que são a última Coca-Cola do deserto! Não admitem sofrer por serem ESPECIAIS! Especiais... Ah... "eu sou especial"... Amigão, na boa: tudo, TUDO MESMO, continuará a funcionar independentemente da sua IMPRESCINDÍVEL E INQUESTIONÁVEL VONTADE... "Dê uma seguradinha" e tente entender que a felicidade é um caminho em si e não somente o destino. E para "ser feliz" se faz necessário sofrer também (e muito!). O objetivo deste texto é... não ter objetivo! Se isso repercutiu para você de alguma forma, ótimo. Senão, dane-se! Eu não sou especial e meu texto muito menos...

SE AINDA NÃO DEU ERRADO É PORQUE AINDA NÃO ACABOU.

NUNCA ESQUEÇA QUE VOCÊ É LIMITADO

"*Não entendo*. Isso é tão vasto que ultrapassa qualquer entender. Entender é sempre limitado. Mas não entender pode não ter fronteiras. Sinto que sou muito mais completa quando não entendo."[11]

Só existem três coisas infinitas: o universo, a estupidez humana e o seu fracasso. É muito comum no nosso dia a dia, porém, ouvirmos essa palavra: "ilimitado". Seja em propagandas de internet banda larga ou móvel, nas músicas do Roberto Carlos ou até mesmo no Portal da Transparência. Na matemática, Georg Cantor provou que alguns infinitos são maiores que outros — e, para expor o resultado, usou um conto de fadas.

Sabemos que a vida é um conto de falhas e que o seu fracasso tende para infinito. Como então entender as pessoas que dizem que não são limitadas se, diferentemente da matemática, temos recursos escassos? Um dia tem apenas

[11] LISPECTOR, Clarice. "Não entender". *In*: *A descoberta do mundo* (Edição comemorativa). Rio de Janeiro: Rocco, 2020.

23 horas, 56 minutos e 4 segundos. O tempo é um recurso extremamente limitado.

Eu poderia passar horas falando de todos os recursos naturais, financeiros, sociais, humanos que são limitados. Aí vem um coach e fala: "Você não tem limites; a única coisa que limita nossas conquistas é o pensamento de que não podemos conquistar. Se algo está limitando você, não são seus limites, mas o medo e a ilusão de não poder vencê-los. Vença seus medos e suas ilusões e você vai superar seus limites!"

Sejamos francos: como conseguir fazer todas as coisas que nos vêm à mente se nossos recursos de atenção, energia e, principalmente, de tempo são limitados?

Sabemos que na vida real não é assim. Não há nada de errado em descobrir alguns limites para determinadas situações, principalmente no banheiro.

Há pessoas mimadas que pensam que tudo é possível, que jamais vamos perder ou que são exatamente as limitações que nos tornam piores. Admitir para si e para os outros que você é limitado não é uma fraqueza, é apenas uma constatação. E quanto antes entender isso, você irá sofrer com menor intensidade as consequências de acreditar que pode fazer tudo o que quiser.

SÓ EXISTEM TRÊS COISAS INFINITAS: O UNIVERSO, A ESTUPIDEZ HUMANA E O SEU FRACASSO.

Hoje temos acesso fácil a praticamente qualquer coisa, e isso nos move na direção de querer sempre mais, de fazer mais, de ser mais. Entretanto, nós, seres humanos, somos extremamente limitados no espaço, no tempo, na quantidade de matches no Tinder etc.

Muitos creem que nossos limites são apenas percalços do agora, crenças limitantes temporárias, e que apenas com esforço, dedicação e pensamento positivo podemos ultrapassá-los. Essa ladainha, repetida milhares de vezes em testemunhos fervorosos, acaba atraindo muitas pessoas, entre elas algumas psicologicamente abaladas que estão passando por momentos difíceis.

Neste momento, não entender que você é limitado deixa de ser uma questão de ignorância e passa a ser de saúde. Trabalhar além da conta, além da hora, além do que nosso corpo e nossa cabeça aguentam. Lidar com metas assustadoras, longas jornadas de trabalho, horas extras virando bancos de horas que você nunca vai conseguir utilizar. Tomar suplemento termogênico, cheirar whey protein, malhar e comprar uma granja para ter o corpo da Gracyanne Barbosa. Se meter com *traders* ou startups para ser trilionário... Chega uma hora em que o corpo e principalmente a mente não aguentam mais. Você atinge o esgotamento. O único limite que há é o limite entre a vida e a morte.

Anteriormente definimos a função do Fracasso (F) como um somatório de todos os fracassos em nossa vida. O esforço e a dedicação influenciam de forma proporcional no resultado final. Ou seja, quanto mais você se esforçar, maior será o seu fracasso. Quanto mais se dedicar, maiores serão os seus fracassos. O resultado é que você vê o seu fracasso em um crescimento exponencial. Tipo aquela dívida de cartão de crédito que meses atrás era de R$15 e agora tem mais de seis dígitos. Verdadeiro seis em sete.

Assim como o fracasso, essa percepção de trabalhar em excesso para atingir um objetivo é extremamente pessoal. Todos temos limitações. A vida é limitada, assim como a banda larga oferecida por certas operadoras. Devemos respeitar o espaço de cada um, mas, antes de respeitar o espaço alheio, respeite o seu próprio. Saber até onde é capaz de ir é algo individual, que não cabe a ninguém mensurar. A vida não é fácil para ninguém, muito menos para alguém limitado e medíocre como você.

A ideia de superar as próprias limitações é uma imbecilidade que afeta 100% das pessoas. Todos somos limitados de maneiras diferentes. O que é fácil para um não é para o outro. É como as equações de Maxwell: o seu professor de eletromagnetismo acha que elas são fáceis; você, que reprovou seis vezes nessa disciplina, discorda. O importante é ressaltar que, não importa qual seja a sua limitação, apenas com esforço, dedicação e disciplina você não consegue superar.

Eu poderia continuar citando aqui uma série de limitações que surgem em momentos diferentes de nossa vida. Algumas vão comprar cigarro e nunca mais voltam, outras mudam ao longo dos anos, outras são inflexíveis e estarão sempre conosco. É importante que cada um, até mesmo no exercício da embriaguez, conheça a origem de suas limitações.

Há limitações de caráter moral, que adquirimos por intermédio das pessoas responsáveis por nossa formação. A maior, talvez a única, fonte de todas as suas limitações é a família.

Existem limitações provenientes de traumas. Em primeiro lugar, é preciso saber que a maioria das pessoas já sofreu ou sofrerá uma situação potencialmente traumática, desde tragédias como acidentes até situações cotidianas estressantes, como autenticar um documento em um cartório. Nesses casos, a superação envolve revisitar os próprios talentos, recursos e capacidades de enfrentamento, trazer à tona as memórias anteriores até que, com o tempo, o sujeito passe por um novo trauma, muito maior, que supera a dor e o sofrimento do antigo. É como se ele estivesse atualizando a percepção a fim de promover a resiliência, que é basicamente a capacidade do indivíduo de se foder e continuar se fodendo.

Para viver uma vida menos conturbada e com menos pressão, abrace suas limitações. Sei que são muitas e talvez você não consiga abraçar todas, porque até nisso você é limitado. Reconhecer que não será capaz de conseguir tudo o que lhe vier à mente é, sim, motivo de tristeza, mas também de alívio e contentamento. É melhor ser um triste aliviado do que um feliz angustiado.

Abrace seus limites. Reconheça suas imperfeições. Faça apenas o que é possível para você, ou seja, nada!

Meio afastado por estar fracassando em fracassar, em breve nenhuma novidade. NINGUÉM É ESPECIAL. O fracasso é como o cheque especial: o limite fica ali, disponível para que você use sempre que precisar. Porém, diferentemente da sua renda, o seu fracasso não tem limites. Lembre-se de que você é apenas mais um entre sete bilhões de pessoas neste mundo. A vida é importante demais para esperar que você se sinta especial. O caminho vai ser longo e difícil, mas a derrota é certa. Você vai ser criticado e vai falhar... Mas, se a cada falha, a cada crítica e a cada sofrimento, você continuar a dar o seu melhor, vai continuar a mesma coisa. Isso porque o seu melhor é o seu pior. A sociedade não deve um trabalho a você, a família não deve uma casa e os seus amigos não devem atenção. O mundo não deve nada a você. Você é que deve muito ao mundo e ao CHEQUE ESPECIAL.

(PS: É errando que se aprende a ERRAR.)

ACREDITAR

QUE VOCÊ PODE

JÁ É MEIO CAMINHO

ERRADO.

DIAS RUINS CONSTROEM DIAS PIORES

"Tem dias que a gente se sente
Como quem partiu ou morreu
A gente estancou de repente
Ou foi o mundo então que cresceu."[12]

O dia é só um marco temporal no qual o planeta Terra completa uma volta em torno do próprio eixo, a uma velocidade de aproximadamente 1.666 quilômetros por hora. Como então se pode medir isso como bom ou ruim? O que seria um dia ruim para você? Por exemplo, 11 de setembro é meu aniversário. Um dia péssimo para a humanidade por conta dos atentados terroristas contra as Torres Gêmeas e o Pentágono, nos Estados Unidos, e ruim para mim por conta da obrigação de comemorar meu aniversário.

Não sei se você teve um dia ruim, se está tendo vários dias ruins, ou se está vivendo no Brasil de 2022 — o que dá no mesmo. Mas, antes de falarmos

[12] RODA viva. Intérprete: Chico Buarque de Hollanda. Compositor: Chico Buarque de Hollanda. *In:* CHICO Buarque de Hollanda: volume 3. [*S. l.*]: RGE, 1968. Faixa A6.

sobre as causas dos dias ruins, eu gostaria de dizer que tudo passa, inclusive os raros momentos bons. Saiba que os dias ruins passam para que piores possam vir, afinal, nada ajuda mais a superar um trauma que outro maior. Toda experiência traz aprendizado, e com as experiências ruins não seria diferente.

É tão óbvio que nos esquecemos

Não existe um manual que nos obrigue a viver, e, mesmo se existisse, ninguém leria. Não há uma regra que nos obrigue a ser fortes o tempo todo. Somos humanos e, como tal, sabemos que é impossível vencer todos os dias. Mas é possível perder em todos, e é o que constantemente acontece. Portanto, se acostume, pois não há nada tão comum como um dia pior que o outro. Há dias ruins, há dias péssimos e há o dia D e a hora H.

Você acorda cedo. Dor de cabeça. Dormiu mal por conta de uma crise de ansiedade. Ontem fez um ano da morte de alguém querido. Hoje você não está bem para trabalhar — nunca estamos. É quarta-feira. Você torcendo para que o sábado chegue logo, só mais uns 360 minutinhos de cama. Levanta. Tudo na correria. Você vê o sol brilhando e só fica pensando no calor do ônibus lotado — e na catinga. De mau humor, chega ao trabalho e entra na bolha de felicidade. Termina o dia, nada valeu a pena. Volta para casa e é recepcionado por boletos, problemas, infiltrações, Faustão na Band, filhos brigando e outras coisas piores. Toma seu remédio. Sedado, tenta dormir tendo pesadelos com a própria rotina se repetindo no dia seguinte. Isso é um dia ruim ou uma vida ruim?

Mencionei no parágrafo anterior que vivemos na "bolha de felicidade". Essa é aquela que diz que todos os dias você é obrigado a ser feliz, é forçado a pensar em coisas positivas e a ver o lado bom de tudo — até quando começa *A voz do Brasil* (nesse caso, *ouvir* o lado bom). Você será julgado caso não aparente ser invencível, mesmo estando a ponto de desmoronar. Para muitos esse é só mais um "dia bom", um dia em que a pessoa se engana e tenta enganar os outros. Toda bolha encontra sua agulha, e nesse caso as agulhas são transtornos psíquicos.

Quando acordamos, não temos a mínima ideia de como vai ser o nosso dia. A vida é caótica e imprevisível, a qualquer momento pode acontecer alguma coisa que vai impactar você negativamente para sempre, tipo certos carnavais. Entretanto, há algumas situações em que você perde e nem sabia que estava lutando. E nessa luta contra a vida você é nocauteado no primeiro *round*. Do nada, em um piscar de olhos, acontecem situações péssimas, trágicas, com as quais você não tem a mínima noção de como lidar, nem sabe por onde começar.

Quando o tal acontecimento ocorre com terceiros, é sempre importante saber passar a informação para não provocar mais dor ou sofrimento. Depois de informar a pessoa sobre a gravidade da ocorrência, é de suma importância salientar o lado ruim e o lado bom do que aconteceu. Recomendo começar pelo lado ruim: "O lado ruim é que não tem lado bom." Por mais que nessas situações muitos queiram, de forma teimosa, irresponsável e infantil, buscar o lado bom, acredite: tentar enxergar o lado bom em tudo só aumenta o sofrimento e faz seu dia cada vez pior.

NÃO HÁ NADA TÃO COMUM COMO UM DIA PIOR QUE O OUTRO. HÁ DIAS RUINS, HÁ DIAS PÉSSIMOS E HÁ O DIA D E A HORA H.

A esta altura você já deve estar ansioso para saber como diferenciar um dia ruim de um dia bom. A diferença entre os dias bons e os ruins é que os bons são carregados de dor e sofrimento. Os dias ruins também, mas eles contam com a presença de algum trauma para ter mais impacto. Mas vale ressaltar que os dias não são bons ou ruins, são apenas dolorosos; o que muda é sua perspectiva em relação a eles. É preciso que os dias péssimos existam para que os dias ruins valham a pena.

A dor ensina. Então, se você aprender na base do sofrimento, as suas expectativas diminuem e com isso o dia não fica tão ruim. Até lá, quanto você precisa sofrer para perceber que está errado? Sabemos que a dor ensina e também que temos dores diárias, então, que sejamos aprendizes da dor. Diariamente, muitos de nós vão além e procuram esquecer o que aprenderam. Ensina Paulo Freire que "quem ensina aprende ao ensinar, e quem aprende ensina ao aprender". Infelizmente, nesse caso quem ensina é a dor.

Calma. Agora eu gostaria que você fizesse um momento de reflexão sobre o seu dia. É muito importante parar e começar a pensar que, no meio desse mar de tragédias anunciadas, pandemia, inflação mundial, suas escolhas, boletos, guerras, fome, fimose e corrimento, há momentos felizes. Sim, a vida também é feita de raros momentos felizes no meio de uma imensidão de dias ruins e de raríssimos dias bons. Quando não se tem nenhuma expectativa, qualquer coisa agrada. Então, um dia feliz pode ser algo tão diferente e perturbador que talvez nem você perceba. De qualquer forma, nunca deixe que um dia bom o faça sentir como se tivesse uma vida boa.

NÃO DEIXE PARA AMANHÃ O FRACASSO QUE PODE TER HOJE.

Hoje é o dia mais importante da sua vida, porque você não pode estragar o de ontem nem o de amanhã. A vida acontece no tempo presente. Viver o aqui e agora é aproveitar cada oportunidade como se fosse a única. Na verdade, é exclusiva. Cada dia é um ponto de partida para uma nova derrota. Não importa o que perdemos ontem; o importante é o que podemos perder hoje. Hoje vai ser melhor que amanhã, porque você nem sabe quais desgraças o aguardam no dia seguinte. Se seguir com esse pensamento, você vai sempre lembrar que no atual governo o pior ministro da Educação foi substituído pelo novo pior ministro da Educação, e assim você chega ao fundo do poço e, como a Samara (O chamado), você se alimenta de esperanças de conseguir sair dele. Lembre-se: se nada deu certo hoje, não fique triste; amanhã tudo vai dar errado.

Mas o que fazer quanto ao amanhã? Amanhã será tarde, e depois de amanhã nem existe. Não deixe para amanhã o fracasso que pode ter hoje. Aproveitando a chance de hoje faço surgir novos fracassos amanhã. O tempo é curto. Amanhã vão surgir diversas oportunidades para você demonstrar seu valor em momentos de fracasso e na derrota. Essas chances são ocasiões únicas de testar seus limites, da mesma forma que o delírio narcísico ou a ilusão de onipotência ajudam você a atingir o ápice do fracasso. Então, em todos os dias hão de surgir momentos para você provar que é realmente incapaz. As possibilidades são amplas, quase infinitas. Aproveite-as!

Amanhã é outro dia e ninguém garante que vai ser ruim. Mesmo que seja péssimo, não é impossível sobreviver a ele. Se não foi hoje, também não vai ser amanhã. Não tenha medo de errar.

Coisas ruins se vão para que piores possam vir. Aceita que dói menos.
As coisas ruins vêm com o tempo; as piores, de repente.
As pessoas mudam para permanecer iguais.
Saiba que coisas ruins vêm para quem acredita que vem coisa boa do nada. As piores vêm para quem é persistente. Já o fracasso aparece uniformemente para todos.
Sonhos não têm pernas, mas você tem. Então, fuja deles. Sonhos transformam momentos únicos em fracassos espetaculares, tristes, deprimentes e até felizes. Um livramento de algo que provavelmente você nunca iria perceber.
Problemas sempre vão existir; o que muda é a forma de ser derrotado por eles. As críticas sempre vão existir, então faça o que o faz sofrer e segue a vida. A vida é dar significado ao sofrimento. Até uma topada com o dedo mindinho tem um significado; deprimente, mas tem.

É PRECISO QUE DIAS PÉSSIMOS EXISTAM PARA QUE OS DIAS RUINS VALHAM A PENA.

NUNCA ACREDITE EM VOCÊ

"Acreditar
Acreditar, eu não
Recomeçar, jamais
A vida foi em frente
E você simplesmente
Não viu o que ficou pra trás."[13]

Há uma infinidade de frases e jargões que têm a ousadia de fazer você acreditar em si mesmo, repetitivamente, como um mantra. Na hora de dormir ou mesmo nos momentos de maior escuridão, você respira fundo e mentaliza: "Acredite mais em você"; "Acredite em si mesmo, pois é só você que pode se autojulgar"; "Ouse, arrisque e nunca se arrependa". É tanta baboseira junta que até os textos do gerador de lero-lero ou o que o Cabo Daciolo diz fazem mais sentido.

[13] ACREDITAR. Intérprete: Ivone Lara. Compositores: Délcio Carvalho e Ivone Lara. *In:* A MÚSICA brasileira deste século por seus autores e intérpretes: Dona Ivone Lara. São Paulo: SESC São Paulo, 2003. Faixa 1A.

Antes de me aprofundar nesse assunto, preciso fazer algumas definições para você não confundir. Começando pela distinção entre "acreditar" e "confiar". O primeiro verbo significa, essencialmente, considerar que uma coisa é verdadeira; aceitar; admitir; dar crédito a; ser fiador de alguém e ter fé; crer; considerar possível alguma situação. Nunca seja fiador de ninguém, principalmente de um familiar próximo. Dar crédito é coisa que muitos agiotas fazem, e alguns ministros que escrevem dissertações e teses, não. "Acreditar" tem relação com "crer", ou seja, temos a *crença* de que algo vai acontecer, não necessariamente algo bom. Essa crença vem sempre do pensamento, do intelecto, ou seja, da ociosidade mais pura.

Já "confiar" tem origem no latim *confidere*, que significa acreditar plenamente, com firmeza. O sufixo *fidere* significa fé, por isso o verbo "confiar" é muito usado como sinônimo de "ter fé". Não falo de fé religiosa, pois, como bom ateu que sou, não quero justificar minha descrença em Deus; só tenho fé na sua não existência. "Confiança" também remete ao Proletário Azulino da Associação Desportiva Confiança, um clube que pratica um esporte que se assemelha ao futebol na cidade de Aracaju, mas não estou falando desse Confiança e sim de algo um pouco pior. "Confiança" é um substantivo ligado ao verbo "confiar".

É comum, em nosso cotidiano, confundirmos um pouco essas duas palavras. Falamos em "acreditar" quando seria ideal utilizar "confiar" e vice-versa. Muitas pessoas utilizam essas duas palavras até mesmo como sinônimos — e os significados são parecidos mesmo —, e por isso as confundem, e eu sou um deles. "Confiar" é uma característica da personalidade e pode ser entendida como acreditar, estar seguro ou ter certeza sobre algo, alguém ou até mesmo ninguém. Ou seja, ao confiar, você cria uma hipótese que é formulada sobre um determinado comportamento futuro.

Muito cuidado com a confiança, pois esse é um sentimento complexo. É importante saber que ele se desenvolve de modo diferente em cada pessoa, dependendo das experiências de vida, da visão de mundo, da criação e, principalmente, dos fracassos que o indivíduo vivenciou nas relações com o outro e, pior, consigo mesmo.

Já a autoconfiança é a capacidade de confiar em si mesmo e na sua suposta habilidade. É um tipo de competência — se é que pode ser chamada assim — que enfraquece nossas perspectivas sobre a realidade. Além disso, ela tem um grau elevado de periculosidade, porque nos deixa mais seguros e livres para tomar decisões.

Pessoas autoconfiantes se acham seguras, decididas, assertivas. Algumas pensam que sabem apresentar suas ideias com objetividade e até passam a impressão de serem arrogantes. Elas enfrentam os desafios, mas não tomam boas decisões, mesmo quando não estão sob qualquer pressão, como na fila do pão, por exemplo. Estou dizendo isso para ajudar você a entender que acreditar em si mesmo é o combustível que se usa no caminho do fracasso. Acreditar em si mesmo é ter o verdadeiro apoio de que você precisa para dar o primeiro, o segundo e o terceiro passo e continuar andando na direção oposta dos resultados que desejava alcançar. A autoconfiança só faz você confundir coragem com burrice, foco com ansiedade e determinação com sofrimento.

Não há níveis saudáveis ou seguros de autoconfiança: as pessoas autoconfiantes parecem sempre anestesiadas para as dores e os sofrimentos inerentes à vida. E esse excesso é potencialmente catastrófico quando tudo dá errado. Pior: os vetores da positividade facilmente inspiram a confiança e despertam motivação em todos aqueles que estão ao seu redor, gerando uma cadeia de pessoas frustradas e mentalmente fragilizadas.

Todos nós tendemos a superestimar nossas habilidades. Neste momento pode ser que você esteja pensando que o excesso de confiança é um viés cognitivo que leva uma pessoa a superestimar as próprias capacidades, sejam elas de julgamento ou de tomada de decisão. Mas também existem pessoas que necessitam inspirar, exalar e excretar autoconfiança para pertencer a um determinado grupo. Seja para realizar uma venda, praticar a bajulação no trabalho (o famoso puxa-saco), para conseguir uma promoção, para cortejar uma mulher no balcão do bar e principalmente na sessão de coaching.

Esse viés cognitivo pode ser explicado de diversas formas, e uma delas é imaginar que você faz parte do grupo dos *Homo sapiens embriagadhus*, solitários seres primitivos que habitam os bares da rua Augusta, em São Paulo, ou que circularam nos bons tempos do Dragão do Mar, em Fortaleza. Esses indivíduos, quando recolhidos em seus pequenos espaços, estão protegidos de perigos diversos, tais como ladrões, taxistas e rodinhas do Legião Urbana. Em seu hábitat, eles encontram quase tudo que é necessário para sua sobrevivência — água nos estados líquido e sólido —, mas não há alimento. É preciso, então, sair da segurança propiciada pela embriaguez e se aventurar pelos arredores. Devido à fragilidade causada pelo álcool, podem facilmente se tornar presas ou acabar entrando em locais inóspitos onde está tocando Los Hermanos. Se não tiverem confiança em sua capacidade de andar embriagados e ainda conseguir um podrão, podem morrer de fome — como se a noite fosse uma savana e precisassem buscar a própria comida e água. Os que sucumbirem ao excesso de confiança acabarão se metendo em lugares em que serão obrigados a ouvir "Anna Júlia". É por isso que a cautela é necessária, para que esse pobre ser indefeso se proteja de perigos maiores.

A VERDADEIRA IGNORÂNCIA É VOCÊ CONTINUAR ACREDITANDO EM SI MESMO.

O excesso de confiança pode se manifestar de várias formas, e a pior delas é o apego excessivo a suas crenças, especialmente quando elas envolvem você mesmo (na forma de autoconfiança).

É fácil detectar esse fenômeno junto às pessoas que nos cercam. Pergunte se elas se julgam melhores que a média. Ou então pensam ser mais honestas. Você vai encontrar um resultado semelhante a 93% de pessoas que se julgam superiores, o que é estatisticamente impossível e extremamente impactado pelo viés da autoconfiança.[14]

Infelizmente, esse viés vem impactando a maioria, em uma escala que só a internet é capaz de provocar. Assim, é cada vez mais fácil ver pessoas que julgam dominar certos assuntos, jurando que sabem mais que os especialistas naquela área. E olhe que aqui estou falando de outras pragas, não só dos coaches. Talvez seja difícil, mas vou tentar explicar esse fenômeno.

Na era da internet e em plena pandemia, nunca ficou tão evidente que pessoas completamente ignorantes em determinado tema costumam ser as mais entusiasmadas adversárias de especialistas que passaram anos estudando o tal assunto. No auge do *lockdown*, um leigo em epidemiologia dizia

[14] SVENSON, Ola. "Are we all less risky and more skillful than our fellow drivers?" *Acta psychologica*, v. 47.2, p. 143-148, 1981.

ter a fórmula certeira para acabar com a covid-19. A fórmula consistia em tomar remédio de verme ou uma medicação indicada para o tratamento da malária — lembrando que até uma ema sabe a diferença entre um vírus e um protozoário. Outro grande exemplo de imbecilidade: até quem acredita em horóscopo sabe que a Terra não é plana, mas um youtuber conspiracionista que nunca estudou astronomia crê no contrário.

O mais triste é lembrar que os antigos gregos, há quase 2.500 anos, já sabiam que a Terra é esférica. Aliás, há mais de 2.200 anos o grego Eratóstenes calculou o raio da Terra medindo a sombra de um pedaço de pau em Alexandria, sabendo que, em outra cidade, ao meio-dia, o Sol ficava quase exatamente no zênite. Desde a quinta série sabemos que duas retas paralelas interceptam uma reta transversal, então os ângulos correspondentes são iguais. Calculando uma tangente e fazendo a regra de três, temos o raio da Terra.

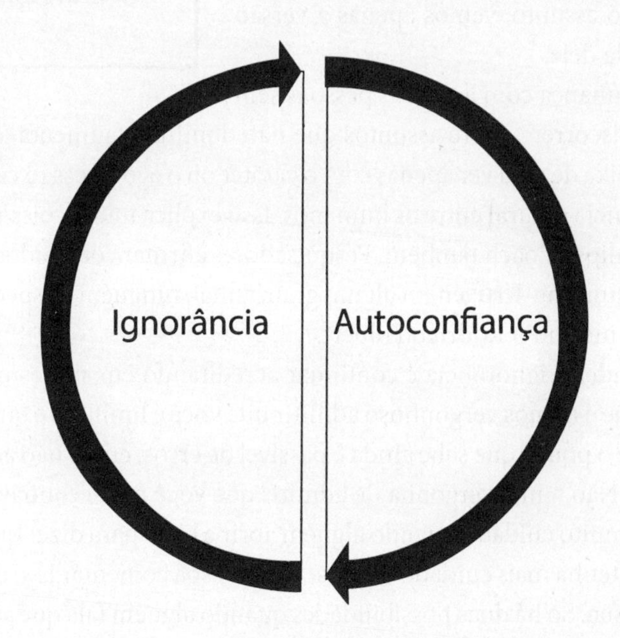

A internet é o grande canal de propagação de teorias conspiratórias, fake news, gurus e vapes. Não a culpo por isso: a internet é só um conjunto de protocolos. A culpa é de quem consome, dá espaço e compartilha esse tipo de conteúdo, contribuindo para que idiotas multipliquem e reforcem seus argumentos, assim como fez o CQC. Com extrema facilidade, cada vez mais indivíduos sem o menor conhecimento se sentem confiantes para defender ideias estúpidas bem específicas. Assim, quanto menos alguém sabe, mais acredita saber. É o chamado efeito Dunning-Kruger.[15]

Esse efeito tem nome de vilão de filme de terror ou de dupla de zagueiro da seleção da Dinamarca, mas o que acontece é que, quanto menos uma pessoa sabe, mais ela acredita saber. Em outras palavras, você é ignorante sobre a própria ignorância. E a ignorância só gera mais autoconfiança. Ciclo eterno de uma mente confiante.

DEPOIS DA TEMPESTADE VEM O LAMAÇAL.

Quando não se sabe praticamente nada sobre determinado assunto, fica fácil cair na ilusão de que conhecemos muito pouco, pois, ao não nos deparamos com a complexidade real sobre o assunto, vemos apenas a versão simplificada dele.

Essa confiança com a qual as pessoas sem *expertise* discorrem sobre assuntos que não dominam aumenta, e, assim, a situação deixa de ter a ver apenas com o caráter ou o ego e passa a caracterizar uma tendência natural entre os humanos. Isso explica muita coisa na política e no Apocalipse Coach também. Pesquisadores afirmam que todos sofremos do efeito Dunning-Kruger em algum grau, afinal, ninguém é especialista em tudo, nem mesmo o Rodrigo Hilbert.

A verdadeira ignorância é continuar acreditando em si mesmo. Convenhamos que é menos vergonhoso admitir que você é limitado e que não sabe tudo, e que o pouco que sabe ainda é passível de erros, então não acredite em si mesmo. Não tenha vergonha de admitir que você não é confiável.

Tenha muito cuidado quando alguém abrir a boca para dizer que acredita em você, e tenha mais cuidado ainda se essa pessoa comentar isso em alguma postagem sua. Só há duas possibilidades quando alguém fala que acredita em

---

[15] KRUGER, J., & DUNNING, D. "Unskilled and Unaware of It: How Difficulties in Recognizing One's Own Incompetence Lead to Inflated Self-assessments." *Journal of Personality and Social Psychology, 77*, n. 6, p. 1121-1134, dez. 1999. Disponível em: https://doi.org/10.1037/0022-3514.77.6.1121

você. Familiares e amigos: essas pessoas falam que acreditam em você com o objetivo de motivá-lo, mas no fundo o estão ludibriando. Você começa timidamente a acreditar em si mesmo, vai se enchendo de confiança, cria expectativas e, quando o resultado é completamente diferente do esperado, tudo se transforma em uma bela frustação. De qualquer forma, parentes e amigos estarão com você para confortá-lo ou piorar ainda mais a situação.

Se forem outras pessoas: caia fora. Provavelmente é golpe, um vendedor desesperado, talvez o personal trainer só querendo que você termine o treino logo para ir embora mais cedo, o orientador que vai desorientá-lo, um coach ou, pior ainda, o seu advogado.

Enfim, pense e reflita: não é possível alguém acreditar em uma pessoa tão limitada quanto você, então, por que você insiste?

Nunca esqueça que você é limitado. Você é definido pelas suas limitações e não pelos seus sonhos. Seus fracassos revelam fielmente quem você é e quem você nunca será. Querer não é poder, e você não pode tudo. Na verdade, você tem um leque muito restrito de escolhas e ainda escolhe errado. Querer é SOFRER. A vida é um eterno sofrer, e sobreviver é dar significado a esse sofrimento. Escolha aquilo que importa na sua vida e sofra com essas escolhas. Abrace suas limitações, conviva diariamente com seus medos e saiba que depois da tempestade vem o lamaçal. Esteja sempre preparado para as situações na vida. Tenha como fazer um gerenciamento de riscos e um mapeamento de fracassos. Não crie expectativa; ela é a mãe da merda. Nem tenha esperanças, pois é um sentimento frio, cruel e nocivo que o torna dependente de algo que nunca irá acontecer. Não confunda expectativa com esperança; uma é com X e a outra não existe.

NO COMEÇO
TAVA RUIM,
AGORA PARECE
O COMEÇO.

NÃO SABENDO QUE ERA IMPOSSÍVEL, FOI LÁ E SOUBE

"Há sem dúvida quem ame o infinito,
Há sem dúvida quem deseje o impossível,
Há sem dúvida quem não queira nada —
Três tipos de idealistas, e eu nenhum deles:
Porque eu amo infinitamente o finito,
Porque eu desejo impossivelmente o possível,
Porque quero tudo, ou um pouco mais, se puder ser,
Ou até se não puder ser..."[16]

Já falamos neste livro sobre as nossas incapacidades, que a autoconfiança nos cega e que dias ruins vêm para que os piores cheguem. Mas sempre existem os tóxicos que desejam alcançar o irreal, as pessoas que acreditam que podem atingir o impossível. Na era das oportunidades, muitos têm infinitas chances e não conseguem fazer porra nenhuma. Já outros, que por coincidência são a maioria, nunca tiveram oportunidades e, quando as têm, acabam estragando

[16] PESSOA, Fernando [Álvaro de Campos]. "O que há em mim é sobretudo cansaço —." *In: Poesia completa de Álvaro de Campos.* [*S.l.*]: Editora 247, 2013. *E-book.*

tudo. Para isso vai ter coach querendo vender curso de planejamento — "Faça um planejamento eficiente na sua vida pessoal e profissional em 3 dias por apenas 12 mil reais" —, muitos vão falar que é falta de reza e outros vão simplesmente ignorar a sua situação. Os que ignoram têm o objetivo de orientá-lo, para que você caia logo na real de que a vida não é um conto de fadas — é um conto de falhas.

Quando Lewis Carroll escreveu *Alice no País das Maravilhas*, tornou célebre a frase dita pelo Gato de Cheshire à protagonista: "Para quem não sabe para onde ir, qualquer caminho serve."

Em primeiro lugar, se você ouvir um gato falante, faça um exame toxicológico ou saia do TikTok. O fato é que, embora simples, essa frase que a Alice ouviu pode ser útil para muitas situações da vida, e vamos utilizá-la aqui para falar sobre planejamento. O real significado da frase é que a vida não está nem aí para o seu planejamento. Em geral, ninguém deseja viver andando em círculos, muito menos se esforçar tanto e não ser recompensado pela dedicação. Não ser recompensado é o mais comum de acontecer, pois a maioria das pessoas, como efeito da autoconfiança, acaba empregando um super Genki Dama de energia sem critério e sem foco.

> A VIDA NÃO É UM CONTO DE FADAS — É UM CONTO DE FALHAS.

Em decorrência disso, muitas realizações se perdem ao longo do caminho, muitos sonhos deixam de ser concretizados e as pessoas ficam frustradas. Isso é normal; todos nós temos o direito de cair na imbecilidade de acreditar que somos capazes de realizar feitos grandiosos — assim, não podemos nos deixar esbarrar em pessoas positivas, além de pensamentos e comportamentos motivadores, que nos impedem de ser mais tristes.

Não é por falta de aviso: se algo é tido como impossível, sua realização é inviável, como o Palmeiras ganhar o mundial, a TekPix ser boa, o hexa acontecer ou um coach ter razão. E existem razões pelas quais não se consegue conquistar tais feitos. Por vezes é a lógica, a ciência, enfim, uma série de impedimentos que, seres limitados que somos, atrapalham nossa trajetória. O mais tóxico se percebe quando o indivíduo não enxerga sua pequenez em todo esse vasto universo de derrota e pensa, venenosamente, que as coisas podem ter um resultado diverso. É aquela criança que insiste em cutucar frestas nas calçadas em busca de tesouros e encontra tampas de garrafa de cerveja, mas quando adulta joga a tampinha premiada no lixo.

O que é o impossível para você? No dia a dia, vivemos a terrível ilusão de que o impossível é relativo. Somos massacrados pela ideia de que o impossível nada mais é do que um limite que estabelecemos para as manifestações em nossa vida, segundo o meu ou o seu conceito do que é provável e aceitável. Aí, do nada, aparece o Chorão com frases de efeito: "Pra quem tem pensamento forte, o impossível é só questão de opinião."

O IMPOSSÍVEL É O ABSOLUTO EM EXPANSÃO.

O homem já foi à Lua, viajou no espaço, construiu grandes inventos como o transistor, o computador e os boletos, descobriu a cura para doenças, aprendeu a tratar a gonorreia com penicilina, superou a barreira do som e hoje voa mais rápido que todos os pássaros. Tudo isso aconteceu porque alguém transformou suas ideias em realidade sabendo que era possível. Se essas mentes brilhantes soubessem que iriam perder a vida toda em algo sem solução, teriam agido diferente. Fermat, por exemplo, morreu em 1665 e deixou a demonstração do seu último teorema para quem não tivesse o que fazer.

O impossível é o absoluto em expansão. Como o universo, que também está sempre em expansão, existem infinitas possibilidades, infinitos caminhos, infinitos impossíveis. Raramente um jovem de cara oleosa descobre uma nova estrela, uma nova galáxia e alguém se importa. Como o ser humano é teimoso e insolente por natureza, o impossível dá movimento a toda ação, a toda decisão, uma vez que ele é dotado de solidez e urgência. Ele é a condição de possibilidade do possível. Gostamos do antagônico, não conseguimos viver com a possibilidade do impossível. Há pessoas que são obstinadas por esquecer o possível e buscar o impossível, mesmo sabendo que são incapazes de realizar o possível. O impossível não tem a ver com tempo, esforço ou dedicação, e também não é questão de opinião, falta de vontade, fé ou uma música do Raça Negra.

"Coisas impossíveis em geral não acontecem." Pode parecer meio estranho e contraditório, mas essa frase é um enunciado do famoso teorema de Treiman, um físico teórico da Universidade de Princeton, nos Estados Unidos, especializado em partículas elementares. O teorema de Treiman afirma que coisas "impossíveis" em geral não acontecem. Seu enunciado aceita o questionamento das teorias científicas. E, felizmente, tem sido assim. Cada vez que um desses resultados "impossíveis" é confirmado — ou seja, validado pela comunidade científica —, uma teoria precisa ser reformulada ou criada. Com segurança posso afirmar, absolutamente, que o impossível é tudo aquilo que não encontra amparo nas leis que regem o universo hoje.

> É ERRANDO QUE SE APRENDE A ERRAR.

Qualquer um chega ao impossível? Chega à estupidez, talvez, mas em contextos científicos é óbvio que não — existe um trabalho árduo para encontrar uma novidade absoluta. Existem fracassos impossíveis também. Porém, como tudo hoje em dia, o impossível é só mais um produto. E, quando chega ao valor do impossível, você tende a querer ir além, e assim por diante. É a busca do "eu impossível", um ideal inatingível. Mesmo com tudo à disposição, os efeitos colaterais observados são ansiedade, sentimentos de inadequação e baixa autoestima, chegando até a transtornos psicológicos.

Resumindo: o impossível é algo que nunca vai acontecer. Por que você vai perder seu tempo tentando? Em vez de desperdiçar energia assistindo a vídeos sobre como se tornar bilionário, você pode simplesmente dormir, porque a sua pobreza não tem fim e é melhor aproveitar o tempo descansando.

Uma dica que costumo dar é fazer sua lista do impossível, um desafio pessoal. Essa lista pode contar coisas impossíveis, por exemplo:

- ✓ VIRAR UM HIPOPÓTAMO;
- ✓ CHEGAR AONDE CHEGOU O ELON MUSK SEM SER HERDEIRO DE UMA MINA DE ESMERALDAS QUE USA TRABALHO ESCRAVO;
- ✓ TER SAÚDE MENTAL, FÍSICA E FINANCEIRA;
- ✓ TER UMA PERNA REGENERADA DEPOIS DE AMPUTADA;
- ✓ ESTAR EM DOIS LUGARES AO MESMO TEMPO (NÃO VALE CITAR AS REUNIÕES POR VIDEOCONFERÊNCIA);
- ✓ TRABALHAR COM O QUE GOSTA;
- ✓ VIVER SEM OXIGÊNIO;
- ✓ NÃO FRACASSAR.

O objetivo desse tipo de lista é orientar nossas ações e trazer frustrações. Como toda lista de metas que se preze, esta aqui também vai evoluir a partir do momento em que você descobrir que não pode fazer nada. Isso significa que a lista do impossível vai crescendo com o tempo. E, com a idade, coisas como urinar, evacuar ou se lembrar de certos detalhes vão entrar nela.

A vida, às vezes, apresenta desafios complicados de resolver. Por mais impossíveis que eles pareçam, mantenha a calma, porque são. Se a vontade é de tentar, faça ser maior o desejo de desistir. Então, quando alguém disser que algo é impossível, acredite nessa pessoa! Para se tornar real, basta ser feito. Ouse fazer e conquistar seus fracassos extraordinários. Afinal, "para quem não tem nada metade já é o dobro".

A vida não tá nem aí para o seu planejamento. PLANEJE SEUS FRACASSOS. Destrua seus sonhos, antes que eles destruam você. Na era das oportunidades "ilimitadas", fracassar significa que você não tem o controle sobre nada. Você pode até tentar reduzir suas limitações, porém, quanto mais se preparar, mais despreparado você estará. É a lei da compensação. Ter um plano e não agir é o mesmo que nada. Agir com um plano é a garantia do Fracasso Planejado. Nada é garantido. Se algo pode dar errado, certamente dará. Planeje em função dos seus erros, pois é errando que se aprende a ERRAR. Nunca se arrependa dos seus erros, pois você irá se arrepender por ter se arrependido e depois cometerá os mesmos erros. Se hoje está ruim, faça o possível para o amanhã ser menos pior, mesmo sabendo que não irá conseguir. A vida é como andar de bicicleta: quando você não sabe, acaba caindo, e quando aprende vem alguém e o atropela.

A LUTA É GRANDE, MAS A DERROTA É CERTA.

NUNCA FOI AZAR, SEMPRE FOI INCOMPETÊNCIA

"A vida, Janjão, é uma enorme loteria; os prêmios são poucos, os malogrados inúmeros, e com os suspiros de uma geração é que se amassam as esperanças da outra."[17]

Diante de um resultado negativo, se não for teste de paternidade ou exame para descobrir alguma doença, as pessoas têm o costume de colocar a culpa no AZAR, essa palavrinha tão batida que denota a má sorte, a casualidade, a desgraça ou a falta de sucesso na realização de um objetivo. Depois de tudo que foi exposto neste livro, você acreditou, você tentou, você se lascou por total incapacidade e vem com essa de má sorte.

Incompetente sim, fracassado também! Segundo o *Dicionário informal*, porque não precisamos de formalidade nesse caso, incompetência é "a ação

---

[17] ASSIS, Machado de. *Teoria do medalhão.* Niterói: Editora Itapuca, 2021. *E-book.*

de não ser competente. Refere-se à pessoa que não tem competência, que não tem habilidade ou aptidão para desempenhar determinadas tarefas".[18] Se pensarmos bem, todos nós somos incompetentes em alguma coisa. Mas isso não quer dizer que não possamos aprender para nos tornarmos medíocres no que quisermos.

Tirando a feiura, todo o resto não é azar, é incompetência: a incapacidade de lidar com suas limitações, desilusões e imperfeições. Então, não tem problema abrir o guarda-chuva dentro de casa, deixe a escada no lugar dela, o espelho também. Ele é um grande aliado, pois mostra quão incapaz você é. Vou usar o conceito da probabilidade para tentar mostrar que não foi azar, mas na verdade pura ausência de noção.

Primeiro de tudo: todo mundo é incompetente, inclusive você. A história da humanidade é um mar de erros. Por toda parte, em diversos setores, vemos uma incompetência desenfreada e triunfante. Sempre ouvimos que a educação é um antídoto para incompetência, mas infelizmente, no Brasil, quem é visto como incompetente são os que educam.

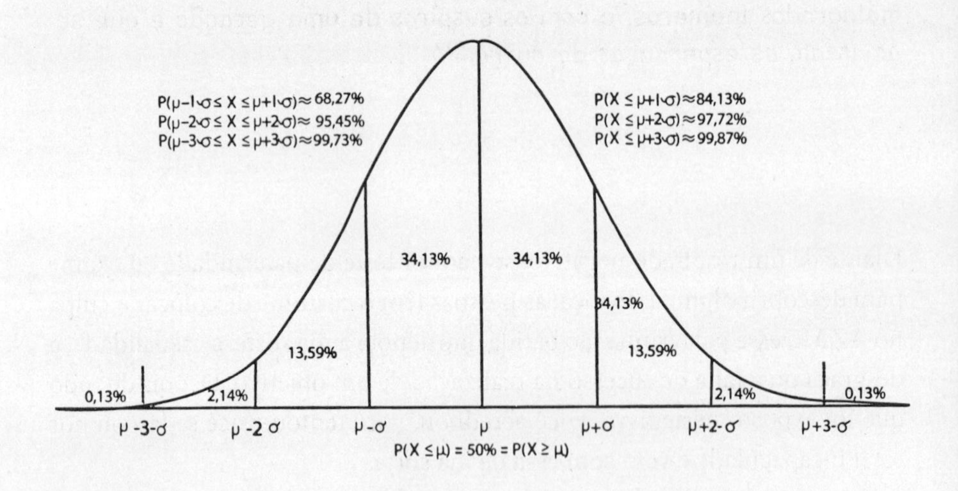

[18] INCOMPETÊNCIA. *In:* DICIONÁRIO inFormal. Disponível em: https://www.dicionario-informal.com.br/incompet%C3%AAncia/.

Vou tentar explicar como cheguei a essa conclusão com base na curva de distribuição normal da incompetência. A letra grega μ (mi) representa a média de incompetência da população. Se os coaches dizem que você é a média das cinco pessoas com quem mais convive, sua incompetência segue a mesma métrica. Você é a média da incompetência das cinco pessoas com quem mais convive. Já σ (sigma) é o desvio padrão: o quanto mais ou menos incompetente você é em relação à média.

VOCÊ É A MÉDIA DA INCOMPETÊNCIA DAS CINCO PESSOAS COM QUEM VOCÊ MAIS CONVIVE.

Os que estão antes de $\mu \pm 4\sigma$ são os muito privilegiados ou supercapacitados, cerca de 0,00315%, isso desconsiderando a China. No mais, todos somos medíocres em algum grau de probabilidade. Mas você nunca acreditou em probabilidade. Já bastam as previsões do tempo furadas e as pesquisas eleitorais do Facebook. Você prefere acreditar em horóscopo, no Olavo de Carvalho, em grupos de WhatsApp ou em *trader* de criptomoedas que vende curso no YouTube — então automaticamente você já é incompetente. Como é possível acreditar em alguém que crê na lorota de que os astros regem seu cotidiano, ou numa pessoa que repassa informações sem fontes, e, o pior, crer que a moeda invisível da internet vai deixá-lo menos pobre? Além de iludido, você é um pobre imbecil.

O problema é que a falta de competência para determinadas demandas e assuntos, especialmente no banheiro do trabalho, no jogo do bicho, no Pokémon Go, na dança do ventre e no pedra-papel-tesoura, atrapalha o nosso desenvolvimento pessoal e profissional. Por isso, e para evitar perder eventuais oportunidades de ascensão, precisamos contar com mecanismos efetivos que nos ajudem a identificar nossas incompetências e utilizá-las a nosso favor.

Outro ponto que não posso deixar de comentar: tudo o que o ser humano não sabe explicar quando deu merda é azar. É como roubarem seu Fiat Uno 2008 recém-saído da oficina com o tanque na reserva: tanta coisa ruim que você até esquece que tinha uma criança de 2 anos no carro, que você não sabe de quem é. Dou esse exemplo porque a vida é um fenômeno caótico e não linear. Esse comportamento imprevisível dos fatos predomina em toda a natureza humana, seja no contexto financeiro, pessoal ou estomacal. Infelizmente (ou não) essa dinâmica complexa não pode ser descrita ou modelada adequadamente por métodos matemáticos lineares. Seria muito chato acordar e saber que seu dia seria uma bosta, mesmo antes de começar. Sabendo que a vida é desordenada e aleatória, não tanto como a Banheira do Gugu ou a rotina do técnico do Flamengo, a qualquer momento tudo aquilo que já estava tendendo a piorar acaba se agravando de vez.

Não podemos deixar de mencionar que o brasileiro, além de acreditar na faixa *100% Jesus* do Neymar, é um dos povos mais supersticiosos do mundo, perdendo apenas para a Coreia do Norte. Você passou embaixo da escada, a promoção no trabalho não saiu porque era uma sexta-feira 13, ninguém quer ser seu amigo devido ao feng shui que está desalinhado na sua sala, você abriu o guarda-chuva dentro de casa, sua falta de prosperidade se deve ao espelho quebrado na sua casa há quatro anos (e ainda faltam três anos para terminar essa maldição). Coitado do espelho, quebrou por causa da expectativa irreal que você tinha de ser bonito. Dizem também que quem come ave na ceia de 31 de dezembro está indo contra a maré e pode não ter um ano muito promissor. Com o preço da carne, vamos ter má sorte até o Réveillon de 3250.

ANO NOVO,
VIDA BOSTA.

Tudo não passa de consequências das nossas ações. Por exemplo, você pisou na poça d'água porque estava distraído vendo o perfil do seu ex no Tinder. Seu pneu furou por falta de manutenção. Seu cartão estourou o limite porque você não tem educação financeira, e também porque vive sem dinheiro. Você perdeu aquela vaga de emprego por falta de qualificação, porque não sabe nada de inglês. Lógico que há eventos singulares, como escapar de um acidente de trânsito — só porque eu estava embriagado, sem cinto, carteira, freio, sinaleira (ou seta) e farol. Ou então sofrer um acidente sem explicação no seu ambiente de trabalho cinco meses depois de ter sido demitido — um absurdo que já vi acontecer.

Quando você estuda e se debruça sobre o tema da incompetência, descobre que existem quatro estágios para esse estado. Esses estágios costumam ser confundidos e utilizados em cursos de alta performance (só se for em fracasso ou em transtornos mentais). Vou falar de forma breve sobre cada uma dessas etapas, pois elas influenciam o desenvolvimento e o crescimento pessoal e profissional de cada um.

Incompetência inconsciente: nesse primeiro estágio não existe a busca do crescimento e do desenvolvimento, pois a pessoa nem sabe que é incompetente. Exemplo: qualquer ministro da saúde dos últimos anos.

Incompetência consciente: a pessoa passa a ter noção da sua falta de competência e isso provoca um grande incômodo, uma sensação parecida com o refluxo — e nesse caso nem Estomazil ajuda. Geralmente é aqui que vivemos as piores frustrações, pois passamos a ter a necessidade de subir alguns degraus e a acreditar que podemos sair do nível de incompetência.

"Competência consciente" ou incompetência confusa: um dos estágios mais perigosos, pois a pessoa acredita ser competente em algo, tem humildade e cai na falsa crença de que deve continuar crescendo. Mal sabe ela que a pior incompetência é a humildade, principalmente quando se é humilde de maneira rasa. Se é para ser humilde, tem que ser no mesmo nível do Dr. House ou o Tony Stark. Humilhando com sua humildade. O problema do terceiro estágio é a busca pela aprendizagem: quanto mais você estuda, mais percebe que não sabe nada.

"Competência inconsciente" ou incompetência subconsciente: no quarto e último estágio está a *expertise*, condição em que a pessoa finge não saber. Muito comum para os meninos da TI que sabem remover o pendrive com segurança, ativar o NumLock ou fazer uma impressão. As coisas ficam fáceis, a pessoa tem experiência e a maior parte das dificuldades já foi vista e superada, no máximo com um Ctrl + Alt + Del. Passa a existir uma rotina repetitiva, exaustiva e estressante, porém eficiente. Óbvio que o grande perigo é a acomodação, pois as habilidades que supostamente fazem você ser

INCOMPETENTE SIM, FRACASSADO TAMBÉM!

competente nesse estágio de TI na padaria dos seus primos não serão úteis em lugar algum no futuro. É estágio da autoconfiança disfarçada de competência adicionada de elogios de pessoas que estão fora da escala de incompetência. De tão incapazes que são, elas nem aparecem no gráfico que vimos há pouco.

Neste momento, o leitor já deve saber em que estágio se encontra e qual é sua posição na curva de incompetência. Mas é necessário aprofundar o tema fazendo o seu mapeamento de incompetências. Esse processo visa identificar as debilidades, ignorâncias e atitudes específicas necessárias para uma pessoa desempenhar uma função de modo ineficaz. Muitas empresas utilizam esse processo para reconhecer e definir os comportamentos que contribuem para que seja atingido o fracasso organizacional; deve haver um elo entre as incompetências pessoais e as principais demandas ou estratégias da organização.

É importante fazer essa medição. Pode parecer desafiador para quem não tem imaginação, mas é muito simples. Nas empresas são inventadas métricas (KPI — Key Performance Indicator) desenvolvidas pelo Centro de Pesquisa Tirei do Ku — CPTK. Você pode usar diversos parâmetros para fazer a mensuração: tempo de desemprego, anos morando com os pais, quantidade de vezes que usou drogas, número de vezes que desistiu da faculdade, quantas correntes compartilhou no Orkut etc.

O mapeamento de incompetências traz muitos benefícios, e entre eles posso destacar a conscientização de que você é completamente incapaz para gerir sua vida amorosa, financeira ou mesmo social. Dependendo da quantidade de pontos que fizer, o mapa vai mostrar que o erro está em você.

Para compartilhar com todos o seu grau de inabilidade, é necessário primeiro definir uma escala para determinar o nível de incompetência. Tipo cartas RPG ou Yu-Gi-Oh. A escolha da escala vai depender de como as incompetências foram estabelecidas. Assim como o Silvio Santos tem o Baú da Felicidade, proponho aqui o jogo do Baú da Incompetência, que nada mais é que uma matriz de incompetências.

Nesse jogo, você soma algumas das suas incompetências. O resultado pode ser compartilhado, anexado ao currículo ou mesmo pichado no muro de uma casa abandonada. Veja esta pequena proposta como exemplo.

MAPEAMENTO DE INCOMPETÊNCIAS

Não gostar de pets *1 ponto*	Chegar atrasado para o Enem *200 pontos*	Ver anime depois dos 30 *500 pontos*	Morar no Espírito Santo *50 pontos*
Reprovar na prova da OAB *800 pontos*	Falar "conje" *13 pontos*	Gostar de sertanejo universitário *800 pontos*	Fazer engenharia de produção *100 pontos*
Não saber porcentagem e regra de três *300 pontos*	Gostar de Budweiser *150 pontos*	Tomar whey protein *300 pontos*	Fazer um consórcio + 15% de taxa de administração *200 pontos*
Ser vegano *1.000 pontos*	Brigar no Twitter *300 pontos*	Fazer crossfit 500 pontos	Dever pensão alimentícia *1.000 pontos*
Não assistiu The Office *460 pontos*	Fazer curso de coach *3.000 pontos*	Ter um copo Stanley *120 pontos*	Fazer dancinha do TikTok *300 pontos*

O mapeamento de incompetências não é algo engessado: quanto mais você trabalhar nesse processo, mais organizada a matriz de incompetências ficará. Assim, com o tempo vai aprimorar a tabela e a matriz cresce a ponto de você ter que usar uma cartolina ou até mesmo um outdoor para conseguir enxergar. Dessa forma, já temos as informações necessárias para conhecer o seu grau de incompetência e saber como calculá-lo.

Não faço ideia do seu cálculo, mas é legal você e seus amigos somarem e compararem as matrizes entre si para descobrir quem entre vocês é o mais incompetente. Tenho certeza de que a conclusão vai ser a de que vocês estão no mesmo patamar, quase os Bananas de Pijama da incompetência.

Com pouco esforço e nenhuma novidade, você chega à conclusão de que nunca foi falta de sorte, mas total ausência de capacidade. Não há nada mais saudável: a única opção que lhe resta é aceitar que você é incapaz e se orgulhar disso, pois as suas incompetências, tais quais os seus fracassos, tornam você único.

ACORDA!
O FRACASSO TE ESPERA.

DAQUI PRA FRENTE É SÓ PRA TRÁS

"Faça como eu
Acostume-se à derrota,
Pois a vitória
não pertence ao infeliz."[19]

Depois que um fracasso ocorre, vem o quê? Muito simples: é partir para uma nova jornada cujo resultado será o mesmo, ou até pior. Não estou falando de fracassos bobos, infantis ou inocentes, mas daqueles que doem. Não me refiro às situações em que você fica deprimido, mas da sensação de tédio combinada com exaustão.

As coisas já estão indo de mal a pior em todos os aspectos da sua vida. E, quando você para um pouco para refletir, o que vem à mente é a recessão na economia, a crise das commodities, a Guerra na Ucrânia, o retorno do KLB, podcaster defendendo a existência de partido nazista. Antes de iniciar

[19] CHORE comigo. Intérprete: Nelson Gonçalves. Compositor: Adelino Moreira. *In:* NELSON Gonçalves: Seleção de Ouro, Volume 2. [*S.l.*]: RCA, 1970. Faixa 7.

qualquer novo projeto, seja ele um negócio, uma faculdade ou até mesmo um filho, quem para um instante para refletir acaba desistindo. Afinal, não há nada tão ruim que você não possa piorar.

Se houver alguma maneira de fazer as coisas erradas, você as fará. Essa frase é uma adaptação da famosa lei de Murphy. Aliás, a lei de Murphy não é um conceito matemático, mas uma máxima sobre a realidade, um conceito que existe há muito tempo. O matemático De Morgan (1806-1871) chegou a uma conclusão parecida com base nos seus estudos: "Tudo o que pode acontecer vai acontecer se fizermos testes suficientes." Se você não tentar, não vai errar. Dessa forma, pode cometer o pior dos erros, que é a omissão.

O autor da lei de Murphy, visto como um pessimista sempre interpretado como negativista puro, se chamava Edward A. Murphy Jr. e era capitão da Aeronáutica nos Estados Unidos. No meio de um teste que analisava o efeito das forças gravitacionais sobre pilotos de jato, um estagiário instalou erroneamente os sensores eletrônicos no cinto de segurança, anulando todos os dados da leitura e invalidando o experimento. Murphy então falou: "Se houver alguma maneira de fazer as coisas erradas, ele fará."

O mesmo vale para você, caro leitor, que é amparado por sua incompetência, incapacidade, fraqueza e ignorância. Cego de esperança, você cria expectativas da mesma forma que cria seborreia, embriagado de autoconfiança, motivado e, pior, com propósito. Aí vem a noite de Réveillon. Ano-Novo, vida nova. Vou usar amarelo para atrair dinheiro, branco para paz, roupa íntima vermelha para pegar IST. Comer uva e lentilha, pular sete ondas, estourar champanhe, tudo vai ser diferente. Ano que vem eu começo a dieta, mudo de emprego, amadureço, pago o agiota. Vai dar tudo certo. ILUSÃO. É como se de um dia para o outro tudo mudasse. Diferentemente da música da Banda Calypso, a vida não muda em um passe de mágica. Até muda abruptamente, mas para pior.

2022 será melhor que 2021.
2023 será melhor que 2022.
x será melhor que $x - 1, x \in \mathbb{N}$

Essa regra não se aplica apenas ao ano. É bom sempre lembrar que hoje será melhor que amanhã e que você já está cansado da semana que vem.

Então, como depositar tantas expectativas no futuro? É irreal pensar que, porque veio de um passado razoavelmente não muito ruim, o seu futuro será melhor; tenha em vista o seu presente pavoroso: ele é o guia para saber como serão seus dias. Podemos organizar todos os erros e fracassos da sua vida e criar uma série temporal de dados. Com essas informações, é possível utilizar algumas ferramentas estatísticas para entender e, talvez, prever situações futuras — não estou falando de tarô ou astrologia.

O modelo tem duas partes: a primeira envolve estudar o histórico dos seus erros do passado. A segunda parte tenta entender o quanto um erro foi influenciado por outro. Fazendo esse estudo você não poderá mudar o passado, mas terá um enorme auxílio para estragar o seu futuro. Denomino esse método "inferência do fracasso". É tão inovador que a pesquisa pode render um TCC em uma faculdade EAD UNIAlgumaCoisa.

O ano já não começa bem. Em janeiro tem IPVA e IPTU para pagar, tem matrícula e material escolar para comprar, e você continua acima do peso. Se matriculou na academia faz três meses e ainda não foi. Em abril, tem que declarar o IR (exceto se você for traficante, contraventor, líder de organização religiosa, bicheiro, jogador de futebol, político com dinheiro na cueca ou desempregado), e nesse mesmo período os solteiros só tiveram uma média de dois encontros, sendo três péssimos. Já deu a metade do ano e você está pagando o mínimo do cartão sem ter mudado de emprego. Quando se dá conta, tem que comprar os presentes de Dia das Crianças para os sobrinhos que não gostam de você, e assim acaba mais um ano com você bebendo vodca barata na praia e prometendo coisas que deveria ter feito em 2012.

É BOM LEMBRAR QUE HOJE SERÁ MELHOR QUE AMANHÃ E QUE VOCÊ JÁ ESTÁ CANSADO DA SEMANA QUE VEM.

Sabe essa dor nas costas? É o peso do fracasso. É o peso da âncora da sua vida, que o paralisa, o deixa imóvel, lamentando, desgostoso e derrotado. Mas tente se movimentar, nem que seja para trás. Às vezes, é preciso dar um passo para trás hoje para dar mais dois amanhã. O fracasso serve de bússola. Para quem não sabe nem usar o Waze ou o Google Maps fica difícil, mas a derrota aponta para outras direções e possibilidades, nos abrindo a visão e a mente.

Não adianta pensar *essa é minha vez* ou *esse é meu ano*. As coisas só pioram e você cria mais expectativas em cima de algo infrutífero e infindável. Enquanto pensar que é uma princesa da Disney ou um super-herói da Marvel, que acontecimentos mágicos ocorrem na sua vida, ela vai continuar sendo essa bela bosta.

Ai, mas ano que vem eu começo! Não começa, não. Basta olhar quantas vezes você repetiu essa mentira para si mesmo e para os amigos; eles também não acreditam em você, mas acham agradável a sua companhia no bar. Você pode até começar, mas dar certo é outra história.

Se continuar pensando na conversa tóxica de que o Universo deve coisas a você sem que se esforce por elas, essa fantasia vai consumi-lo por causa das expectativas que coloca na sua existência. Se não der um jeito nisso, daqui pra frente é só pra trás, porque, à medida que o tempo passa, você vai ficando mais insuportável, sedentário e sem dinheiro, uma versão estendida de si mesmo durante o *lockdown* na pandemia. A cada ano você fica mais burro, feio, pobre, longe das tendências e se encaminhando para a terceira idade. O antigo laço que unia velhice e sabedoria não existe mais. É mais fácil ver um idoso de regata tocando guitarra no Iron Maiden do que um ancião sábio. Pior mesmo é encontrar com um matusalém na zona eleitoral.

Como diz o Jota Quest, "um dia feliz às vezes é muito raro". Então, o que você precisa ter em mente é que:

- ✓ DIAS RUINS CONSTROEM DIAS PIORES.
- ✓ SEU MAIOR PROBLEMA É VOCÊ.
- ✓ DAQUI PRA FRENTE É SÓ PARA TRÁS.
- ✓ TUDO DANDO ERRADO, CONFORME ESPERADO.
- ✓ É PRECISO FECHAR CICLOS PARA FRACASSAR EM ALGO NOVO.
- ✓ A VIDA É FEITA DE OBSTÁCULOS, E VOCÊ TROPEÇA EM TODOS.
- ✓ FÁCIL, EXTREMAMENTE FÁCIL. PRA VOCÊ, E EU E TODO MUNDO FRACASSAR JUNTO.

Ora, se você é falho, as coisas dão errado, os dias continuam sucessivamente péssimos, acreditar que as coisas vão melhorar é uma grande ilusão, o Luciano Huck não vai aparecer na sua casa querendo rebocar as paredes — no máximo quem vai ajudá-lo é seu cunhado, vendendo shake para emagrecer e querendo levar vantagem em cima de você.

> O MÉRITO DA DERROTA É TODO SEU.

Não pense que o futuro lhe reserva grandes aventuras, soluções mágicas para tirar seu nome do Serasa ou que o ajudará a achar caixas eletrônicos 24 horas que estejam funcionando. "Não fique esperando o futuro para ser feliz"; "faça do presente a sua tristeza." Afinal, como escreveu Sartre em *O existencialismo é um humanismo:* "O que queremos dizer é que um homem nada mais é do que uma série de empreendimentos, que ele é a soma, a organização, o conjunto das relações que constituem esses empreendimentos."[20] Ou seja, um homem é apenas a soma de seus atos.

Todos esperam que a vida seja um espetáculo, algo triunfal, com um futuro cheio de possibilidades e conquistas, mas infelizmente nesse espetáculo não há plateia, não há palco, não há sequer banheiro. É um show no meio da rua, por vezes interrompido por transeuntes munidos de um violão ou artistas de malabares ameaçadores. Nesse Show da Vida, que não é o *Fantástico*, lembre-se de que o mérito da derrota é todo seu.

---

[20] SARTRE, J.-P. *O existencialismo é um humanismo*. Trad. João Batista Kreuch. Petrópolis: Editora Vozes, 2010.

A determinação de hoje é o fracasso de amanhã. Determinado é originado de determinare, *que de modo literal significa "colocar limites". Isso mesmo: uma pessoa determinada é aquela que chega ao seu limite a partir de algo que ela mesma delimitou. Ou seja, uma pessoa determinada tem tudo para dar ERRADO, pois ela impõe suas próprias limitações, mas é incapaz de reconhecer seus próprios limites. Uma pessoa pode ser determinada, ter paixão, dedicação, superação etc. Mas isso é que nem um diploma: não garante nada a você. Nunca ouça seu coração: ele "só fala" merda. Você precisa saber o que quer e assim vai saber desistir do seu caminho até lá. Nada é fácil, e tem uma penca de coaches dizendo que é. Nesses momentos de luta, garra, persistência e determinação, você deve aprender a lidar com frustração, medo e ansiedade na busca de seu objetivo. Fazer terapia é fundamental. Não caia em papo de coach. Nada é em vão, e tudo vem para decepcioná-lo.*

CALMA,
SE NADA DEU CERTO HOJE, TUDO DARÁ ERRADO AMANHÃ.

O PROBLEMA NÃO É A SEGUNDA-FEIRA, É VOCÊ

"Carlos, sossegue, o amor
é isso que você está vendo:
hoje beija, amanhã não beija,
depois de amanhã é domingo
e segunda-feira ninguém sabe
o que será."[21]

Mais um fim de semana termina. A vida está tão sem sentido que não tem mais Gugu nem Faustão aos domingos, e cada dia que passa o brasileiro vai ficando mais desnorteado. Depois de uma semana deprimente, com chefe cobrando metas, filhos reclamando, você brochando e seu time na série C, é chegada a hora de repetir tudo isso mais uma vez.

Amanhã começa tudo de novo. Esse pensamento é frequente para quem sofre da síndrome do domingo à noite. O problema é caracterizado pela

[21] ANDRADE, Carlos Drummond de. Não se mate. *In:* ANDRADE, Carlos Drummond de. *Antologia poética*: organizada pelo autor. São Paulo: Companhia das Letras, 2012.

angústia da semana que passou e pela ansiedade de iniciar mais um período de trabalho ou estudo, ou os dois.

A expectativa pelo retorno à rotina muitas vezes acaba tirando o prazer de curtir as últimas horas do fim de semana, que já não é grande coisa. Sentir-se cabisbaixo com a aproximação da segunda-feira pode acontecer com qualquer pessoa, esteja ela empregada ou estudando, desempregada ou ensinando. Cerca de 90% das pessoas não estão satisfeitas em seus empregos, e os outros 10% começaram agora e ainda não caíram na realidade. O ritmo do mundo moderno tem feito os seres humanos se sentirem cada vez mais desanimados durante e após o *Domingão com Huck*.

A VIDA É MUITO CURTA PARA PERDER TEMPO PENSANDO NO OBJETIVO SEM APROVEITAR AS DERROTAS.

Essa história de "depressão dominical" significa que você não está feliz com a sua vida no aspecto financeiro, social, familiar, espiritual e em todo o resto que realmente importa. A solução seria acabar com o domingo, ter dois domingos ou viver isolado numa montanha?

Isso acontece por conta da imprevisibilidade da vida. Estamos todos ansiosos pelo que está por vir, mas precisamos ser lembrados de que não há garantia de nada. Tudo o que temos hoje podemos não ter mais amanhã. E, mesmo não tendo nada, você tem muito a perder.

A dica é tentar aproveitar o domingo até o último segundo. Afinal, dois dias não são suficientes para se recuperar de todas as amarguras enfrentadas durante a semana; é pouco tempo para diluir as derrotas no álcool. E, eventualmente, quando a conta chega, além de todos os infortúnios, você passa de fracassado para pobre, acima do peso, lascado.

Essa é a realidade de milhões de brasileiros que gritam *#sextou* na saída do expediente ou daqueles para quem a fuga da realidade começa na quinta, porque já é quase sexta. Em Fortaleza temos a Quinta do Caranguejo, quando neandertais munidos de paus e pedras quebram esse crustáceo e chupam suas patas atrás de resquícios da carne da vítima. É um espetáculo sombrio ao som de marteladas, sucção e show de humor com Lailtinho Brega.

E assim, entre idas e vindas a bares, você se mantém embriagado de quinta a domingo. Quer dizer, você estragou sua semana. Não só a semana como o fígado, o relacionamento e a família, além de coisas secundárias. A ideia de não aproveitar a semana foi toda sua. Se antes da próxima semana você já promete que na segunda vai começar o projeto fitness de que só dá conta até a quarta, o problema não é a segunda-feira, é a sua vida. É você que tem dificuldade para assumir o peso das responsabilidades das escolhas que faz e para dar prosseguimento às atividades que inicia. Por isso está aí sem saber tocar um instrumento, acreditando em picaretas e reclamando de mais um fim de semana que termina.

Se a sua vida está ruim, é óbvio que o início da semana vai ser bem pior. Eu gosto de usar uma metáfora sobre o nosso comportamento durante a semana.

> VÁ EM FRENTE E, SE DER MEDO, VOLTE.

Imagine que somos uma locomotiva com carga máxima bem acima do limite. Sabendo que a locomotiva necessita de lenha para gerar calor e água a fim de produzir o vapor, no fim de semana nós nos recarregamos para os desafios da semana. No domingo estamos parados, e no dia seguinte somos obrigados a acordar a pleno vapor. Para sair da inércia e chegar a uma velocidade de cruzeiro, é necessário gastar bastante energia. Aqui vem o grande problema: muitos de nós gastamos todas as energias só nesse primeiro movimento. Já acordamos na segunda cansados das coisas do passado, das coisas do futuro e das que nem vão acontecer. Por inércia vamos nos arrastando, e quando pegamos velocidade o trem descarrilha.

Enquanto você não der um jeito na sua vida, vai continuar na crise dos 20 ou dos 30 e poucos anos — porque com certeza faz mais de duas ou três décadas que está em crise. Chamo esse movimento de gerenciamento de crise: cada obstáculo que aparece, você tenta administrar.

Gerenciar uma crise não é acabar com ela, e sim aplicar um conjunto de procedimentos e ações que devem ser adotados diante de uma situação com o objetivo de identificar oportunidades para melhorar a crise. Acabou de consertar a pia da cozinha, aparece uma dor de dente; parcelou o dentista em três vezes, o cachorro fica doente; vendeu o carro para quitar as dívidas, a geladeira quebra; e assim segue a vida de infortúnio do brasileiro. Como agir nesse momento de crise? Buscar um agiota, levar o cachorro no veterinário, aproveitar e arrancar o dente lá mesmo, transformar a geladeira quebrada em uma jacuzzi usando o encanamento da pia quebrada e ainda jogar o carro no mar para receber o seguro mesmo sem o ter renovado.

Eu também já disse neste livro que a diferença entre um dia ruim e um péssimo é somente a quantidade de expectativa que você deposita nele. Com a sua semana acontece a mesma coisa: não é só a sua segunda-feira que está ruim, é todo o resto. Se reclama do trabalho toda vez que a segunda-feira chega, o problema está em você, meu jovem. Se reclama das suas aulas toda vez que a segunda-feira chega, novamente, o problema está em você, meu jovem.

Sejam problemas pessoais ou do trabalho, eles se concentram em você. Cabe a você mudar o que não está bom para algo pior. Respeite o seu ritmo, lento quase parando, e aprenda com os sinais. Você mesmo é capaz de identificar o que está errado e fazer algo para piorar. Pare de buscar a perfeição e de esperar por uma vida 100% feliz — isso só existe no Instagram e olhe lá. A vida é muito curta para perder tempo pensando no objetivo sem aproveitar as derrotas. Aprendendo, caindo e levantando, caindo, levantando, caindo, caindo, caindo. A vida tentou derrubá-lo e conseguiu, não levante. A dificuldade atrai o homem de caráter, porque é abraçando-a que ele realiza seus fracassos.

No fim, tudo dá errado. E se não deu é porque ainda não chegou ao fim. Mas vá em frente e, se der medo, volte.

Não deixe de ver a seguir minha proposta de planner semanal para anotar seus fracassos.

PLANNER DE FRACASSOS

SEG Nunca é tarde para desistir

TER Calma, caralho, vai piorar

QUA Seu maior problema é você

QUI Nada como um dia pior que o outro

SEX Tanto esforço para porra nenhuma

SAB Nunca acredite em você

DOM Vá, e se der medo, volte

Boa segunda. A segunda-feira é só mais um dia qualquer em sua vida. É aquele dia que o faz conectar com a sua realidade deprimente. Dia de voltar à labuta diária, dia de voltar para a aula, dia de entender que você faz tudo isso em busca de alguns objetivos. Nunca comece um projeto, meta ou objetivo na segunda. Tente começar na sexta-feira, pois você terá a semana toda para refletir até desistir. Não importa o dia, não importa o que faz, a segunda é só mais um dia, uma nova oportunidade de fracassar e de buscar a Humilhação. As pessoas tentam começar a dieta na segunda, buscar um novo emprego ou até mesmo mudar algum hábito como se esse dia fosse um marco. A segunda-feira não tá nem aí pra você, é só um dia qualquer. Quando você pensar que é segunda, lá na Austrália já é terça e no Acre ainda é domingo. O maior problema é você: não coloque a culpa naquilo que não pode ser culpado. Deprimentemente semana.

O UNIVERSO NÃO TÁ NEM AÍ PARA VOCÊ.

DEPOIS DA TEMPESTADE VEM O LAMAÇAL

"Ouça um bom conselho
Que eu lhe dou de graça
Inútil dormir que a dor não passa
Espere sentado
Ou você se cansa
Está provado, quem espera nunca alcança."[22]

Para meu enorme desgosto, as palavras mais tatuadas em 2020 foram "gratidão", "seja luz" e "resiliência". O fenômeno #gratiluz me enoja. Pessoas brancas, ricas, com a vida estável emanando falsas *good vibes* e às vezes até promovendo o que há de mais pavoroso na humanidade, o veganismo.

Já sobre "seja luz" nem me dou ao trabalho de discorrer; nunca vi um poste falante. Por fim, o último é o pior de todos: resiliência é a propriedade que alguns corpos apresentam de retornar à forma original após terem sido

[22] BOM conselho. Intérprete: Chico Buarque de Hollanda. Compositor: Chico Buarque de Hollanda. *In:* CAETANO e Chico juntos e ao vivo. [*S.l.*]: Polygram, 1972. Faixa 1.

submetidos a uma deformação elástica. Banalizaram esse termo. Hoje ele denota a capacidade que as pessoas têm de se adaptar a dificuldades, traumas, ameaças, tragédias ou fontes significativas de estresse, tais como problemas familiares, relacionamentos tóxicos, questões ligadas à saúde, estressores financeiros ou ainda preocupações do trabalho.

DOS MALES
O PIOR.

Desculpe, mas não quero me "adaptar" a essas coisas; quero fugir delas. O poder de adaptação é uma característica que permite aos seres vivos se manter em certa harmonia com o ambiente, ajustando-se para sobreviver em determinado local. Infelizmente, esse negócio de resiliência é uma furada. Coisa de coach que anda pelo RH da sua empresa. Se tem uma área que é contaminada por coaches é a de recursos humanos. Fique alerta quando esse departamento chamar você, pois pode ser uma demissão ou algo pior: um treinamento de alta performance.

Somos levados a acreditar, levados pela mídia, pela Disney, pela religião e pelos coaches, que é preciso suportar enormes malefícios para depois cair nas graças de uma vida cheia de prosperidade. Desgraça é a pessoa que promete essa realidade.

"Há males que vêm para o bem." Nunca ouvi isso de uma pessoa que acabou de ser assaltada ou depois de ter perdido o primeiro tempo do 7x1. Será mesmo que há males que vêm para o bem? Lógico que não. Se formos entrar nessa discussão, vamos levar dias, talvez meses, só para chegar a um consenso sobre quando usar bem e mal ou bom e mau, bem e mau ou bom e mal, bem e bom ou mau e mal...

Existe uma tendência a relativizar o sofrimento e achar que sempre somos capazes de suportar mais — o que quase sempre é a realidade, porque, com a inflação atual, você entra no supermercado pobre, sai paupérrimo e, quando recebe o salário, fica pobre de novo. Dor é dor, e não há hierarquia para ela.

O brasileiro de 2022 é a personificação de resiliência, então estamos falando da capacidade de estar lascado e continuar se lascando. Essa definição vai de encontro à frase dita pelo então presidente: "Nada não está tão ruim que não possa piorar."[23]

Quais são as características de uma pessoa resiliente? Esse tipo de pessoa é facilmente reconhecida pelos pontos fracos que exibe ao enfrentar os mais variados problemas. Ela não só acha que se recupera como acredita fielmente que vai progredir. Algumas características são bem comuns nas pessoas com uma boa taxa de resiliência.

- ✓ ELAS TÊM TOTAL INCAPACIDADE PARA LIDAR COM PROBLEMAS.
- ✓ ELAS NÃO SUPERAM OBSTÁCULOS: ELAS SÃO OS OBSTÁCULOS.
- ✓ ELAS ENFRENTAM SITUAÇÕES DE ADVERSIDADE POR BURRICE.
- ✓ ELAS ENCONTRAM EQUILÍBRIO EM SI MESMAS NOS MOMENTOS DE ESTRESSE E DEPOIS SAEM DESCONTANDO EM QUALQUER UM QUE NÃO TEM NADA A VER COM A SITUAÇÃO.
- ✓ ELAS TÊM UMA VISÃO POSITIVA DE SI MESMAS E DE SUAS SUPOSTAS HABILIDADES.
- ✓ ELAS TÊM A CAPACIDADE DE FAZER PLANOS IMBECIS E CUMPRI-LOS.
- ✓ ELAS SE COMUNICAM BEM, FALAM IGUAIS AOS CORRETORES DE IMÓVEIS.
- ✓ ELAS SE VEEM COMO LUTADORAS, MAS SÃO VÍTIMAS DA PRÓPRIA LUTA.
- ✓ ELAS SÃO DOTADAS DE BAIXÍSSIMA INTELIGÊNCIA E GERENCIAM EMOÇÕES DE MODO EFICAZ — CHORANDO NO BANHO, CHORANDO NO TRANSPORTE PÚBLICO, RINDO NO VELÓRIO ETC.

Mas por que a resiliência é considerada tão necessária? A resiliência é um mecanismo de proteção que dá a força necessária para a recuperação

[23] "Nada não está tão ruim que não possa piorar", *G1*, 27 set. 2021. Disponível em: https://g1.globo.com/politica/noticia/2021/09/27/nada-nao-esta-tao-ruim-que-nao-possa-piorar-afirma-bolsonaro.ghtml.

emocional após um evento adverso. Ela expõe a pessoa a um risco mais alto de desenvolver transtornos mentais e de se sentir desamparada e oprimida. Aqueles que não têm resiliência dificilmente ficam sobrecarregados e podem recorrer a mecanismos de enfrentamento comuns como álcool, jiu-jitsu ou *beach tennis*. Não há um resiliente que permaneça no seu estado natural, a não ser que seja mineiro. Esse não perde a calma por nada, exceto pelo Cruzeiro.

Então, como acreditar que, com todas as desgraças que vêm acontecendo, depois da tempestade virá a bonança? Acreditar nisso é como acreditar em Papai Noel, Coelhinho da Páscoa, Fada do Dente, Bicho Papão e meritocracia. Para as crianças, as fantasias infantis têm o poder de ampliar a capacidade criativa — elas inventam historinhas para cada personagem. Já acreditar que depois de momentos ruins virá necessariamente um momento bom é, além de uma fantasia infantil, um comportamento altamente leviano.

É uma falácia, balela. Depois da tempestade vem o lamaçal, carregando o caos que as enchentes abrigaram enquanto estavam em alta. Com a lama, vêm o lixo, as pragas urbanas e as doenças, principalmente a leptospirose. Quem consegue ser resiliente quando o barro passa do tornozelo ou já está chegando no pescoço? Nem precisa de tempestade; é só ter uma barragem da Vale no seu município que ocorre uma tragédia com o lamaçal. Em São Paulo, por exemplo, o único que fica empolgado quando começam os alagamentos é o Datena: "Me dá imagens. Põe na tela."

Somos influenciados para acreditar que toda derrota gera insumos para uma vitória, mas e quando não há vitória? Quando só vemos mais fracassos depois de toda a desgraça que enfrentamos? Tem dias que as pragas do Egito todas juntas seriam fáceis quando comparadas à sua vida no Brasil; é preferível enfrentar uma nuvem de gafanhotos a abastecer o carro atualmente.

Não sei quem foi o infeliz que começou essa crença de que depois de passar por uma tragédia vem alguma situação melhor. A humanidade é sedenta por tragédias, e até a arte explora o sofrimento humano e busca extrair do público todo tipo de emoção e surpresa com elas — o BBB é prova disso.

No entanto, diante das verdadeiras tragédias é necessário aprender duras lições e encarar a realidade como ela deve ser encarada. Não dá para superar o estrago que essas situações podem causar em você, o dano é permanente. Não é porque deu errado até agora que vai dar certo daqui para a frente.

Indico a leitura do livro A lógica do cisne negro. *O autor define o "cisne negro" como um acontecimento improvável e que, depois do ocorrido, as pessoas procuram fazer com que pareça mais previsível do que realmente era. Enfim, é impossível tentar prever fielmente o futuro, já que aquilo que conhecemos é muito menor em relação ao que não conhecemos. Nenhum modelo matemático ou financeiro previu o "surgimento" da covid-19 e os seus prejuízos. Enfim, estamos sendo massacrados de todas as formas, desde a potencialidade de transmissão do vírus, fake news, até a ineficiência/negligências de muitas autoridades. E pior: há pessoas com influência (não confundir com Influenza) que negam a ocorrência da pandemia. É o momento de enfrentar a tempestade, se preparando para o lamaçal. A vida é caótica, incerta e imprevisível e não há atrator estranho de Lorenz.*[24]

[24] Atrator Estranho de Lorenz — Campo de Estudo da Teoria do Caos que deu origem à famosa metáfora do Efeito Borboleta.

ESQUEÇA OS ERROS DO PASSADO, PLANEJE OS ERROS DO FUTURO.

PARTE II

"FRACASSÊ": O FRACASSO QUE HABITA EM MIM SAÚDA O FRACASSO QUE HABITA EM VOCÊ

FASES DO FRACASSO

Traumatizado com os textos anteriores, talvez você até tenha se flagrado ouvindo a bela voz de Núbia Lafayette cantar "fracasso, fracasso, fracasso, fracasso afinal".

Mesmo assim, deu para perceber que a derrota é inevitável, mas o sofrimento é opcional.

Quando temos em mente a vitória e nos esforçamos ao máximo para alcançá-la, o resultado é sempre o oposto. Queremos compartilhar nossas vitórias com alegria e nós as transformamos em nosso currículo, mostrando às pessoas que somos capazes e esforçados o bastante para atingir nossos objetivos e vencer os obstáculos que estão à nossa frente, mesmo não obtendo nada. Mentimos para parecermos fortes, vitoriosos, alegres e prósperos — uma versão humana do LinkedIn.

Mas e as derrotas? E os fracassos? Em geral, eles não são relatados, não entram em currículos, não vão para o Instagram e muito menos para o LinkedIn. Quando nos lembramos deles, queremos mudar de assunto imediatamente, pois associamos os mesmos às nossas fraquezas, inaptidões ou falhas, seja de planejamento ou de execução. Então os fracassos não servem para nada a não ser para a nossa tristeza. Mas será que é isso mesmo?

É fácil entender por que o fracasso, apesar de tão enraizado em nossa sociedade, é ao mesmo tempo um tema tão complexo, sobre o qual evitamos conversar. A percepção relacionada à derrota da vida não está errada: está completamente equivocada.

NÃO TENHA MEDO DO FRACASSO, TENHA COSTUME.

Personagens como Penélope, esperando por anos Ulisses voltar da Guerra de Troia, são o nosso ideal romântico. Assim nos espelhamos na riqueza de Midas: basta ter um bom dedo para os negócios que tudo vira ouro; ou mesmo na força de Hércules, capaz de superar todos os problemas. Mitos como esses denotam nossa fragilidade: o máximo que você vai conseguir dos gregos antigos é o complexo de Édipo.

A vida não é uma saga heroica, mas sem dúvida cobra um esforço hercúleo, que culmina em um mar de derrotas: derrotar os monstros dos boletos, ser mais inteligente que os golpistas do WhatsApp e ir contra a vontade de jogar tudo para o alto e vender sua arte na praia são empenhos épicos a que o brasileiro médio se dedica diariamente.

Entretanto, mesmo com essa lenda individual exaustiva, ainda fracassamos. E a derrota se deve ao fato de sermos limitados: ora, quase ninguém pode ter tudo, então por que o alecrim dourado se acha capaz de ser bilionário, bonito, atleta de Ironman, espiritualizado e ainda dormir oito horas por dia?

LUTE COMO NUNCA, PERCA COMO SEMPRE.

Somos limitados, e nossa insuficiência demonstra onde estamos fracassando. Achar que tem uma espantosa vontade de crescer mostra sua falta de noção sobre suas próprias capacidades.

O volume e a intensidade dos fracassos em sua vida mostram que você está tentando alcançar algo. São indicativos de uma vontade enorme de superar marcas e de vencer obstáculos até então intransponíveis. Algo muito, muito difícil, com certeza impossível.

Sempre nos é passado que no currículo dos grandes personagens da história existem vários fracassos registrados, que apontam uma incessante vontade de superar e conquistar. O que não é dito é que as outras pessoas — na verdade a grande maioria, além de você — que não são personagens importantes da história, também têm fracassos registrados com ou sem essa tal vontade de superar e conquistar.

Qualquer um que tenha tentado alguma coisa fracassou. Aqueles que se acomodaram nas pequenas conquistas (que são suas pequenas derrotas) e fazem delas seu portfólio também fracassam. Aqueles que desistiram de lutar fracassam por omissão. Aqueles que buscam a superação, a inovação, mudanças e grandes conquistas, esses fracassarão sempre, amargando derrotas constantemente. Os fracassos vão se acumulando nas suas lembranças, em várias áreas da vida, e com o tempo alguns de nós passamos a chamá-los de "experiências". Muitas dessas experiências são bastante doloridas.

Fracassou? A vida continua, apesar dos fracassos. Deixar de fazer algo por causa do medo de errar é pior do que fracassar na tentativa de fazer. Então, quando uma derrota acontece, nosso sentimento deveria ser de vitória, mas normalmente só nos lembramos dos momentos doloridos em que a suposta vitória não veio.

Os fracassos podem operar mudanças radicais em nossa vida, ajudando no planejamento ou na implementação de ações que, finalmente, resultarão em nada: são apenas desculpas para você mudar e permanecer igual. Eles podem ser apenas indicativos de que você está chegando lá — embora não saiba onde, e talvez esteja mais longe do que imagina.

VOCÊ AINDA NÃO CHEGOU LÁ, MAS OLHA O QUANTO VOCÊ JÁ SE FODEU.

Ciente de que todos estamos fadados a fracassar constantemente, dos sentimentos que esses acontecimentos nos proporcionam e principalmente do quanto os coaches adoram romantizar esse cenário, apresento aqui o *Fracassê*, uma forma sadia de lidar com as derrotas diárias e de antever as desgraças futuras.

Em um sentido mais amplo, o *Fracassê* pode significar "o fracasso que habita em mim saúda o fracasso que habita em você". É como um gesto que expressa um grande sentimento de respeito, invocando a percepção de que todos os indivíduos compartilham da mesma essência, da mesma ausência de energia e sofrem com a mesma indiferença do universo. Então, o termo desperta uma identificação muito intensa. Quase como um cumprimento maçom ou uma roupa de fã de K-pop.

Foi por isso que elaborei este pequeno manual, que também foi inspirado no fato de que todo coach adora números:

- ✓ **"SIGA ESTAS 3 DICAS E SEJA TRILIONÁRIO."**
- ✓ **"OS 7 PASSOS PARA O SUCESSO."**
- ✓ **"SE VOCÊ FIZER MEU DESAFIO DE 10 DIAS, VAI PERDER TODA A GORDURA DO CORPO."**
- ✓ **"AS 19 ETAPAS DA MUDANÇA DE VIDA DAS PESSOAS FELIZES."**

Em todos esses casos, os números são finitos, ao contrário das ilusões prometidas. Foi com esse raciocínio que resolvi também lidar com números: as cinco fases do fracasso.

Já mencionei aqui que os acontecimentos marcados pela derrota sempre vêm acompanhados de tristeza, dor, sofrimento e perda (principalmente de tempo). Nesse sentido, as fases do fracasso que você vai conhecer mais adiante, guardadas as proporções, se assemelham às fases do luto. E por isso é de extrema importância entendê-las, para que você se familiarize com seus fracassos e estes passem naturalmente a fazer parte de seu cotidiano.

O processo de luto foi descrito em cinco etapas pela psiquiatra suíço-americana Elisabeth Kübler-Ross em seu livro *Sobre a morte e o morrer*, que mostra como o ser humano lida com a iminência da morte e a aceitação de perdas. Obviamente, seria muito melhor não precisar enfrentar certas situações, mas, quando estamos diante da desgraça, é importante fazer uma análise de todo o processo sem pular etapas ou suprimir o que estamos sentindo. No fim, essas etapas são necessárias para superarmos as situações e vivenciarmos os infortúnios.

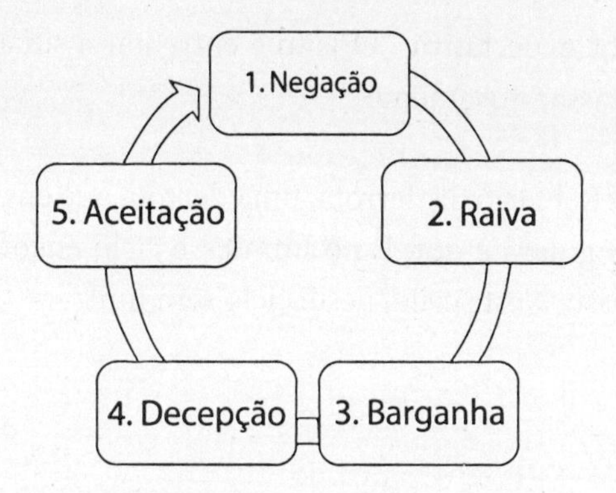

Usando como base o trabalho de Kübler-Ross, quero que você entenda que o fracasso é corriqueiro e inevitável, e que enxergá-lo dessa forma nos ajuda a lidar com ele de maneira mais humana e tranquila.

Conheça, então, os cinco estágios do fracasso.

Primeiro estágio: negação e isolamento. A negação é o primeiro sentimento diante da ocorrência do fracasso: "Não pode ser verdade."

Segundo estágio: raiva. A raiva surge quando não é mais possível negar o fato, e então enfrentamos um sentimento de revolta: "Isso não deveria ter acontecido. Não é justo."

Terceiro estágio: barganha. Começamos a ter esperança de que poderemos atingir novos objetivos, afinal nós merecemos (ou então podemos praticar certas ações que nos farão merecedores): "Eu juro que vou melhorar minha maneira de ser se..."

Quarto estágio: decepção.[25] Neste momento o que vivenciamos é abatimento e tristeza, acompanhados de muita frustração: "Me lasquei, não posso fazer mais nada."

Quinto estágio: aceitação. Depois de externar sentimentos ruins e angústia, a pessoa aceita sua condição e contempla seus resultados com maior tran-

[25] Usando como base o trabalho de Kübler-Ross, foi feita uma adaptação para que você entenda que o fracasso é corriqueiro e inevitável e que enxergá-lo dessa forma nos ajuda a lidar com ele de maneira mais humana e tranquila.

quilidade e menos expectativa: “O jeito é enfrentar a situação e seguir em frente” (para fracassar novamente).

É praticamente o Rei Leão da derrota, uma derrota que ensina, em um ciclo sem fim que nos guiará à dor. E no fim desse ciclo encontramos o nosso caminho, o fracasso. Neste ciclo, neste ciclo sem fim!

O FRACASSO É INEVITÁVEL.

"E nessa loucura de dizer que não te quero
Vou negando as aparências
Disfarçando as evidências
Mas pra que viver fingindo
Se eu não posso enganar meu coração."[26]

O primeiro passo que damos depois de atingir um grande fracasso é não acreditar. Ficamos incrédulos olhando para o nosso extrato bancário, para o acidente de trânsito que causamos, para a vergonha alheia que provocamos. Nas palavras de Roberta Miranda: "Fiquei meio atordoada com a noticia... Olho pro teclado d meu PC... e não sei mais o q dizer... só sentir..."[27]

---

[26] EVIDÊNCIAS. Intérpretes: Chitãozinho e Xororó. Compositores: Jose Augusto e Paulo Sérgio Valle. *In:* COWBOY do asfalto. [*S.l.*]: Polygram, 1990. Faixa 1.
[27] Postagem no Twitter em 12 fev. 2012. Disponível em: https://twitter.com/robertamiranda1/status/168519087658512384.

Depois de anos de planejamento, preparação, esforço e renúncias para atingir um objetivo, eis que absolutamente tudo dá errado. E junto da sensação de impotência vem o mantra *inacreditável, isso não pode estar acontecendo comigo.*

Não sei por que você age como se fosse uma surpresa — a única coisa que explica essa sua sensação é a ingenuidade. Ficar chocado com a derrota é tão ingênuo quanto o David Luiz no fatídico 7x1 ou Macabéa em *A hora da estrela*, de Clarice Lispector.

Assim que se completa uma desgraça, nossa reação é ficar céticos, sem querer acreditar. São nossos instintos se deslocando da realidade, tentando se descolar dela. É muito comum, diante de sentimentos intensos e repentinos, fingirmos que nada está acontecendo.

Imagine a sensação de ouvir alguém dizer logo no segundo encontro que o ama; ou a de descobrir que foi convocado para ser mesário; ou a de atender à porta e ver que quem estava tocando a campainha era o agiota. A negação nos dá tempo para absorver com mais calma o ocorrido e processá-lo. Esse é um mecanismo de defesa que anestesia em um primeiro momento, mas, à medida que esse estágio é superado, as emoções antes reprimidas começam a se manifestar.

É normal, à primeira vista, pensar: *Isso não pode ter acontecido, não comigo, não com as pessoas de quem gosto*; mas, como a vida não é uma caixinha de surpresas, e sim um contêiner de decepções, tudo que é ruim tem maior probabilidade de acontecer. Sentimentos de incapacidade e de vulnerabilidade são os preditores dos momentos seguintes. Aliás, eles são os grandes geradores da desorganização que atinge as pessoas que mergulham na frustração depois de criar expectativas.

> VOCÊ SÓ FALHA QUANDO TENTA.

Vamos pensar na negação como um mecanismo de defesa temporário, uma espécie de para-choque de Kombi que alivia o impacto da notícia, uma recusa a confrontar-se com a situação. Para quem é mimado, branco, hétero, de família tradicional (conturbada) e teve tudo nas mãos, a negação até que é socialmente aceitável. Se não for o seu caso, você é visto apenas como mais uma pessoa fraca se vitimizando apesar de não ter sequer o direito de ficar triste por fracassar.

Na fase da negação é difícil ter pensamentos mais objetivos, por isso não adianta buscar fatos e argumentos depois que o fracasso bateu à sua porta. Então, para que não haja dúvidas: não existe caminho para o fracasso — o fracasso é o caminho.

ENCARE A VIDA COMO UMA BATALHA PERDIDA.

Vale comentar também que é quando estamos negando a realidade que os verdadeiros amigos se revelam. O mais comum nesses momentos é vermos pessoas se aproveitando da nossa dificuldade para nos encher de discursos otimistas, demostrando alguma empatia para depois tentar vender Herbalife, um Peugeot usado ou até mesmo um curso de coaching.

As horas de dor e aflição pós-fracasso são importantes, então é preciso que aqueles que nos cercam respeitem esse tempo. Os verdadeiros amigos, por incrível que pareça, são aqueles que estão cagando e andando para você neste momento. Eles sabem que, em vez de contradizer suas negações, é importante deixar fluir seus sentimentos de tristeza, frustração e, principalmente, de inconformidade diante do ocorrido.

Também é comum não querer falar sobre o assunto. Quando somos abordados para comentar sobre o fracasso, a conversa sai mais ou menos assim:

— Como tá a faculdade?

— Longa história.

— Foi demitido?

— Longa história.

— Como foi a prova do concurso?

— Longa história.

— E o casamento, como vai?

— Longa história.

— Deu certo aquele seu food truck de hambúrguer vegano?

— Longa história.

Qualquer pergunta sobre um tema "sensível" pode ser respondida com "Longa história", porque hoje ninguém tem tempo para conversar pessoalmente quando encontra um amigo ou familiar na rua, afinal uma lista de áudios que mais parecem podcasts esperam por você no WhatsApp.

O "Longa história" pode ser substituído por um "Foi nada não", "Não rolou", ou por uma pergunta sobre um tema aleatório com o intuito de plantar a discórdia — só para mudar de assunto. Seguem alguns exemplos de perguntas:

— Como anda o seu casamento? Já se vão sete anos...

— E o Lula? E o PT?

— Como foi a prova do concurso ontem?

— Mamadeira de piroca, "taoquei"?

— E aí? Eu soube que você foi demitido. Tá tudo bem?

— E o racismo reverso?

Na vasta literatura sobre o assunto, a negação diante da dificuldade também pode ser referida como um entorpecimento — falta de força, redução dos movimentos corporais, expressão de desânimo. Uma sensação física parecida com a experimentada por pessoas embriagadas no fim de uma festa.

A partir de um ponto de vista psicológico, porém, necessitamos da concretude, do desfecho da situação que levou ao fracasso, por exemplo, a assinatura do divórcio ou a certidão de casamento, a homologação da demissão ou a assinatura do contrato de trabalho, a declaração de jubilamento ou de conclusão do curso, principalmente se for publicidade e propaganda, ciências contábeis, educação física ou engenharia de produção.

O que estou dizendo é que precisamos de algo concreto para dar andamento a esse processo. Você já sabe que deu errado, mas é necessário ter uma confirmação.

Ficar ansioso para depois ficar triste é um desperdício de ansiedade, e a confirmação serve como um marco, uma formalização, um ponto-chave que marcará o início de um processo lento e doloroso. Mas ela é real, e você precisa passar por isso. Tendo isso em mente, pense também que o mérito da derrota é todo seu — você batalhou muito por ele e conseguiu, parabéns.

Com o tempo, aquele sentimento de "não, não pode estar acontecendo comigo" vai se esvaindo. E aos poucos o isolamento ocasionado pela negação começa a se tornar um perigo, pois vai gerando algumas oportunidades para um recomeço, para uma nova tentativa.

O que poucos sabem é que uma nova tentativa nessa fase pode ser a chave para superar o trauma, porque então estaremos em busca de um trauma maior. Esse é um comportamento muito comum em homens entre 40 e 50 anos recém-divorciados — os famosos tiozões. Depois de passar a vida toda usando terno e gravata, eles agora agem como adolescentes da novela *Malhação* dos anos 1990.

Tentar algo novo, como um curso de informática, virar jogador profissional de queimada ou aprender a tocar um instrumento (exceto violão ou saxofone), oferece um esconderijo que, no curto prazo, pode se transformar em uma zona de conforto que precisamos ressignificar para continuar a fracassar. E, a longo prazo, essa novidade será só mais uma frustração em seu currículo de fracassos.

O "NÃO" VOCÊ JÁ TEM; LEVANTE-SE E VÁ ATRÁS DA HUMILHAÇÃO.

O que vimos é que o comportamento de se esquivar não é condenável, mas traz consequências ruins. Ao negar suas dores, você estará apenas postergando o enfrentamento da situação e causando mais danos. Mascarar as emoções não resolve nossos problemas emocionais; na maioria das vezes, eles se comportam como uma bola de neve: não param de crescer. Os sentimentos negligenciados não só continuam existindo como têm uma força cada vez maior dentro de nós. É como um hit de carnaval: você nem lembra que existe e do nada se vê seminu cantando a letra completa de uma música do Chiclete com Banana.

O estado de negação não leva você a lugar algum. Se não aceitarmos a realidade, ficamos sem recursos para elaborá-la e conseguir lidar com ela de maneira mais satisfatória.

E, para dar conta desse estado de humor, nós nos distraímos. Comemos, bebemos e consumimos demais, passamos tempo demais nas redes sociais, maquiamos nossa vida de maneira a parecermos mais "normais" e "felizes" (ou o que acreditamos ser isso) do que de fato somos.

Enfim, em tese vivemos em constante estágio de negação. Estamos sempre negando para a sociedade e para nós mesmos nossas imperfeições, inabilidades, incapacidades, fraquezas e fracassos.

Minha dica é: aceita que dói menos. Já falei isso aqui e repito para enfatizar que é normal fracassar. A tristeza, a mágoa, a decepção e a desesperança são parte da vida de todo ser humano. Mesmo que não pareça ou não fique tão evidente, seja no seu sorriso, no seu Instagram, na sua harmonização facial ou no seu iate, essa é a mais pura verdade.

Encare a vida como uma batalha perdida, e não adianta negar constantemente suas próprias atitudes, negando a si próprio. A negação de que você está negando é bem diferente do resultado da álgebra booleana;[28] é, na verdade, uma espécie de devaneio excessivo e delírio coletivo, e nisso tudo a maior negação é você.

Mas fique atento, porque nem sempre o caminho do sonho e da idealização é o melhor. De vez em quando o que queremos não chega até nós porque não conhecemos outras possibilidades e recursos. O peso do fracasso na minha vida serviu para que eu o agarrasse e fosse mais fundo, descobrindo assim tópicos que não havia visualizado por estar correndo atrás do que achava que era uma boa causa.

Não é que virei a página e abandonei meu sonho. Na verdade, descobri que havia outras maneiras de fazer o que queria.

Abrace o fracasso, mergulhe com ele e procure outras águas. Deixe o fracasso levar você para outros mares e possibilidades, reflita quando tudo der errado e procure um caminho desconhecido. Chore, lamente, aprenda com o erro, lave a alma e siga em frente. Nem tudo está perdido. Pelo contrário: às vezes, quando achamos que estamos no caminho errado, acabamos por perceber que quem abre a trilha somos nós, usando nossa força de vontade.

---

[28] A álgebra booleana usa funções e variáveis, como na álgebra convencional, que podem assumir apenas um dentre dois valores: {Falso, Verdadeiro} raciocínio lógico e {0, 1} sistema binário. Desenvolvida por George Boole, um matemático britânico que desenvolveu os conceitos em 1847. A função NÃO inverte o sinal de entrada. Se $\bar{A}$ (se lê negação de A), então a negação da negação é $(\bar{\bar{A}}) = A$.

Lembre-se de que, quando fracassar, você pode tomar um café e refletir sobre o ocorrido. Pode também abrir uma garrafa de vinho e ponderar sobre o que deu errado. Em situações mais graves, pode beber um litro de tequila conversando com estranhos para tentar compreender a situação. Se nada disso der certo, ainda pode jogar a garrafa na cabeça de quem está causando problemas para você — mas era só o seu reflexo na vitrine.

NENHUM OBSTÁCULO É GRANDE PARA QUEM DESISTE.

"Raiva dos que não sabem de nada. Raiva também dos inteligentes do tipo que dizem coisas. Raiva do cinema novo, por que não? E o outro cinema também. Raiva da afinidade que sinto com algumas pessoas, como se já não houvesse fartura de mim em mim. E raiva do sucesso? O sucesso é uma gafe, é uma falsa realidade. A raiva me tem salvo a vida."[29]

Nessa segunda fase do fracasso, sentimentos como angústia, desespero, medo, culpa e frustração são manifestados com maior constância. É um redemoinho de sensações que dominam a mente da pessoa fracassada. Quando se tenta trazê-la para a realidade, ela reage com tristeza e agressividade, ainda incapaz de aceitar a derrota. Diferentemente do técnico Tite, que, diante da derrota, é tão sereno que chegamos a ter raiva e saudade do Dunga.

Raiva: quem não tem? Antes de começar a analisar o segundo estágio do pós-fracasso — raiva, ira ou revolta —, vou tentar definir e explicar

[29] LISPECTOR, Clarice. "Fartura e carência". *In: A descoberta do mundo.* Rio de Janeiro: Rocco Digital, 2015. *E-book.*

esse sentimento tão comum em nosso contexto social. Depois quero fazer uma conexão entre a revolta consigo mesmo após um infortúnio e a raiva de qualquer outra coisa. E, quando falo "qualquer outra coisa", é realmente qualquer outra coisa. Isso porque a raiva é um sentimento fácil — até um recém-nascido ou o seu cachorro a sentem.

A ira, do latim *ira* (não confundir com a banda de "rock" dos anos 1980), ou raiva, do latim *rabia*, é uma das emoções mais intensas e frequentes em nosso cotidiano. Para muitos psicólogos e neurocientistas atuais, a raiva é considerada uma emoção básica, junto com a tristeza, a alegria, o nojo e o medo — seus "divertidamente". É um estado emocional que abrange sentimentos que variam desde o aborrecimento leve até a fúria e a cólera intensas, acompanhados por uma estimulação do sistema nervoso autônomo — até o sistema nervoso é autônomo, e você na CLT. A raiva aparece quando uma pessoa se sente ameaçada em seu poder, injustiçada, acuada ou frustrada em algo que lhe seja importante.

NA VIDA É TUDO OU NADA. TUDO DANDO ERRADO E NADA DANDO CERTO.

Esse sentimento se caracteriza pela desconfortável intensidade que resulta da percepção de alguma provocação, seja ela uma ofensa, um desacordo, um mau tratamento, uma rejeição, uma agressão, uma frustração ou, uma injustiça que sofremos causada por alguém ou alguma entidade. E pode ser definido em termos gerais como o desejo de causar um dano material, hostilizar, agredir alguém física ou verbalmente, ou as três coisas ao mesmo tempo — algo como uma final da Libertadores entre Boca Junior e River Plate.

A raiva é frequentemente considerada uma emoção "negativa", e pode mesmo ser desagradável e até causar prejuízos. Já vimos o prejuízo que o "não é só pelos vinte centavos" nos causou.

Por fazer parte do espectro de emoções humanas, essa é uma reação natural em diversos momentos, principalmente se você é brasileiro. É fácil passar raiva aqui. Convenhamos que, desde a chegada dos portugueses, tudo começou a desandar, e o sentimento de insatisfação só foi aumentando. Mesmo sendo um país cujo povo é visto internacionalmente como hospitaleiro, feliz e festivo, a triste realidade é que transformamos até o Natal em Carnaval para fugir dos nossos problemas. Estamos sempre tentando descontar a raiva em alguma coisa ou em alguém.

O brasileiro tem *know-how* em passar raiva. Alguns estudos já comprovaram que ela está no nosso DNA.[30] Experimentamos na pele esse sentimento desde o primeiro dia de vida. Isso pode ter acontecido com você se o seu nome for, por exemplo, Khleybernilson; poderá acontecer no seu enterro, se as pessoas usarem camisetas com uma das suas piores fotos e a frase "Paz eterna" enquanto promovem uma revoada de pombas brancas; e também poderá acontecer se, depois da sua morte, houver brigas pela sua herança (talvez começando já na hora do enterro). Em momentos como esses, esteja onde estiver, você vai agradecer por já ter morrido. Paz mesmo só tem aquele defunto que já foi esquecido.

ATÉ O SISTEMA
É AUTÔNOMO,
E VOCÊ NA CLT.

O estágio da raiva é o mais fácil de chegar e o pior de sair, porque o brasileiro já acorda com raiva de suas obrigações e vai para o trabalho com ódio. Estuda disciplinas de Introdução à Revolta I e II, participa do Seminário de Raiva e faz TCC (Trabalho de Conclusão com Cólera). Ela é inerente a nós, e todos os dias a vivenciamos. Não é difícil, então, absorver e fomentar ainda mais essa emoção tão calorosa.

Tem gente que faz mestrado ou doutorado só para continuar alimentando esse sentimento. Chega em casa mais puto ainda depois de um dia estressante e liga a TV para assistir à derrota humilhante do time do coração — pobre botafoguense.

A raiva é um sentimento tão subjetivo que é impossível estabelecer um padrão sobre o que mais motiva as pessoas a terem raiva. Na pandemia, por exemplo, tinha gente com raiva pela demora e negligência em relação à vacina;

---

[30] COSTA, Raquel. "A genética da raiva". *In*: *IstoÉ*, 15 jul. 2011. Disponível em: https://istoe.com.br/146974_A+GENETICA+DA+RAIVA/#.

outros tinham raiva da vacina. Muita gente que se diz "antivax" não vacina os filhos, mas vacina o cachorro e o gato contra outro tipo de raiva.

Quando somos dominados pela ira, perdemos o contato com a realidade e deixamos de raciocinar com calma — quase o mesmo efeito de tomar cinco doses de tequila. Só percebemos o que causamos depois de "a poeira baixar".

Uma maneira de avaliar sua propensão a sentir raiva é fazer uma lista das coisas que o irritam. A ideia aqui é mapear as fontes para que você comece a aprender a administrar essa emoção.

Cartório: enfadonho, o ápice da burocracia.
Detran: entediante. Processo falho para fingir que aprende a dirigir. E ainda tem o teste psicotécnico.
Reunião de condomínio: poderia ser substituída por um e-mail, mas a maioria dos síndicos não sabe usar qualquer tecnologia.
Trânsito: pedestres, ciclistas e motoristas nunca vão conviver em harmonia enquanto a preferencial for de quem tiver mais coragem.
Pessoas furando fila: sempre tem um cabra safado fazendo isso. Teve até certo cantor de forró que furou a fila da vacina.
Imposto de renda: tabela sem atualização e defasagem acumulada.
Férias em família: aquele momento gostoso que passamos ao lado da sogra ou do cunhado desempregado.
Internet lenta: nas propagandas é alta velocidade e sinal estável; na vida real é quase um sinal de fumaça digital.
Comercial de delivery: no meio do vídeo do YouTube, seis comerciais de delivery de comida e bebida. Imagine se você estivesse no XVideos.

Alistamento militar: acordar cedo para ser besta, cantar o hino errado e jurar à bandeira. Eu não juro nem pelos meus pais, imagina por um pedaço de pano.
Golpe no WhatsApp: golpe do Pix, golpe da vaga de emprego na Amazon, golpe do sequestro ou a Vaza Jato no Telegram.
Reversão de lateral: o nível do futebol brasileiro está tão ruim que o lance quase impossível de errar o jogador vai lá e erra. E olha que é com as mãos; se fosse com os pés eu entenderia.
Balança: instrumento que esfrega na sua cara um número muito superior ao seu ideal, demostrando que você sempre pode ir além.
Telemarketing: ativo ou receptivo, sempre é abusivo. É uma atividade que viola o sossego, destrói a paciência e invade a intimidade do consumidor.
Academia: se você tem prazer em malhar, algo está errado. Tem que ter ódio. Raiva na academia é motivação certa.
Pessoas que falam alto: elas gritam coisas para você, mas estão a apenas trinta centímetros de distância.
Espelho: sempre detalhando com extrema frieza a realidade da sua feiura.
Inflação: não há família tipicamente brasileira que não tenha uma história ou uma experiência muito triste associada à inflação.
Coach: CENSURADO
Influencer: CENSURADO
Notas de desfile de escola de samba: tanta nota 10 me dá raiva; quando sai um 9,7 eu comemoro.
Yoga: “Girando o tronco de um lado e a pelve do outro, você pode massagear o fígado e observar o mundo de outro ponto de vista.” Não é possível.

Calor: irritação, cansaço durante o dia, dores de cabeça, tontura. Parece ressaca, mas é só o que sentimos quando está fazendo muito calor — tipo Teresina no inverno.
Trader: quem faz dinheiro com *day trade* são as corretoras e os vendedores de curso sem futuro, mais ninguém.
Barulho no transporte público: vendedores de bala de gengibre, pedintes, pessoas fazendo pregações acaloradas. Pode ser pior: alguém armado com um violão.
Fogos de artifício: o manual de como soltar os rojões deveria ser trocado pela bula do supositório de glicerina.
Impressora: aparelho eletrônico que tem a função de causar estresse em quem só precisa de uma folha impressa. Se o papel não prende, o cartucho acaba ou o Wi-Fi não funciona. É um mistério.
Pombos: eles chegaram ao Brasil em 1808, junto com a monarquia portuguesa. Uma praga urbana que, além de sujar a cidade, transmite doenças. É por isso que são o símbolo da paz.
Verruga: tumor carnudo e indolor sobre a pele que, quando não está coberto pela roupa, não tem como não perceber. Se for em uma região íntima, o incômodo se transforma em preocupação. É impossível não ter raiva de uma verruga.
Cigarro eletrônico (Vape): do nada você é atingido pela fumaça no meio da festa. A vontade que dá é mandar enfiar você sabe bem onde, mas aí lembra que a pessoa está fazendo algo pior com o próprio esôfago.
Dia útil: até o dia é útil e você não. É só uma forma de atrasar ainda mais as coisas. "Hoje é terça, mas são cinco dias úteis começando a contar na segunda-feira."
Pipoca de cinema: R$25,00.

Sala de embarque de aeroporto: tudo nesse local é motivo de raiva. Os atrasos; os preços; a falta de lugar para deitar; durante a chamada para o embarque, as pessoas fazendo fila e se espremendo por algo que ainda vai demorar mais de meia hora para acontecer.
Carro na estrada com farol alto: fico estressado com a irresponsabilidade na estrada. Certa vez, um caminhão com luz alta, que parecia um OVNI, jogou uma vaca a 140 km/h contra o meu carro.
Letra de médico: um amigo farmacêutico viu um arranhão no meu carro e falou: "Fosfato de Oseltamivir, 75 mg, de 12 em 12 horas, por 5 dias."

Na sociedade em que vivemos, a raiva pode aparecer em momentos inoportunos e é frequentemente considerada uma emoção indesejada. Pode ser uma roubada, por exemplo, escrever um post no LinkedIn quando você está com ódio do seu chefe ou da empresa, falar da raiva que sente da sua avó de 92 anos ou da revolta que tem ao ver o porquinho-da-índia da sua sobrinha que você guarda há anos mesmo sabendo que o bichinho já morreu.

Não considero a raiva por si só uma coisa ruim — ela pode ser até mesmo um mecanismo de defesa, e em eras primitivas (antes de 2014) foi fundamental para a sobrevivência das espécies. É um mecanismo de autodefesa, pois nos mobiliza contra o ataque alheio.

Por outro lado, não saber lidar com esse sentimento causa uma série de prejuízos à saúde física e mental: problemas cardíacos, gastrointestinais, dores de cabeça, AVC, ganho de peso, queda de cabelo, baixa imunidade, tensão muscular. É também um fator limitante das boas relações, refletindo em dificuldades na vida pessoal e profissional.

Creio que os males causados pela raiva sejam semelhantes aos provocados pelo cigarro, mas passar raiva ainda é gratuito e muitos pais ausentes nunca saíram para comprar raiva e aproveitaram para sumir no mundo.

O fato é que muitas pessoas procuram ajuda para aprender a lidar com a raiva e evitar possíveis consequências negativas que essa emoção pode trazer. Infelizmente, não há como escapar — até mesmo os indivíduos mais calmos e serenos (gentileza gera gentileza) vão em algum momento atingir um estado de irritação. Como essas pessoas têm mais dificuldade para dar vazão a esse sentimento, acabam pegando mais pressão e explodindo de vez.

Sentir raiva nos ajuda a identificar que algo não está indo bem, e a perceber que tudo vai de mal a pior. Essa sensação é uma faísca para grandes tragédias, pois dá coragem para buscar soluções para os problemas que impedem o acesso aos nossos objetivos.

A motivação oriunda da raiva é uma das piores coisas que podem acontecer, pois no calor do momento a pessoa toma decisões motivadas pela pura emoção. E, se fazer as coisas usando a razão dá errado, agir com o coração é uma tragédia anunciada. A motivação vinda da raiva é muitas vezes maior do que a insegurança e a vergonha, e em todos os casos ela só vai piorar ainda mais sua situação.

Depois de falarmos sobre esse sentimento tão simples, belo e comum, voltemos aos estágios pós-fracasso. Nessa segunda fase, a raiva é expressa por emoções projetadas no ambiente externo e pelo sentimento de inconformismo. Saímos da introspecção intensa da negação e finalmente começamos a externalizar um sentimento: a revolta.

Quando atingem esse estágio, os indivíduos tornam-se por vezes agressivos. A sociedade faz vista grossa em algumas situações e até acha bonito; é só analisar as letras do gênero do agronegócio. Diversas músicas passam pano para o excesso de fúria e até mesmo para a violência (física, verbal e emocional) nos relacionamentos afetivos. Hoje o cara joga o celular na parede; amanhã o alvo pode ser você.

Dois comportamentos bastante presentes quando vivenciamos a ira são a incessante procura por culpados e os questionamentos vagos, do tipo: *Por que eu?* O objetivo é aliviar a dor e encontrar um ser abestado para assumir parte ou a totalidade da culpa pelo que fizemos. Em certas situações conseguimos um otário que assume essa culpa na tentativa de obter uma vantagem futura. Mas a busca pelo tal culpado é igual ao Rambo segurando uma metralhadora em uma floresta vietnamita: saímos atirando para qualquer lado, e eventualmente a culpa atinge alguém.

Nesse processo, todos ao redor já sabem que o único culpado pelas suas escolhas é você. Foi você que inventou de ter sonhos, objetivos, criou expectativas e até fez post motivacional sobre suas ambições. Chega a ser triste, mas felizmente é engraçado.

Além disso, as lembranças das abstenções, renúncias, esforços e planos não realizados para atingir o tal objetivo não alcançado podem refletir em um comportamento mais hostil. Impossível não lembrar que você deixou de ir àquela festinha por conta de um concurso cuja prova você zerou, ou que não comeu a última lasanha da sua falecida avó porque estava naquela dieta sem futuro.

E a hostilidade se manifesta de maneira mais intensa com os que estão próximos ou com os que tentam se aproximar de você, mas principalmente com quem fica tirando sarro ou frescando e fazendo bullying perante sua dor. Em alguns momentos, você pode ter vontade de gritar com essas pessoas e até de agredi-las, mas o problema surge justamente quando essa revolta faz perder o controle e agir desproporcionalmente, causando algum tipo de prejuízo.

PRIMEIRO ELES RIEM DOS SEUS SONHOS, DEPOIS ELES RIEM DOS SEUS FRACASSOS.

Até que a ficha cai. Você finalmente consegue se conectar com a realidade e percebe que não é possível reverter a situação. Quando isso acontece, a raiva deixa de ser externalizada para ser internalizada; e você começa a ter mais raiva de si mesmo.

Isso é causado pela sensação de despreparo diante da situação, da consciência de ter uma incapacidade que lhe custou caro e da impotência para lidar com a materialidade dos fatos. A raiva de si mesmo, diante de um acontecimento adverso, é um sentimento bem comum.

Existe também a lembrança ou sensação de que você poderia ter evitado o erro e se livrado desse fracasso. Antes de fazermos algo, um pensamento costuma passar pela nossa mente: *Não vai dar certo, desiste.* Um amigo pode exercer esse mesmo papel: "Sai daí, besta." Quando alguém disser que seus planos não vão dar certo, acredite.

O fato é que, a esta altura, você não escutou seu amigo nem seu subconsciente e agiu com descontrole, cometendo um erro atrás do outro. Lembrar-se disso também provoca raiva de si mesmo, afinal, você poderia ter desistido e não teve coragem para isso. Foi covarde até para desistir.

Nesse momento, conta muito o grau da nossa percepção sobre o que absorvemos das pessoas, do entorno e principalmente de nós mesmos, do que pensamos.

Infelizmente essa percepção é muito mais falha do que imaginamos. Por exemplo, existem pessoas capazes de renunciar a uma promoção no trabalho porque acham que não vão conseguir lidar com os colegas. É óbvio que isso é um erro gigantesco de percepção: quem abre mão da promoção depois de um tempo vai se arrepender e sentir raiva da situação. O correto é aceitar a promoção e passar a tratar os colegas da mesma maneira que eles eram tratados pelo antigo chefe: na base da raiva, para deixar os níveis hierárquicos bem evidentes.

> QUANDO ALGUÉM DISSER QUE SEUS PLANOS NÃO VÃO DAR CERTO, ACREDITE.

Esses erros de percepção podem provocar dor emocional e muita raiva, e essa dor faz você tomar atitudes passíveis de arrependimento: por ter comido além da conta, por ter bebido pouco, por ter gastado muito, por não ter segurado seus impulsos e até por não ter seguido sua intuição.

Elize Matsunaga, por exemplo, escreveu uma carta na qual se dizia arrependida de ter matado e esquartejado o marido.[31] Anos depois, ela ganhou a liberdade condicional, e afirmou que o marido morto já a perdoou. Creio que ele não tenha perdoado tudo de uma vez só; o crime foi tão bárbaro que talvez o perdão tenha sido dividido em várias partes. O arrependimento é uma

[31] "Em carta, Elize diz estar 'arrependida' por matar e esquartejar o marido.", *G1*, 24 jun. 2012. Disponível em: https://g1.globo.com/sao-paulo/noticia/2012/06/em-carta-elize-diz-estar-arrependida-por-matar-e-esquartejar-o-marido.html.

declaração extremamente duvidosa; nunca acredite quando ouvir alguém falar que se arrependeu de algo.

Na maioria das vezes, a raiva muito intensa e frequente está relacionada a um ego fraco, que se sente constantemente ameaçado. Mas é bom lembrar que, diante das suas escolhas, a principal ameaça para você é você mesmo.

De qualquer forma, é importante aprender a controlar a raiva e entender em quais situações podemos nos beneficiar dela, assim como os resultados que podem ser prejudicados por essa emoção — é uma linha muito tênue, uma diferença difícil de identificar na qual você é incapaz de discernir a diferença.

LEVANTE A CABEÇA: A HUMILHAÇÃO É LOGO ALI.

O problema não é a emoção em si, mas como você lida com ela.

Então, não desanime com a derrota de hoje, amanhã tem mais; sua indignação com o presente não vai ser nada em comparação com as que virão no futuro. Depois de passar por uma humilhação, é natural querer negar o que aconteceu e em seguida sentir raiva de si mesmo e de todo mundo por causa das expectativas frustradas. Mas saiba reconhecer esses sentimentos e aprenda a lidar com eles.

TINHA TUDO PARA DAR ERRADO, E DEU...

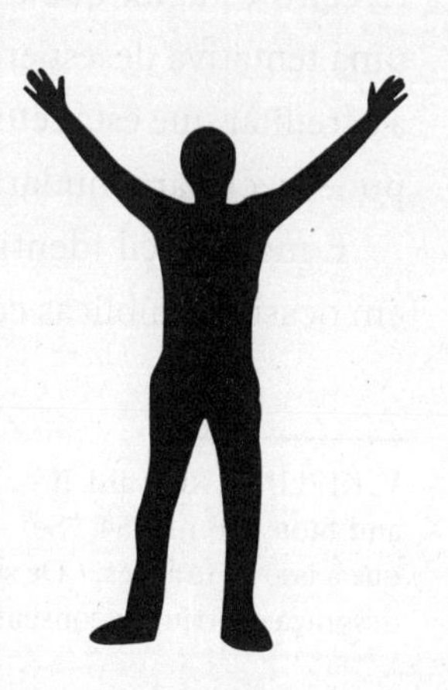

"If you can dream — and not make dreams your master,
If you can think — and not make thoughts your aim,
If you can meet with Triumph and Disaster
And treat those two impostors just the same."[32]

Dando sequência à nossa análise sobre as fases do fracasso, adentremos o terceiro estágio, que é o da barganha ou negociação. Na terceira fase, há uma tentativa desesperada de reaver aquilo que foi perdido. A pessoa tende a acreditar que está retomando um pouco da consciência, imaginando o que pode fazer para mudar a situação de alguma forma.

É muito fácil identificar indivíduos que estão nesse estágio do fracasso em ocasiões públicas com desfechos vexatórios — por exemplo, os inscritos

[32] KIPLING, Rudyard. If—. *In: Rudyard Kipling's Verse:* Definitive Edition. London: Houghton and Stoughton, 1954. "Se" — Trad. Guilherme de Almeida: "Se és capaz de pensar — sem que a isso só te atires, / De sonhar — sem fazer dos sonhos teus senhores. / Se encontrando a desgraça e o triunfo conseguires/ Tratar da mesma forma a esses dois impostores."

que chegam atrasados à prova do Enem. Depois do fechamento dos portões, você vê pessoas correndo, gente se jogando no chão, tentando pular o muro, desmaiando, dando entrevista, um verdadeiro show de desespero e angústia. Esse espetáculo grotesco felizmente já virou entretenimento, como toda e qualquer tragédia pitoresca neste país.

Então, depois que os atrasados passam pela negação, caem na real e em seguida sentem raiva dos porteiros e funcionários dos locais de prova, começam a pensar: *E se eu tivesse acordado um pouco mais cedo para o almoço?*; *E se eu não morasse tão longe, a duas quadras da prova?*; *E se eu tivesse vindo de Uber em vez de guardar o dinheiro para comprar o baseado pós-redação?*

Muitas dessas pessoas que choram por chegar atrasadas vão chorar ao saber o preço da faculdade particular, ou quem sabe se desesperar para tentar sair da universidade pública.

Deixando o Enem de lado, constantemente nos deparamos com situações que fogem completamente, ou quase completamente, ao nosso controle. Então, quando falamos da vida e de nossos fracassos, juntamente com uma possível descrença em nossa capacidade de superação, podemos nos direcionar para a fase da barganha ou negociação.

No estágio da negociação, você tenta postergar sua tristeza imaginando cenários do tipo "e se". Você também pode vivenciar um sentimento de culpa ou responsabilidade, que o leva a barganhar em busca de maneiras de evitar mais dor emocional ou fracassos futuros. A tristeza não é uma compra no crédito que você vai tentar pagar só no próximo fechamento do cartão. Ela é uma taxa que você paga diariamente, à vista.

A descrença em suas capacidades é de fundamental importância nesse processo, mas não da forma como ela se manifesta na fase da barganha. Esse estágio é menos conhecido, possivelmente porque a maioria dos acordos é realizada em sigilo e na base de promessas — coitados dos santos nessa hora. A pessoa tenta descobrir o que poderia ter feito de diferente, mesmo que seja impossível reverter a situação. Além disso, ela cria esperanças de mudança baseadas em juramentos ou promessas.

Durante grande parte da vida, nós nos vemos negociando objetos, comportamentos e possibilidades, principalmente depois da criação da OLX. Ao negociar, acreditamos que existe uma probabilidade de sermos recompensados se mudarmos ou alterarmos o status de nossas ações. Há um espectro de promessas e sacrifícios que, para serem cumpridos, vão depender de diversos fatores sociais, econômicos, religiosos, culturais e de falta de noção. Muitos chegam a prometer dedicar a vida a Deus ou à Igreja; alguns pagam os 10% do dízimo, já outros preferem pagar os 10% do garçom, parar de beber, parar de comer proteína animal, andar descalço, comer biscoito de arroz, mudar para permanecer igual, acordar cedo, começar a malhar, parar de transar, transar de camisinha.

NINGUÉM O ILUDE; VOCÊ É QUE SE ILUDE SOZINHO.

Após o fracasso acumulado durante anos, você fica tão descrente da sua capacidade que, para não lidar com isso sozinho, começa a apelar para as promessas. Se não ficar atento, em pouco tempo poderá usar coisas mais pesadas como astrologia, cartomantes, tarô, jogo do bicho, coaches de vida, DNA trance music e até o quadro "Vai Dar Namoro" do Rodrigo Faro. Tudo isso para que a dor passe ou que aquela oportunidade perdida retorne.

A busca pelo retorno de um dia "normal", sabe-se lá o que isso signifique para você, quando ainda não tinha transformado seu sonho em fracasso e quando sua dor emocional sobre essa situação era inexistente, acaba se tornando um objetivo pelo qual você acredita que pode negociar. Logo você, um negociador amador, despreparado e que não tem nenhum plano alternativo quando as coisas não saem como planejado. Vai negociar com a vida? Pior ainda é negociar consigo mesmo.

O ruim de negociar consigo mesmo é saber quem vai levar vantagem nessa negociação. Como diria a ex-presidente Dilma Rousseff: "Não acho que quem ganhar ou quem perder, nem quem ganhar nem perder, vai ganhar ou perder. Vai todo mundo perder."[33] No caso, "todo mundo" é você, que nessa transação só tem a perder.

Depois de negociar sem sucesso, obviamente você vai experimentar uma sensação de frustração e derrota. Durante essa fase, suas emoções se voltarão para o verdadeiro peso da sua dor. Seu humor pode ficar sério à medida que você sente a realidade da perda pairando sobre você. É comum hoje em dia as pessoas não terem noção da realidade que as cerca, e momentos como esse mostram que a maioria perdeu completamente a capacidade de imaginar a realidade, o que é fundamental para agilizar esse processo.

Infelizmente, esse estágio não passa de um grande processo criativo, um delírio para uma tentativa de adiantamento. É a procrastinação da dor. Mesmo que tenha consciência da impossibilidade dessas promessas ou acordos, você os alimenta para consolar a si mesmo.

Toda essa negociação serve apenas para adiar a aceitação de algo com que você não concorda. O mesmo acontece quando você passa anos sem ir ao dentista ou ao psicólogo; eles vão "futricar" em coisas que machucam, só que, diferente da barganha, nesse caso é para o seu bem.

A barganha é constituída de três características, muito similar a uma entrevista de emprego:

1. **UMA META AUTOIMPOSTA E NORMALMENTE INALCANÇÁVEL — "O QUE DEVO FAZER?"**
2. **UMA PROMESSA IMPLÍCITA DE QUE NÃO HAVERÁ MAIS CONCESSÕES — "SÓ MAIS ESSE PEDIDO!"**
3. **UM PRÊMIO — "O QUE VOU GANHAR?"**

---

[33] ROUSSEFF, Dilma: "Não acho que quem ganhar ou quem perder, nem quem ganhar ou perder" — 29 set. 2010. [*S.l.*: *s. n.*]. 1 vídeo (18 s). Publicado pelo canal Poder 360. Disponível em: https://www.youtube.com/watch?v=fVZywErGTc8.

Para entender melhor as peculiares características da barganha, montei um quadro com alguns exemplos do cotidiano no qual a pessoa nessa fase irá definir a promessa e o "prêmio".

Meta	Promessa	Prêmio
Promoção na empresa	E se eu me esforçar mais e fizer hora extra todo dia?	Problemas de relacionamento com a família, danos à saúde física e mental.
Terminar o doutorado	E se eu virar as noites para qualificar e produzir a tese?	Hipertensão, AVC, diabetes ou depressão. Espere passar em um concurso para pagar o tratamento.
Emagrecer	E se eu fizer a dieta da água com limão, tomar shake emagrecedor e procurar um coach?	Hipoglicemia, náuseas, tontura, desmaios, deficiência de nutrientes, perda de massa muscular, queda de imunidade e efeito rebote.
Relacionamento saudável	E se eu buscar um coach de relacionamento ou tentar ter um namoro blindado?	Relacionamento tóxico.
Primeiro carro	E se eu investir em um consórcio?	Daqui a cinquenta meses você estará sem carro e pagando parcelas e taxa de administração.

Mesmo que o indivíduo alcance a meta (o que é improvável) e consiga o tal prêmio, ele vai tentar novas barganhas, porque é um ciclo viciante. Com o tempo, você vai ser experiente no que antes era difícil e agora quer mais.

É muito fácil tentar aplacar a dor com falsas promessas, prêmios que você mesmo inventou, comer um brigadeiro hoje já pensando na promessa de emagrecer que vai fazer amanhã. E assim você vai se tornando nível sênior em barganhar e ao mesmo tempo vai destruindo cada vez mais o seu futuro, já nada promissor.

Entretanto, essa fase dura pouco tempo, ou pode nem aparecer. A fase de barganha é sua última objeção enquanto você resiste à aceitação. Como lidar com ela? Tome consciência, três vezes ao dia, com gelo e limão, de que, neste momento, surgirá uma infinidade de declarações, que vão sempre permear o "e se...". Sua intenção será voltar no tempo, na tentativa de encontrar uma forma de impedir que o pior aconteça ou de reverter a merda que, de fato, já aconteceu.

TUDO
DANDO ERRADO
CONFORME
PLANEJADO.

Você não é o Dr. Brown nem a vida é o *De volta para o futuro* — ultimamente, aliás, estamos mais para *De volta para o passado*, pois naturalizamos a Terra plana e o retorno da Revolta da Vacina.

Ninguém vive de "e se...", exceto se você é desenvolvedor de programas (If Else).[34] O tempo é contínuo; exceto na teoria da relatividade ou na ficção, é impossível voltar nele. E ver suas fotos antigas no Facebook só vai piorar a situação.

A grande verdade é: o que está por trás das suas barganhas no fracasso é o fato de você carregar a culpa por acreditar que poderia ter feito algo de diferente, tanto ao longo da vida quanto para evitar uma situação específica. Você acha que poderia ter evitado o inevitável, que é o fracasso.

[34] Na ciência da computação a estrutura condicional if/else é um recurso que indica quais instruções o sistema deve processar de acordo com uma expressão booleana. Assim, o sistema testa se uma condição é verdadeira e então executa comandos de acordo com esse resultado.

VOCÊ NÃO FALHA QUANDO ERRA, FALHA QUANDO TENTA.

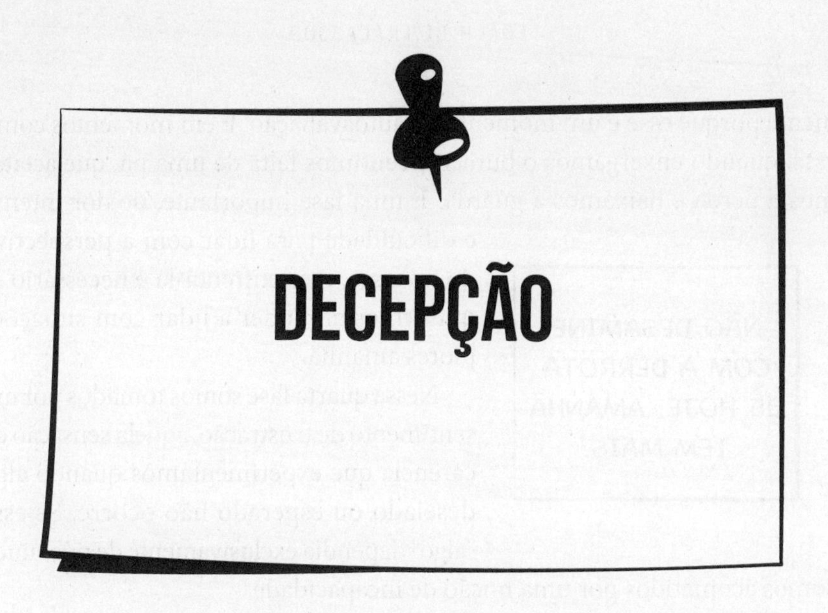

"... doer, dói sempre. Só não dói depois de morto, porque a vida toda é um doer."[35]

É a partir desse momento que o indivíduo começa a lidar, verdadeiramente, com o fracasso. Depois de passar pelas fases mais combativas, como a autodefesa da negação e o confronto da raiva, geralmente passa a vivenciar o fracasso de forma mais intensa.

Essa costuma ser a fase mais longa do processo, caracterizada por um sofrimento intenso de derrota, uma frustração geral. É marcada por uma sensação de impotência, melancolia, culpa e desesperança, sendo comum que a pessoa passe por um período de isolamento e apresente uma grande necessidade de introspecção — o comportamento é semelhante ao de um adolescente.

É cansativo negar a si mesmo, ter raiva constantemente de situações das quais você é o culpado ou se perder ao fazer negociações internas, justa-

[35] QUEIROZ, Rachel. *Dôra, Doralina.* Rio de Janeiro: José Olympio, 2020. *E-book.*

mente porque esse é um momento de autoavaliação. É em momentos como esse, quando enxergamos o buraco e sentimos falta de uma pá, que aceitamos a perda e baixamos a guarda. É uma fase importante, de dor intensa e dificuldade para lidar com a perspectiva do fracasso, mas enfrentá-la é necessário se quisermos aprender a lidar com situações piores amanhã.

> NÃO DESAMINE COM A DERROTA DE HOJE; AMANHÃ TEM MAIS.

Nessa quarta fase somos tomados por um sentimento de frustração, aquela sensação de carência que experimentamos quando algo desejado ou esperado não ocorre. Se esse "algo" dependia exclusivamente de nós, ainda somos acometidos por uma noção de incapacidade.

Depender de si mesmo é uma das piores situações que uma pessoa enfrenta na vida. É muita pressão. Quando você depende de dezenas de outras coisas, tudo fica mais leve e você faz a sua parte sem reclamar. Não deu certo, mas infelizmente não dependia só de você.

Estudar muito e ser reprovado. Casar pensando em ter um tipo de vida e depois perceber que a realidade é completamente diferente — e, além disso, descobrir que é corno. Começar o doutorado e perder a bolsa. Se dedicar ao trabalho e ver outra pessoa sendo promovida. Todas essas situações são frustrantes. A pergunta é: "É possível evitá-las?"

Lógico que sim. Nem tudo depende de nós. Não depende só de você a forma como seus amigos, seu marido ou seu patrão vão se comportar. Mas depende de você a maneira como cria suas expectativas.

Estudar é sua obrigação, ser aprovado também. O casamento é uma das melhores formas de acabar com um namoro — se você está namorando e não sabe como se livrar desse relacionamento, case-se. Nem vou comentar sobre a pós-graduação no Brasil, e sua dedicação ao trabalho o torna competente para seu cargo atual e não para um cargo de gerência.

A pessoa que lutou para atingir um objetivo e acredita que seria lógico ter êxito vai sentir muita frustração por não conseguir atingi-lo. Quando depositamos expectativas em coisas, pessoas e, principalmente, em nós, pode ter certeza de que vamos nos frustrar.

No estágio da decepção, você percebe que não tem controle sobre o que aconteceu e compreende que não pode, magicamente, trazer de volta o que já deu errado. Durante essa fase, estamos tão descrentes com a vida que é comum passarmos a ter pensamentos depressivos, de baixa autoestima, um sentimento de que não podemos fazer mais nada. A tristeza que sentimos fica além do normal e nos leva à apatia, e com isso caímos no isolamento social.

Somos tão condicionados a lutar pelos nossos sonhos, a fazer sacrifícios e renúncias por eles, que em caso de resultados aquém do esperado entramos no sentimento que pode ir além da decepção e da frustração. Nesse momento, é importante ter cuidado com a sua saúde mental.

Este livro aborda a humanização do fracasso por meio da sátira, do humor, das piadas e de situações absurdas, mas é necessário ter responsabilidade para identificar que nesse estágio há pontos sensíveis. Algumas pessoas necessitam de um profissional da saúde para tirar dúvidas ou oferecer ajuda.

Esse estado depressivo pode ser confundido com um transtorno depressivo maior, ou vice-versa. Caso você tenha dificuldade para entender o tema ou esteja vivenciando um sofrimento provocado por um acontecimento específico, não hesite em buscar apoio psicológico com profissionais especializados. Nunca procure um coach.

Destaco também que você pode procurar atendimento nos Centros de Atenção Psicossocial (CAPS). No fim do livro será disponibilizado um QR code para acessar a lista de CAPS no sistema Sala de Apoio à Gestão Estratégica (SAGE)[36] *do Governo Federal, para você guardar e disponibilizar caso alguém necessite.*

A EXPECTATIVA É A MÃE DA MERDA.

Esse é o estado emocional que experimentamos depois da interrupção de outro estado emocional: a motivação. Estamos motivados para atingir ou conquistar alguma coisa e de

[36] *SAGE. Sala de Apoio à Gestão Estratégica — Ministério da Saúde.* Disponível em: https://sage.saude.gov.br/paineis/planoCrack/lista_caps.php?output=html&.

repente essa forte energia psíquica é interrompida. Nesse momento, a motivação e o desejo são convertidos em frustração.

A tal interrupção da energia pode acontecer por fatores internos (incompetência, despreparo emocional ou intelectual, falta de autoconfiança, de coragem) ou externos — seu objetivo dependia da ação ou reação de algo ou alguém para ser atingido, e isso não se concretizou. Lidar com esses fatores geralmente está sob o seu controle; você que é alheio a eles.

Por isso, é importante saber como lidar com as expectativas da sua vida. Infelizmente, não há como escapar de ter expectativas; é algo congênito, sempre as teremos, mas podemos amenizá-las, tornando-as cada vez mais próximas da realidade — normalmente são fruto da nossa imaginação — e com mais chances de acontecerem, sem caminharmos rumo à decepção e à frustração. Não se deve confundir esperança com expectativa; uma se escreve com "x" e a outra é estatística E(X).

$$E(X) = \sum_{i=1}^{n} x_i p(x_i)$$

Você não é a primeira nem será a última pessoa do mundo a se decepcionar consigo mesma. Quem nunca se sentiu frustrado? Se decepcionar é algo tão comum quanto beber água. E, independentemente do significado e da motivação que a frustração tenha na sua vida, saber conviver com esse sentimento vai trazer-lhe mais forças e o ajudará a conviver com novas situações de fracasso.

Muita gente acredita que a vida seria bem melhor se não precisássemos passar por nenhum estresse ou fracasso. Isso, além de ser uma mentira deslavada, é humanamente impossível. A vida não vai melhorar se evitarmos as frustrações, mas sim quando aprendermos a lidar com elas. Sentir emoções dolorosas é uma boa notícia: significa que você não é um psicopata e principalmente que não está morto.

O que você precisa é entender como funciona a sua frustração e quais são as principais causas dela.

É quase impossível entender e classificar os tipos desse sentimento. Nos esportes coletivos, por exemplo, na hora da premiação, a equipe que ficou em terceiro lugar está muito mais feliz que a vice-campeã. Veja o curioso caso do Vasco, que, no ranking dos clubes de futebol com mais vice-campeonatos no mundo, ficou em segundo.

Como a frustração advém dos fracassos, e estes se originam dos seus sonhos ou objetivos, sendo inevitáveis, então a frustração é o próprio sonho.

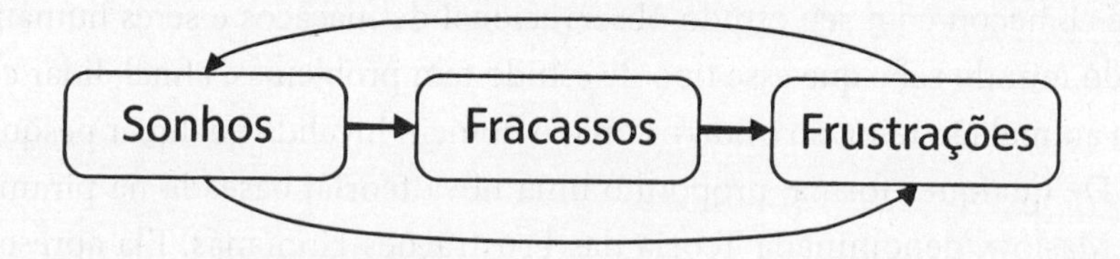

Mesmo impossíveis de classificar, as frustrações podem ser separadas em grupos de acordo com o desejo, a inspiração ou o sonho infantil. E nada mais apropriado para entender nossos desejos do que a pirâmide de Maslow.

Antes que você pense que isso é um esquema de marketing multinível, essa pirâmide, também conhecida como teoria das necessidades humanas, organiza de formas hierárquicas as demandas do ser humano. Ainda que tenha nascido como um campo de estudo da psicologia, infelizmente a pirâmide de Maslow passou a ser muito utilizada por profissionais de marketing, RH e empreendedores em geral.

Maslow define cinco categorias de necessidades humanas, que compõem essa pirâmide (da base para o topo):

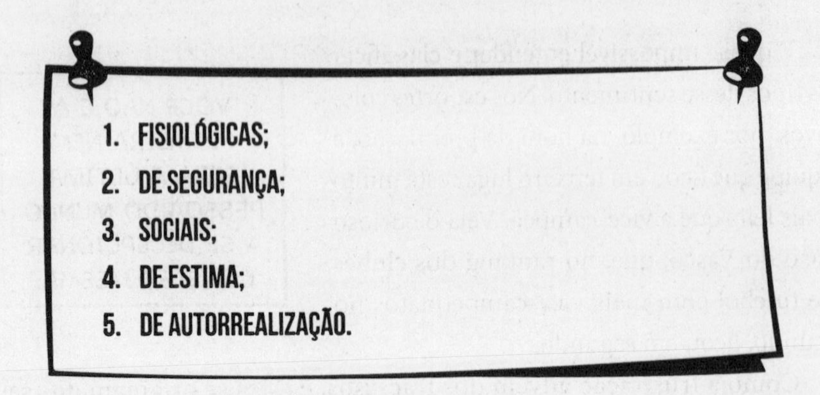

Esse autor publicou *A Theory of Human Motivation* [A teoria da motivação humana, em tradução livre], sobre a teoria da hierarquia das necessidades, que começou com seu estudo observacional de macacos e seres humanos. Todo mundo sabe que esse tipo de estudo tem problemas, afinal, lidar com um animal tão teimoso e burro como o homem invalida qualquer pesquisa.

De qualquer forma, proponho uma nova teoria, baseada na pirâmide de Maslow, denominada Teoria das Frustrações Humanas. Ela apresenta as mesmas categorias da pirâmide de Maslow, só que invertidas. A base é a menor fonte de frustrações, e o topo é o nível em que o ser humano mais colhe decepções. Essa adaptação é necessária porque nos dias de hoje há a falsa impressão de que é melhor ser um lascado autorrealizado do que um bilionário triste.

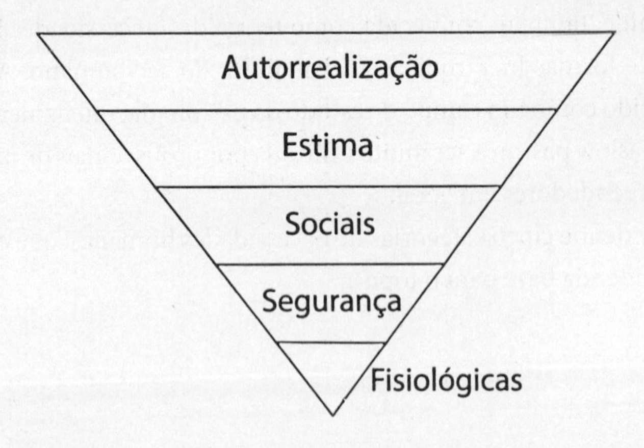

Vamos analisar cada categoria da pirâmide de frustrações, listando as principais características que podem gerar esses sentimentos em nós.

Necessidades fisiológicas: são as mais simples, muitas delas até desnecessárias, por isso essas necessidades são representadas na base da pirâmide. Em países de primeiro mundo, ninguém se preocupa mais com elas, mas em regiões onde há crise hídrica, fome e falta de saneamento básico mais marcadas ainda são questões inquietantes. São também chamadas de homeostáticas, pois têm como objetivo a manutenção do equilíbrio interno do organismo de forma a regular os níveis sanguíneos de sal, açúcar, proteínas, gorduras, oxigênio, cálcio, equilíbrio ácido-base, álcool, temperatura, nível da bateria e principalmente a qualidade do Wi-Fi, entre outros parâmetros.

Quando existe um decréscimo nesses níveis, os indivíduos sentem fome, sede, desejo sexual ou sono — um mix de larica com ressaca. No ímpeto de satisfazer essas necessidades, muitos se tornam agressivos e selvagens, colocando sua segurança em risco. Reclamações sobre risco de morte, fadiga, fome, má qualidade da água, más condições de moradia, falta de ar resultante de problemas de poluição e manifestação de desejo de um local aquecido mostram que o sujeito vive em São Paulo.

Necessidades de segurança: refere-se à necessidade de nos sentirmos seguros diante de algum tipo de perigo ou ameaça — algo como estar alerta diante de um ataque do Chupa Cu ou de dois caras em uma moto. Aqui estamos falando da necessidade de se proteger ou de ter uma ilusória estabilidade na vida — por exemplo, conseguir preservar o emprego. Só que, com a evolução da inteligência artificial, daqui a dez anos ou você estará trabalhando em algo que ainda não existe ou terá sido substituído por um robô, que em breve será substituído por outro.

Essa necessidade também está relacionada ao fato de existirem leis e limites que permitem haver certa ordem na sociedade. Quando você mora no Rio de Janeiro, por exemplo, tende a não satisfazer sua necessidade de segurança, o que ocasiona queixas como medo de circular na rua em locais violentos e/ou perigosos.

No trabalho, não há estabilidade; todos têm medo de ser demitidos a qualquer momento. E isso gera insegurança no planejamento familiar. Aquele casal em que ambos ganham um salário mínimo não pode ter mais um filho. Frustrante.

Ainda com relação ao trabalho, muitas empresas, preocupadas com esse cenário, adotam a cultura organizacional do assédio moral, que vem se mostrando lucrativa. Isso porque chega um ponto em que o empregado pede demissão ou faz algo que justifique a demissão por justa causa, o que não onera a empresa, sem falar na política que evita a prevenção de acidentes de trabalho.

TRABALHE COM O QUE VOCÊ AMA, E NUNCA MAIS VAI AMAR NADA.

Esse tipo de frustração só vai ter fim quando as situações que causam insegurança ao indivíduo acabarem, ou seja, nunca. Por isso, o jeito é se enganar, e se acostumar com a insegurança. A ponto de, quando vivenciar uma sensação de segurança, achar estranho, tipo um turista brasileiro na Noruega.

Quando achar que sua insegurança já é suficientemente confortável, pode alcançar sua necessidade de segurança e passar para o próximo patamar de insatisfação.

Necessidades sociais: uma das maiores fontes de angústia são as relações sociais, que incluem amigos, família, colegas de trabalho e pessoas com quem você não quer nenhuma relação, mas de quem é impossível se livrar.

O ser humano já nasce com uma necessidade de se relacionar, e as relações mais básicas costumam ser as que geram mais frustrações. Entre elas, podemos destacar a relação com nossos pais (que costumam projetar nos filhos as suas insatisfações). Em seguida, temos a decepção com o companheiro ou companheira, ou até mais de um. Depois projetamos nossas frustrações nos filhos, para dar continuidade à tendência, e por fim até nossos pets e plantas estão nesse ciclo doentio de desapontamentos.

A hierarquia das frustrações dentro da necessidade de afeto acompanha o "desenvolvimento" do indivíduo. Quando assiste ao Discovery Channel

NÃO ESPERE NADA DE NINGUÉM, MUITO MENOS DE VOCÊ.

ou ao Animal Planet, você se depara com animais que nascem sozinhos ou já nascem correndo para fugir de predadores. Nós, humanos, necessitamos de atenção especial e de cuidados especiais, o que pode se estender até os quarenta anos.

Dessa forma, a atual necessidade de se relacionar com os pais é a mesma tanto no estágio infantil como na vida adulta. Além disso, o ser humano é obrigado a se relacionar com outros grupos: vizinhos, colegas (de escola, da faculdade ou do trabalho), ciclistas, motociclistas, amigos bebuns, religiosos, metaleiros de cara oleosa.

Os indivíduos socializam com diversos núcleos com o objetivo de criar laços, de ter a sensação de pertencimento a qualquer grupo — e é esse qualquer que me preocupa. É importante salientar que fazer parte de um grupo do WhatsApp ou de um grupo qualquer não faz com que você pertença a ele.

As redes sociais, de forma negativa, facilitam, agilizam e dão mais liberdade para a comunicação, colocando em risco as relações com familiares e amigos. Isso porque uma a cada três pessoas diminui a comunicação ao vivo com aqueles que, pelas redes sociais, são próximas. Além disso, ter liberdade de expressão para falar o que quiser no grupo da família só gera intriga, confusão e baixaria. Em qualquer grupo, aliás, expressar a sua opinião pode ser um gatilho para gerar discussões acaloradas e fomentar cada vez mais a insatisfação de todos.

É nesse sentido que digo que as relações sociais sempre causam frustrações, pois vivemos com vontade tanto de dar como (principalmente) de receber afeto — se possível, sem pagar. Inevitavelmente, então, você vai reclamar dos amigos, do namorado ou da namorada, do marido ou da esposa, dos filhos, do cachorro, das relações afetivas com outras pessoas, de modo geral, por pertencer a um grupo, dentro ou fora de uma organização, por ter oportunidade de prestar ajuda aos colegas, por receber ajuda dos companheiros de qualquer grupo social...

As únicas pessoas com as quais você nunca vai se decepcionar são as que você desconhece ou aquelas que não estão nem aí para você (bem mais que sete bilhões de pessoas).

Necessidades de estima: elas têm relação com a sua autoestima, e estão no segundo nível em termos de fontes de frustração para o ser humano.

NADA É EM VÃO; TUDO VEM PARA DECEPCIONÁ-LO.

Esse é um passo fundamental para fracassos surgirem em sua vida. A partir desse estágio, pessoas comuns atingem fracassos extraordinários. Afinal, a necessidade de nos sentirmos dignos, autoconfiantes, independentes, autônomos, valorizados, respeitados por nós e principalmente pelos outros, com prestígio, reconhecimento, poder, orgulho etc., somada às nossas incapacidades, limitações, fraquezas e falta de noção, é a fórmula perfeita para alavancar uma frustração ímpar.

O ser humano alimenta o desejo de ser bom em algo ou em alguma atividade e a necessidade de ter autoestima. O tipo de desgosto que nos abate quando não alcançamos esses objetivos passa por duas vertentes: o autorreconhecimento das nossas incapacidades e o reconhecimento pelos outros da nossa incapacidade de nos adequarmos às funções que tentamos desempenhar. Essas frustrações são motivadas por uma necessidade doentia de prestígio e reputação.

NÃO PARE ATÉ SE HUMILHAR.

Junto com essas decepções é comum haver humilhação, perda de dignidade, ausência de prestígio, baixíssima autoestima e quase nenhum respeito pelos outros. Os desejos estão orientados para a realização de algo, para ter competência, status, alegria, atenção, importância, valorização e pela necessidade de confiar e de ser alguém no mundo, ou seja, tudo aquilo que você transforma em frustração. Em pouco tempo chegará à conclusão de que é autossuficiente em fracassos.

Necessidades de autorrealização: depois de analisar os fatores primários (fisiológicos e de segurança) e os secundários (sociais e de estima), é notório que somos máquinas de criar frustrações. O problema é que o ser humano consegue piorar algo que já estava ruim. Por isso, quando não temos nada almejamos a autorrealização.

A tal autorrealização está relacionada diretamente às necessidades de crescimento, e não estou falando da sua altura ou do seu pênis. Autorrealizar-se é buscar o desenvolvimento das próprias frustrações, a realização do fracasso, aproveitar todo o seu potencial para fracassar, tentar ser aquilo que nunca vai ser, trabalhar com o que gosta e ser incapaz de desistir.

Há uma falsa sensação de autonomia, independência e autocontrole na autorrealização. Somos incapazes de aceitar fatos — principalmente os negativos — e de ter criatividade ou espontaneidade. Vivemos nos moldes do que a sociedade espera, fazendo o possível para sermos iguais aos outros para que sejamos aceitos.

> SEU MAIOR
> PROBLEMA
> É VOCÊ.

A busca pela autorrealização só gera ineficiência, falta de ética, injustiça e desonestidade. Nesse nível, os desejos estão voltados para a perfeição, para ser aquilo que o indivíduo não tem potencial de ser.

Sabendo que a perfeição é desumana, buscar a autorrealização é chegar ao ponto mais alto da frustração. E, quando você estiver caindo do topo, relembrando os momentos ruins, rolando cada vez mais rápido ladeira abaixo, vai se ver de repente deitado em uma caçamba lotada de lembranças ruins, fracassos e decepções. E eis que a caçamba é içada por um caminhão e você é atirado novamente no fundo do poço — sua zona de conforto.

NÃO ESPERE NADA DE NINGUÉM.

MUITO MENOS DE VOCÊ.

"Tenho sangrado demais
Tenho chorado pra cachorro
Ano passado eu morri,
mas esse ano eu não morro."[37]

Assim como Donald Trump nas eleições de 2020, muitos de nós não aceitamos as derrotas que a vida impõe, mas, passada a fase da negação, raiva, barganha e decepção, começamos a tratar de aceitar a realidade.

A etapa da aceitação é muitas vezes confundida com a noção de "estar bem" diante daquilo que aconteceu, mas não é bem assim. Aceitar é bem diferente de esquecer. Nesse momento, após a decepção, a pessoa passou um tempo refletindo e começa a lidar com a realidade de que fracassou por incompetência e por limitação. Começar a compreender que essa nova rea-

[37] SUJEITO de sorte. Intérprete: Belchior. Compositor: Belchior. *In:* ALUCINAÇÃO. [*S.l.*]: Polygram, 1976. Faixa 4A.

lidade é a sua realidade permanente é difícil mas essencial nesse processo de humanização do fracasso.

O que é real para uns pode ser fake news para outros. As pessoas postam e escrevem textos imensos afirmando que a internet, as redes sociais, precisam de mais realidade, mas será que elas sabem aceitar e lidar com a realidade? Será que todo o seu ciclo de "sofrência" com o fracasso é apenas descaso com a sua realidade?

Você prefere viver em uma realidade paralela, tipo *O fantástico mundo de Bobby* ou a família de classe média na novela das nove? Será que algo enfeitado e montado não atrai muito mais? As pessoas querem ver indivíduos projetados, que seguem tendências e cumprem suas expectativas, isto é, gente que segue cada vez mais um padrão inalcançável de felicidade, mas não é livre.

Apesar de ser difícil aceitar, precisamos aprender a lidar melhor com as nossas incapacidades. Esse passo é fundamental para você errar com mais precisão. Temos muitas oportunidades de errar, seja na vida pessoal, profissional ou sexual. E, diante de cada erro, temos uma chance ímpar de assimilar muitas informações, padrões e dados. Quando não aceitamos nossos erros, perdemos a oportunidade de aprender com eles. É errando que se aprende a errar. Se você não conseguir no plano A, vai ter o alfabeto todinho para tentar. As pessoas querem ver indivíduos projetados, que seguem tendências e cumprem suas expectativas, isto é, gente que segue cada vez mais um padrão inalcançável de felicidade, mas não é livre. As redes sociais são alegorias da caverna de Platão no século XXI.

NÃO É PORQUE DEU ERRADO ATÉ AGORA QUE VAI DAR CERTO DAQUI PARA A FRENTE.

Veja como exemplo a figura dos alvos a seguir. Seu objetivo é atingir o ponto mais próximo possível do centro do alvo. Se você for completamente despreparado para realizar tal tarefa, não terá precisão nem exatidão (resultado A), e aí tanto faz; o que vier é lucro.

Caso não tenha se preparado suficientemente, mas esteja familiarizado com essa prática, você poderá conseguir certa exatidão, mas nunca precisão (resultado C). Depois que errar a primeira vez e reconhecer suas limitações, é possível que você tome decisões para ir ajustando a mira e assim por diante, até conseguir, talvez por acaso, atingir o seu objetivo. É tipo o Super Mario: em alguns momentos ele morre para pegar uma vida; ao reiniciar o jogo, você percebe que não pegou a vida e ainda por cima morreu.

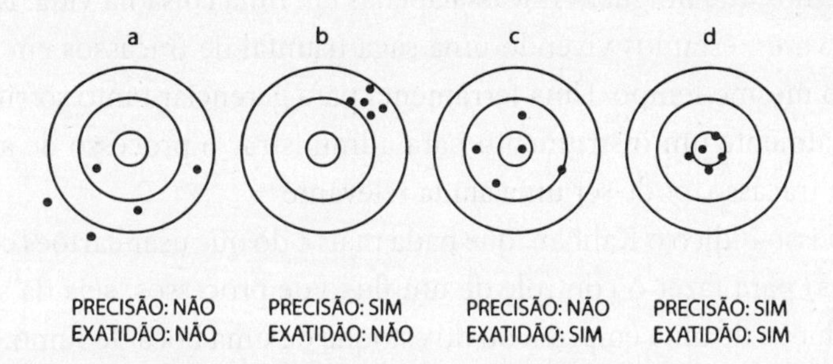

Se você se preparou arduamente, treinou muito, se esforçou, se dedicou e está cheio de motivação e autoconfiança, poderá ser preciso, mas não exato (resultado B). Isso porque você estava tão focado no seu objetivo que não avaliou sua realidade no primeiro arremesso. Assim, colocou o erro em qualquer outra coisa e perdeu a oportunidade de aprender e colocar em prática na tentativa do próximo arremesso. Tudo isso por causa da autoconfiança.

Já o último resultado (D) é a representação do desumano em uma situação exata e precisa.

Aceitar uma coisa que você perdeu ou vai deixar de ganhar é necessário para entender como será sua realidade daqui para a frente. E aceitar não significa conviver pacificamente com o que ocorreu; a aceitação pode ser trabalhada muito antes de tudo isso começar. Dê uma boa olhada na vida de qualquer pessoa e descubra um legado de falhas, uma situação parecida com a sua.

É ERRANDO QUE SE APRENDE A ERRAR.

Não é porque alguns, quase todos, dos seus experimentos no passado deram errado que você deixará que esses fatos o impeçam de seguir fracassando. Infelizmente, seu maior receio em aceitar que fracassou é alimentado pelo pavor (natural) de não ser aceito pelo grupo ao qual pertence. Mas basta uma análise do mundo que o cerca para compreender que todos fracassam, embora alguns consigam esconder bem.

Há pessoas que são supervalorizadas no trabalho e não têm sucesso no relacionamento com os filhos. Todos as reconhecem pelos seus melhores atributos, mas não sabem que estão devendo mais de um ano de pensão.

Sabemos que ninguém fracassa apenas em uma coisa na vida. Na maioria das vezes, estamos vivendo uma saga triunfal de fracassos em diversas áreas ao mesmo tempo. Uma ferramenta para gerenciar tanto sofrimento, e principalmente um instrumento para administrar o processo de aceitação de cada fracasso, pode ser uma ajuda relevante.

Para isso indico o Kanban, que nada mais é do que usar cartões coloridos (post-its) para fazer o controle de um fluxo de processos, seja da sua vida, da produção de uma empresa ou do estoque de uma boca de fumo. É muito simples adaptar essa ferramenta ao contexto do fracasso e suas fases. A proposta é criar um mural dividido da seguinte forma:

- ✓ **A FAZER (SONHO/OBJETIVO): O QUE DEVE SER FEITO (TO DO).**
- ✓ **FAZENDO: O QUE ESTÁ EM ANDAMENTO (DOING).**
- ✓ **FRACASSO: TAREFAS CONCLUÍDAS SEM SUCESSO (FAIL).**

Em "A fazer" você coloca todas as suas aspirações, sonhos, desejos, metas e planos. Tudo aquilo que você sempre quis e que obviamente nunca conseguiu. Em "Fazendo", anote todos os projetos que estão em andamento no presente, tais como seu relacionamento ou divórcio, seu emprego, desemprego ou subemprego, sua vida financeira, sua saúde física e mental. Por mais simples ou complexos que sejam os itens, é importante listá-los.

Antes de falarmos do "Fracasso", ressalto a importância de escolher bem as cores dos post-its que vão representar cada segmento da sua vida, mas não caia na mesma imbecilidade dos supersticiosos do réveillon. As cores precisam ser diferentes para você não se confundir e para ter a real noção de onde está depositando mais esforço, dedicação e, consequentemente, desperdiçando mais tempo, energia, dinheiro, paciência, saúde e paz.

MODELO KANBAN DO FRACASSO

A fazer	Fazendo	Fracasso				
		Negação	Raiva	Barganha	Decepção	Aceitação

Em "Fracasso", coloque todos os seus fracassos, dividindo-os pelo estágio no qual se encontram. Dessa forma, você terá uma visão macro e toda colorida e detalhada de quão fundo se encontra seu poço. Sei que não vai ser fácil achar espaço ou gastar tanto dinheiro com cartolina e post-its coloridos para fazer esse gerenciamento, mas, graças à tecnologia, você pode usar o Excel ou até mesmo um Kanban on-line.

Esse gerenciamento vai tornar muito mais fácil passar pelo ciclo do fracasso e aceitar suas derrotas. Isso porque, com o tempo e com a visualização intensa, você se acostuma e se familiariza com o fato de que não vai conseguir atingir seus objetivos da forma mágica ou ilusória que imagina. Conhecer todas as fases do fracasso e reconhecer em qual delas você está são apenas os primeiros passos para uma vida menos ruim.

Se você chegou até aqui, já compreendeu que, apesar de ser inevitável, o fracasso é um tema que costuma ser evitado. Esse é o motivo de muitos de nós ficarmos tão fragilizados diante de um resultado negativo.

Espero ter conseguido auxiliá-lo a ver o fracasso sob outra perspectiva, não somente como um resultado, mas sim como diversos estágios distintos que

> CICLOS RUINS
> SE FECHAM PARA
> QUE PIORES
> POSSAM VIR.

vão da negação até a aceitação. Uma leitura mais atenta das teorias, ferramentas e análises pode ajudá-lo a assimilar os fracassos que já enfrentou e aqueles que estão por vir.

Mesmo assim, garanto que, depois dessa leitura, você não está nem um pouco preparado para conviver com as suas derrotas e lidar com elas. Portanto, fica aqui o meu convite para explorar a próxima parte deste livro, onde será apresentado o Método FDP©. Nele você será exposto ao pior do melhor conteúdo para a humanização do fracasso.

NA VIDA É TUDO OU NADA:

TUDO DANDO ERRADO NADA DANDO CERTO.

PARTE III

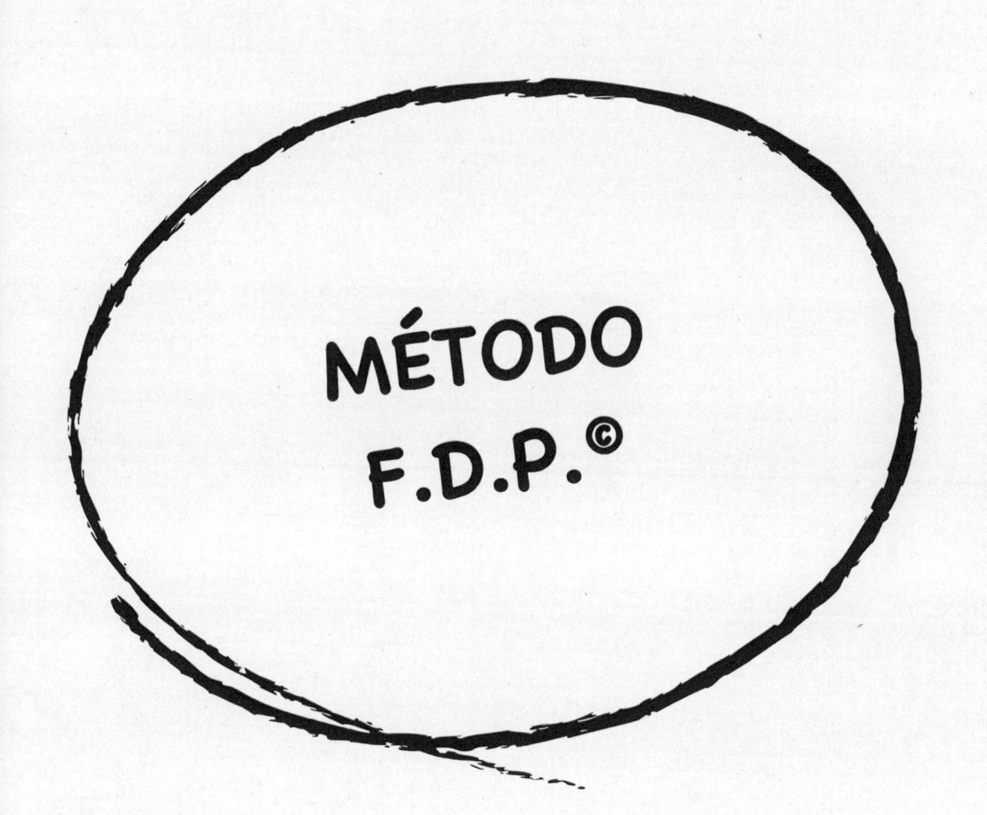

Agora que você já se familiarizou com os conceitos das fases do fracasso, em tese consegue identificar quão fundo é o poço onde se encontra. A partir de agora você será exposto ao primeiro, único e talvez último método que vai cuspir a realidade sobre temas relacionados à prosperidade e desconstruí-los, vomitando os conceitos idolatrados pela sociedade do desempenho.

O Método F.D.P.© é composto por uma tríade de quatro pilares: Fracasso, Derrota, Desistência e Procrastinação. Poucas pessoas têm a noção de como transformar algo formado por quatro dimensões em três. É que, para não ficar com FDDP, que não é esteticamente agradável e não ser confundido com a famosa lógica nebulosa do tipo Fuzzy Dichotomous Decision Procedures, transformei o método em um triângulo, por isso a tríade de quatro.

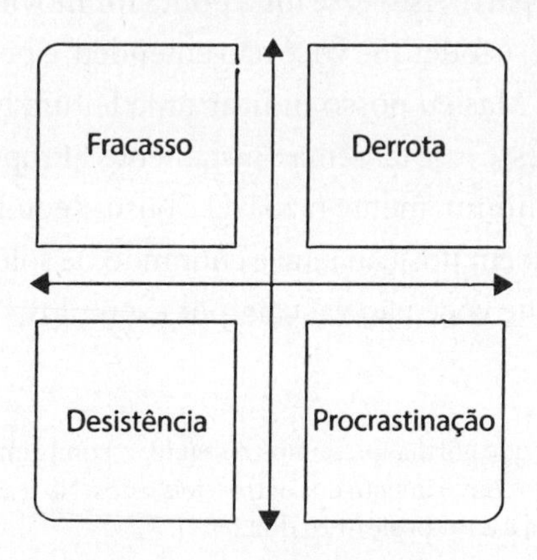

O que é o triângulo do método F.D.P.©? Um triângulo é uma figura geométrica que ocupa o espaço interno limitado por três segmentos de reta que concorrem, dois a dois, em três pontos diferentes, formando três lados e três ângulos internos que somam 180 graus. Estou usando essa figura para conferir certa elegância ao que eu quero dizer. As quatro variáveis e os três vértices representam a qualidade da merda da nossa vida.

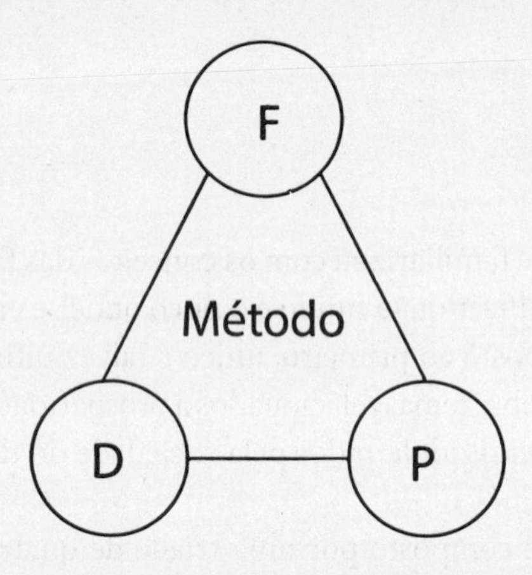

O triângulo demonstra, de maneira mais fácil, como essas variáveis estão interligadas: se uma delas for alterada, as outras três devem ser ajustadas de modo a manter o triângulo interligado, buscando um equilíbrio, ou somente uma desigualdade triangular.[38]

Se o triângulo se partir, isto é, se uma ponta for movida sem que ocorra o ajuste de outra, você se fodeu. Se você não entendeu, é porque não fez a sexta série como deveria. Mas eu posso indicar uma leitura básica e sagrada: *Os elementos*, de Euclides, e esse teorema é justamente a Proposição 20 do Livro I.

Levar uma vida minimamente razoável é buscar equilíbrio. Quando você está no chão, deitado em posição fetal e chorando de soluçar, o seu centro de gravidade garante que você não vai cair, por exemplo.

---

[38] Refere-se ao teorema que afirma que, num triângulo, o comprimento de um dos lados é sempre inferior à soma do comprimento dos outros dois lados. No texto clássico *Os Elementos*, de Euclides, este teorema é a Proposição 20 do Livro I.

Por fim, esse método vai excretar diversas técnicas que você poderá utilizar no seu cotidiano fracassado. O objetivo não é torná-lo mais feliz ou menos triste, mais rico ou menos pobre, mais imbecil ou menos imbecil. A intenção não é ajudar você a ter resultados positivos ou negativos no término do aprendizado desse método; o que eu espero é que você conviva em harmonia com o seu fracasso, se livre do fantasma do sucesso, aprenda a desistir no momento certo e se desapegue da doença da produtividade. Use a procrastinação a seu favor, nunca saia da zona de conforto e estrague sua vida com suas próprias decisões e não com as dos outros.

Diferentemente de outros métodos de coaches, o Método F.D.P.© não vende nada para você, não lhe promete nada e não o ilude. Diferentemente do resto dos coaches, após ser exposto a esse conteúdo explícito ninguém vai publicar uma queixa no *Reclame Aqui*.[39]

[39] Confira no link: https://www.reclameaqui.com.br/empresa/coaching/.

LIDANDO COM O FRACASSO

"Quando eu me vi perdido
Meu peito gemedor
Bateu, gemeu ferido
Sofrido, doído, desenganou."[40]

Antes de continuarmos a falar sobre como devemos lidar com o fracasso, preciso fazer uma pergunta a você: qual é a importância do fracasso para a sua vida? Provavelmente você não tem resposta para essa pergunta; se tem, devem ser frases vazias e completamente sem nexo.

O fracasso faz parte da vida, do início ao fim — algo inevitável, não precisa de tarot para descobrir isso.

---

[40] DIA de cão. Intérprete: Alceu Valença. Compositores: Alceu Valença e Vicente Barreto. *In:* MARACATUS, batuques e ladeiras. [*S.l.*]: BMG, 1994. Faixa 3.

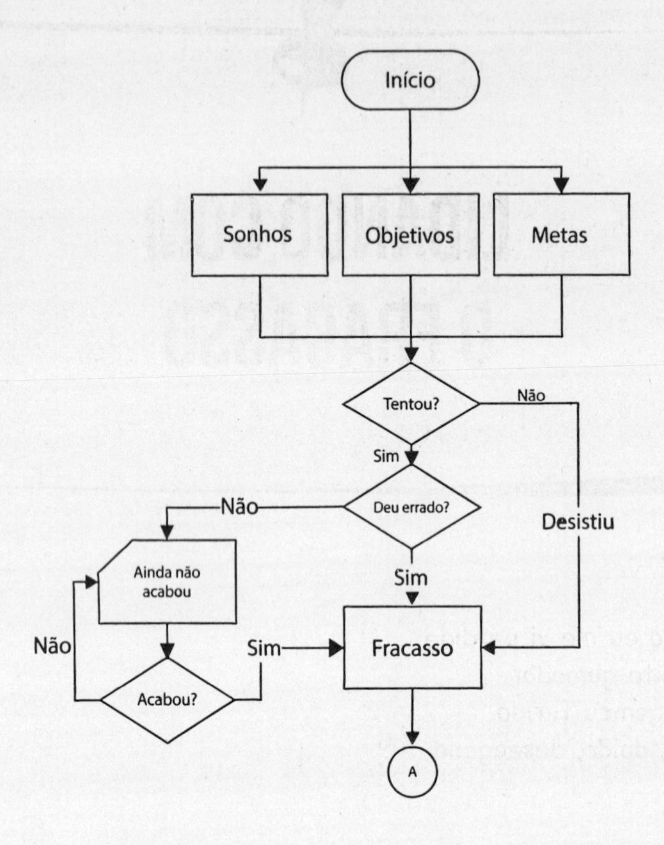

Cometemos erros todos os dias, absolutamente todos, fazemos escolhas equivocadas na carreira, nos negócios, nos relacionamentos e em outras áreas, e elas vão causar dor pelo resto da nossa vida. Almejamos e sonhamos sempre com o bom e o melhor, como se querer fosse poder, coisa que nem o professor Xavier consegue, pois ele, mesmo superando todas as suas dificuldades motoras, continua calvo e ainda é professor, mas, quando a ficha da realidade cai, pagamos um preço muito alto com a nossa frustração.

Em resumo, você é o senhor do seu fracasso. Até aí nenhuma grande novidade diante do que já foi discutido e apresentado neste livro. Mas como lidamos com isso? Ou melhor, como deveríamos lidar? Por que encaramos tão mal o fracasso? O que é lidar com o fracasso?

Antes de tudo, é importante dizer que não sei tratar com pessoas graduadas (supostamente alfabetizadas) que não sabem diferenciar o verbo "lidar" da expressão "lhe dar". O verbo "lidar" tem o significado de enfrentar ou aguentar uma situação, bem como de se ocupar com algo ou alguém; também significa lutar em batalha, trabalhar em algo com afinco, sustentar o combate moral com algo — e, quando você lida com o fracasso, coloca em prática todos os significados desse verbo.

Responder às perguntas sobre lidar com o fracasso pede uma etapa de reflexão que vai, juntamente com o entendimento das fases do fracasso, proporcionar a aceitação mais fácil das derrotas. Com isso, parte desse processo tão doloroso aos poucos nos traz conforto e tranquilidade.

O problema não é fracassar, pelo menos não intencionalmente, e sim não reconhecer o fracasso como uma das principais possibilidades, e talvez a única. Significa perder a noção da realidade. Queira você ou não, sempre existirá o fracasso; é inútil e potencialmente perigoso para você e quem vive ao seu redor estar indiferente para essa possibilidade. A expectativa irreal de que nunca falharemos vai deixar você mais ansioso, com a autocobrança mais apurada, e, por incrível que pareça, falha mais quem tem muito mais medo de errar.

É IMPORTANTE SABER SALIENTAR QUE O LADO NEGATIVO DO FRACASSO É QUE ELE NÃO TEM LADO POSITIVO.

Desde a infância recebemos estímulos de nossos responsáveis para que sejamos bons (em muitos casos para que sejamos "os melhores"), e a sociedade vê isso como normal, pois não há nada mais cômodo para um pai do que ser empresário do filho jogador de futebol ou cantor sertanejo. Jogar toda a responsabilidade financeira da família para um jovem de 14 anos é um ato de amor que só um pai narcisista, dedicado à própria vida, pode fazer. Esse tipo de exploração infantil é aclamado pela sociedade, seja porque se trata de uma promessa de ser o melhor jogador de futebol sonegador de impostos, ou de criança precoce em programa de auditório entretendo um apresentador idoso.

Esses estímulos de "seja o melhor para que sejamos vencedores", a pressão social, a competitividade em várias áreas, tudo isso, ampliado pelas redes sociais, acabou criando uma percepção completamente equivocada sobre a felicidade.

Neste mundo virtual veloz há uma supervalorização e superexposição do sucesso em detrimento do fracasso. A impressão é que temos que ser bem-sucedidos sempre. O sucesso é um objeto do desejo, e há uma falsa ideia de que ele pode ser obtido de um jeito fácil, rápido e acessível, sem muito esforço e dedicação; parece mais difícil preparar um Tang do que mudar seu mindset.

Hoje o indivíduo "feliz" é visto erroneamente como aquele cidadão que tem sucesso, mas isso não é verdade: infeliz é quem obtém sucesso, na realidade, uma coleção deles, e quem acredita nessa imbecilidade são os primeiros a terem as maiores frustrações. Ninguém vai passar por essa vida colecionando sucessos. Pelo contrário, a vida é uma coleção interminável de insucessos. Você é o Louvre do fracasso.

Enquanto buscar o sucesso com base no que o mundo vende, você sempre ficará frustrado, com aquela incômoda sensação de impotência, insuficiência e incapacidade. Além disso, o fato de não aceitar suas limitações, fraquezas, vulnerabilidades, incapacidades e de viver nessa busca incessante pela felicidade, sem nem entender o que essa palavra realmente representa, significa que você vai viver de fracasso em fracasso até a derrota final. Dia após dia apenas acumulando dor, sofrimento e frustração — dias comuns na vida de um torcedor do Vasco.

Infelizmente temos mais medo do fracasso do que coragem para aceitá-lo. E esse medo vem principalmente da nossa falta de noção para criar expectativas realistas, buscando uma perfeição desumana e tendo como resultado a baixa autoestima. Quando o medo de falhar assume uma dimensão extrema, é denominado "cacorrafiofobia" e necessita de acompanhamento psicológico. O medo de que estou falando é o de aceitar, não o de tentar.

Muitos coaches desqualificados — o que chega a ser um pleonasmo — tendem a oferecer uma solução simples como: "não se apegue à situação e pense que as coisas poderiam ter sido piores"; ou: "decore estas dez dicas para vencer o medo do fracasso"; ou então: "percorra os seis passos para superar a derrota".

Talvez haja milhares de conteúdos extremamente superficiais que têm o objetivo de apenas proporcionar sentimentos e o pensamento de autoproteção — que a curto prazo podem até fazer você se sentir melhor, mas a longo prazo são extremamente perigosos. Isso é tão ameaçador quanto comer macarrão instantâneo acompanhado de refresco em pó sabor uva.

NÃO CAIA EM PAPO DE COACH.

Quando o fracasso surge, não depende mais de nós. A nós cabe aprender a lidar com ele. Podemos chorar nossa sorte "injusta" ou ver o fracasso como uma oportunidade de encontrar o real, um convite a se tornar cada dia um pouco mais estoico. Nesse ponto Raymond Charles Barker tinha razão: está em nosso poder escolher.[41]

As pessoas costumam buscar enxergar o lado positivo e o lado negativo de cada situação, mas lembro aqui que não somos pilhas. No fracasso não seria diferente, mas é importante salientar que o lado negativo do fracasso é que ele não tem lado positivo. Se você for humilde, ele pode oferecer informações importantes, por exemplo: onde você errou, os pontos que devem ser aprimorados e do que você deve desistir.

Ao longo da vida, pode haver situações nas quais obtemos resultados não desejados, mas ainda assim foram resultados positivos, porque era a única opção que tínhamos.

O insucesso ensina você a não ser tão específico nos desejos, a criar metas palpáveis, objetivos alcançáveis e, dependendo da dor, até parar de sonhar. A decepção vai mudar a sua vida quando você parar de se lamentar pelo ocorrido, se distanciar da situação e conseguir ter uma nova percepção na visão de observador imparcial. Dessa forma você passa a ter mais objetividade nas suas ideias e começa a perceber as lições que o fracasso está tentando lhe ensinar. Lamentavelmente, neste momento você ainda é incapaz de aprender.

Esse aprendizado é ímpar. Não se aprende em sala de aula, seja na creche, na escola, no cursinho, na faculdade, na palestra do coach, no Duolingo, no curso de noivos, no treinamento do RH, na pós-graduação ou no EAD, e sim

---

[41] BARKER, Charles, R. *The power of decision*: A Step-by-Step Program to Overcome Indecision and Live Without Failure Forever (Tarcher Master Mind Editions). Estados Unidos: TarcherPerigee, 2011.

na escola da vida, onde você, desde a creche, ficava cercado daquelas crianças cruéis que não sabiam nem falar direito, mas já mordiam você, puxavam seu cabelo, praticavam bullying e ainda roubavam seu lanche. E, a cada dia, a cada momento, você tem sempre a chance de ser um eterno aprendiz na arte do fracasso, provando aqui o equívoco do Gonzaguinha.[42] Quem sabe você aprende a agir na próxima tentativa e a errar cada vez melhor, sendo mais humilde depois de perceber que é falível.

"O MELHOR PROFESSOR, O FRACASSO É." (YODA)

O fracasso não vai proporcionar momentos felizes no presente. Pode ser que muitos deles virem momentos cômicos num futuro próximo, mas o objetivo desse processo de "humanização do fracasso" é lidar com ele a ponto de buscar conviver com a tragicomédia da nossa vida. Nesse contexto, o fracasso é uma tragédia para aqueles que apenas sentem e ignoram, e uma comédia para aqueles que aceitam e aprendem.

Uma série de fracassos significa que você nunca vai ser bem-sucedido (o que sempre foi óbvio). Isso significa que você está em processo de constante evolução e aprendizado, mas a vida é muito curta, e todo esse aprendizado em muitos casos não vai servir para nada.

É ERRANDO QUE SE APRENDE A ERRAR.

Diante de um insucesso, temos a oportunidade de encontrar novas formas de fazer a mesma coisa de maneira menos errada ou de fracassar em coisas novas. Não seja cabeça-dura persistindo no erro; todos os caminhos levam ao fracasso, mas sempre podemos tentar novas vias, exceto quando você está na Marginal Pinheiros.

Se você é uma daquelas pessoas que estão mergulhadas na dor e no sofrimento do fracasso, precisa encontrar um desconhecido com quem possa

[42] "Viver e não ter a vergonha / De ser feliz / Cantar, e cantar, e cantar / A beleza de ser um eterno aprendiz." "O que é, o que é?", de Gonzaguinha.

falar sobre os aspectos de sua vida deitado em um sofá diferente. Ele vai ajudá-lo a pôr suas questões em diferentes perspectivas.

> A PERSISTÊNCIA É O CAMINHO DO ERRO.

Aos que já estão acostumados com esses momentos, mas ainda são teimosos em aceitar e creem que podem reagir e se reerguer na hora que bem entenderem, vou logo avisando que não é bem assim. Pessoas que têm essa arrogância agem como viciados, achando que podem a qualquer momento se livrar da cocaína, da maconha, do Twitter, do açúcar ou da Fórmula 1.

Diante desses infortúnios da vida, muitos vão abordá-lo de maneira irresponsável, garantindo que você consegue sair mais forte e resiliente. Nem vou mais falar de resiliência aqui, porque você já deve ter percebido que não costumo usar palavras de baixo calão. O fracasso simplesmente oferece a você a possibilidade de aprender com o erro para que no futuro continue errando, porém melhor. Quando digo "melhor", não considere que seja um mar de rosas, sem dor ou sofrimento. Vai continuar sendo ruim, triste e doloroso fracassar, mas vai ficar menos pior.

> NÃO EXISTE CAMINHO PARA O FRACASSO; ELE É O CAMINHO.

Na Parte I, mencionei que o seu fracasso (F) é representado pelo somatório de todos os seus fracassos; então, quanto mais você acredita ser capaz, forte, inteligente e autoconfiante, o valor dessa função tende exponencialmente para o infinito. À medida que você reconhece seus fracassos, se mostra humilde a ponto de reconhecer suas fraquezas, incapacidades e ignorâncias, limita seus objetivos ou metas, sem esperança, sem expectativas e deixa de sonhar, o somatório do seu fracasso passa por um ponto de inflexão[43]

[43] Em cálculo diferencial, um ponto de inflexão, ou simplesmente inflexão, é um ponto sobre uma curva na qual a curvatura (a derivada de segunda ordem) troca o sinal.

e começa a decair com a tendência de convergir. Veja bem: ainda haverá fracasso, mas agora ele será controlável.

O ponto de inflexão nessa curva imaginária é a difícil decisão de lidar com o seu fracasso. Mas isso não acontece de um dia para o outro; você não muda conforme a maré em Goiânia. Todos sabem quão difícil é reconhecer o fracasso, mas aprender com ele o ajuda a minimizar seus erros aos poucos.

É como se fosse o método do gradiente descendente[44] aplicado na vida real: a cada fracasso você vai atualizando suas decisões em uma direção mais assertiva até que chega ao valor mínimo aceitável do seu erro, que é aquilo que você gostaria de ter obtido menos aquilo que realmente obteve.

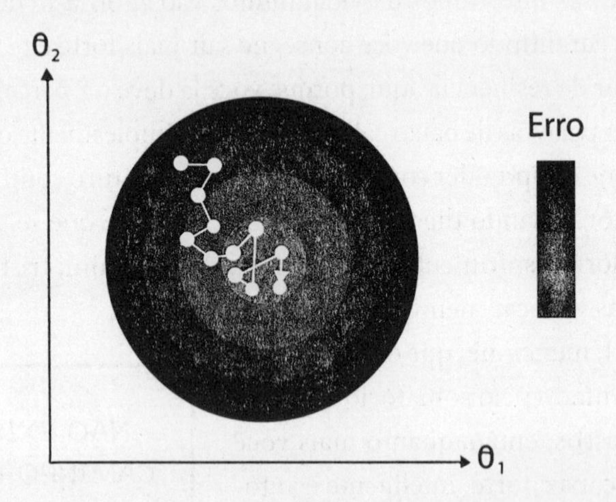

Se a "taxa de aprendizado" for muito pequena, você levará muito tempo para convergir devido ao grande número de fracassos, ou seja, se não aprender direito a lição que aquela dor lhe causou, vai cometer os mesmos erros mais adiante. Se a "taxa de aprendizado" for grande demais, provavelmente é porque você não refletiu direito sobre o tema e continuou tomando decisões equivocadas do mesmo jeito.

[44] É um dos algoritmos de maior sucesso em problemas de Machine Learning na Inteligência Artificial.

O principal problema é o fato de esse processo de "treinamento" ser muito lento, cansativo e extremamente doloroso para muitas pessoas. Poucas sabem o que realmente devem aprender com cada lição que o fracasso nos impõe. As pessoas acham que a vida é um EAD, pensando que aprendem na hora que quiserem, e olhe lá; na hora do desespero elas acabam buscando soluções fáceis e completamente equivocadas, um supletivo de falsos ensinamentos.

NUNCA É TARDE PARA PARAR DE SONHAR.

A forma mais rápida de reconhecer seus fracassos, aprender com eles e ir minimizando seus erros é com a promiscuidade. Não estou falando do promíscuo segundo o dicionário *Aurélio*, que é a pessoa que se entrega sexualmente com facilidade, o que é uma coisa boa — principalmente para essa geração não transante; também não estou falando da promiscuidade partidária e de suas orgias no Senado e na Câmara.

Estou falando em ser promíscuo na vida, fazendo uma mistura completamente confusa, sem metas definidas, sem planejamento, sem objetivos preestabelecidos, sem propósito, deixando que a sua vida se torne um conjunto de aleatoriedades em situações aleatórias. Muitas pessoas passam por isso e nem percebem. Quanto mais jovem for e mais fracassos você tiver, mais vai aprender a se frustrar e a lidar melhor com suas derrotas. Tente todo o possível; o impossível, vá tentando, errando, se lascando, se frustrando cada vez mais e, se possível, cada vez mais rápido.

LUTE COMO UM PERDEDOR.

Só assim você terá um arsenal de falhas, fracassos e erros que, se trabalhados da forma correta, vão colocá-lo em uma direção um pouco razoável. Muito cuidado: não confunda direção com sentido; são coisas completamente distintas. Como canta o Zeca Pagodinho em "Deixa a vida me levar", você pode estar no sentido correto indo para a direção oposta.

"Se a coisa não sai do jeito que eu quero
Também não me desespero
O negócio é deixar rolar
Deixa a vida me levar
Vida leva eu"[45]

Você não tem a mínima ideia de para onde a vida o está levando, mas o importante é que não está estagnado e vai acabar esbarrando em alguma oportunidade na qual você não seja tão medíocre. Lidar com seus erros e fracassos é um exercício mental que pode ser muito dolorido, mas vai ser gratificante no futuro, principalmente quando você leva em conta a quantidade de conhecimento que somente essas situações permitem que você aprenda.

COMO LIDAR COM O FRACASSO

FRACASSO	
Como não lidar?	**Como lidar?**
Ignorar, fingir que nada aconteceu.	Sofrer, sentir a dor e o sofrimento.
Calma, vai ficar tudo bem.	Calma é o caralho. Reconhecer que tudo pode piorar.
Ver o lado bom do insucesso.	Não há lado bom nessa merda.
Ser mais resiliente.	Não existe essa palavra no seu vocabulário, nem faça essa tatuagem.
Ser persistente.	Desistir de vez.
Ser forte e tentar fazer dar certo a todo custo.	Aceitar suas limitações e entender que daria tudo certo se não fosse você.
Nunca duvide de que você é capaz.	Tenha certeza de suas incapacidades.

[45] DEIXA a vida me levar. Intérprete: Zeca Pagodinho. Compositores: Serginho Meriti; Eri do Cais. *In:* DEIXA a vida me levar. [*S.l.*]: Universal Music, 2002.

Tenha uma atitude positiva.	Seja realista.
Focar nas soluções, e não no problema.	Você sabe que o maior problema é você.
Rever suas crenças limitantes.	Não são suas crenças que são limitantes. Você que é limitado.
Ter autoconfiança.	Essa palavra também não deve existir no seu vocabulário.
Continuar tentando atingir o mesmo objetivo.	Redefinir suas prioridades, delimitar seus objetivos, criar metas palpáveis, ajustadas de acordo com suas limitações, e destruir seus sonhos antes que eles destruam você.
Ter esperança.	A esperança nem existe; o que existe é a estatística.
Criar expectativas.	Criar dívidas, crianças, um formigueiro, mas nunca expectativas.
Buscar incessantemente a felicidade para esquecer o trauma.	Buscar um trauma maior para esquecer o anterior.
Postar frases de superação, se automotivar.	Parar de passar essa vergonha e buscar ajuda quando necessitar.
Negar, sentir raiva, barganhar e se decepcionar.	Aceite, você está perdendo um tempo precioso nesse aprendizado.
Procurar um coach.	Aí lascou de vez. Decepcionante, lamentável.

Para lidar com o seu fracasso é necessário, acima de tudo, senso de humor. Esse é o único sentimento que faz você rir daquilo que o deixaria puto e quase um pinscher, louco de raiva, se tivesse acontecido com você.

Que o fracasso esteja com você. O Universo não tá nem aí para você. Faça ou não faça, não existe tentativa. Só existe o fracasso. O pior fracasso é aquele obtido pela omissão. Por isso eu sempre falo que é importante lutar. Lute como nunca, perca como sempre. Assim como os contos, filmes ou romances, a vida real tem seus capítulos, trilogias e vários momentos de clímax, só não existe final feliz. É importante perceber que o fracasso sempre esteve ao seu lado; por mais conquistas que você tenha, ele foi fundamental para você chegar aonde chegou, mesmo não chegando a lugar nenhum. É importante transmitir que aprendeu nada em sua vida. Principalmente fraqueza, insensatez e fracasso também. Fracasso acima de tudo. "O maior professor, o fracasso é." Porém, você é incapaz de aprender.

NÃO TENHA MEDO DO FRACASSO, TENHA COSTUME.

NÃO HÁ FRACASSO PIOR QUE O SUCESSO

"Dinheiro na mão é vendaval
É vendaval!
Na vida de um sonhador
De um sonhador!
Quanta gente aí se engana
E cai da cama
Com toda a ilusão que sonhou
E a grandeza se desfaz
Quando a solidão é mais
Alguém já falou..."[46]

Toda vez que eu leio a palavra "sucesso", fico com coceira, imaginando como esse termo se tornou comum, chato, vulgar, batido, fútil, superficial e sem originalidade e importância. Eis uma palavra que é frequentemente esfregada na nossa cara sem que tenhamos solicitado. Seja em uma rede social, em um

[46] PECADO capital. Intérprete: Paulinho da Viola. Compositor: Paulinho da Viola. *In:* EU sou o samba. [*S.l.*]: EMI, 2006. Faixa 1.

programa de televisão, em uma reunião de trabalho ou um cabaré, falar sobre sucesso é tão vulgar e banal quanto o auge do "gemidão do Zap".

Todos os dias, de uma forma ou de outra, milhares de decisões pessoais ou de grandes investimentos financeiros são influenciadas por esse objetivo-mor que cada pessoa tem dentro de si chamado sucesso.

Já falei aqui que, desconhecendo a realidade, muitos dos que se dizem sérios e que têm diploma de seriedade assumem o fracasso e o sucesso como antagonistas. Essa polarização, essa ideia de que não deve haver espaço para o fracasso para quem vive em busca do sucesso, é algo que vai além da incompetência.

E, quanto mais se polariza um tema ou discussão, mais se percebe que você vive em uma sociedade mais burra — fácil de ser enganada e explorada, além de autoritária — que impõe a você padrões de sucesso, ou seja, uma sociedade menos democrática. A condição em que o Brasil se encontra e a maneira como o sucesso é visto em nosso país são exemplos disso; já o fracasso, esse é tão democrático que abrange tudo, inclusive o sucesso.

Esse discurso do sucesso vende o *Estadão*, por exemplo, que noticiou o caso de um empresário que deixou a empresa à beira de falência, com vários processos judiciais, trabalhistas e fiscais, chegando até a ser preso por suspeita de sonegação. Depois de toda essa trajetória, do nada o cidadão vira coach e passa a ensinar sobre persuasão e vendas. Pior que existem pessoas que comparecem a esses eventos. Não estou falando de meia dúzia, e sim de uma quantidade considerável de pessoas sedentas pelo sucesso e quaisquer milagres que ofereçam esse "cálice sagrado" no qual as pessoas querem beber e se tornar reconhecidas. Alguns só almejam aparentar ser pessoas de sucesso, mesmo que seja numa palestra de um coach que é um ex-empresário falido.

NUNCA ACEITE CRÍTICAS CONSTRUTIVAS DE QUEM NÃO CONSTRUIU NADA.

Essas pessoas, ao verem um pedacinho do arco-íris, vão cegamente buscar o tão desejado pote de ouro. Mas elas não lembram que o arco-íris é um fenômeno óptico formado pela decomposição da luz branca em várias cores, que acontece em virtude da ocorrência de duas refrações e uma reflexão interna total da luz nas gotículas de água. Como essa luz reflete na parede interna das gotículas, para enxergar o arco-íris é necessário estar de costas para o Sol. Além disso, ele acontece sempre em um ângulo de aproximadamente 42 graus em relação à pessoa que o observa — e se desloca junto a ela. Ou seja, é impossível encontrar o pote de ouro no fim do arco-íris, pois esse fim não existe — seria como correr em direção a uma miragem. A falsa realidade do triunfo foi: onde está o pote de ouro inexistente está o sucesso.

O sucesso sempre foi abordado como algo mágico, que envolve fórmulas, dicas infalíveis e receitas secretas. Essa aura de deslumbramento tem como objetivo impressionar e hipnotizar você. Mas, diferentemente do ex-BBB hipnólogo (que também anda metido com coach), a hipnose do sucesso (in)felizmente não funciona. Querendo ou não, só a expectativa de obtê-lo dá "motivação" às pessoas para trabalhar em plena segunda-feira, estudar por anos algo que detestam, aguentar fazer hora extra todos os dias, se adequar aos padrões de beleza e comportamento, perder noites de sono com ansiedade e até suportar a frustração de não conseguir nada. Mesmo diante da iminência do pior, ainda existe a esperança para acabar de destruir você, tudo isso em busca do sucesso.

É óbvio que todo esse esforço é em vão quando você nem sabe o real significado de sucesso ou, como comentei antes, da felicidade. Logicamente também é algo relativo, como comer açaí com leite ninho: tem quem ame e tem quem abomine. Porém, aprendemos que não temos escolha, somos obrigados a lutar pelo sucesso. Buscar uma vida próspera não significa necessariamente obtê-la, e sim estar disposto a comprometer-se com o custo que esse sucesso exige. Mas o questionamento principal é se você está preparado para as consequências dessa decisão; essa, sim, é uma escolha muito difícil.

TANTO ESFORÇO PARA PORRA NENHUMA.

Tudo tem um custo, principalmente com essa inflação de dois dígitos. Sabemos que a busca pelo sucesso é um processo oneroso que provavelmente vai lhe causar mais prejuízos que lucros; prejuízos para a sua saúde mental, financeira ou a saúde dos relacionamentos. Esse preço que pagamos pelo sucesso tem comportamento parecido com o do mercado. Basicamente, quando há muita oportunidade os preços diminuem, e quando há muita procura pelo sucesso e escassez de oportunidade os preços sobem. Nesse mercado, o preço que você paga não está no valor que procura.

Ninguém fala quão prejudicial a busca pelo sucesso pode ser. A única meta que nos é vendida é atingir o sucesso profissional, ter uma vida brilhante, dez atitudes para alcançar o êxito eterno. Qual é o nosso ideal de sucesso? Essa pergunta é tão batida, mas a resposta é sempre a mesma, só que respondida de várias formas diferentes. Sucesso, uma palavra que muitos acreditam ter um significado objetivo, mas que na realidade é totalmente subjetivo.

Ser bem-sucedido pode ter sentidos completamente diferentes para cada um. Uma pessoa pode associar o sucesso a uma carreira brilhante em uma grande empresa, enquanto outra busca ser demitida da mesma empresa. Talvez a pessoa que busca a carreira de sucesso seja demitida, e a pessoa que seja demitida tenha uma infeliz carreira de sucesso. Para outro indivíduo, sucesso pode ser abrir o próprio negócio, e outra pessoa quer ser um feliz aposentado que não liga para desemprego ou falência, satisfeito e realizado com sua situação.

A vida nunca foi um jogo, com regras e uma tabela de pontos, em que estamos todos em um grande campeonato que culminará em uma rodada final na qual seremos premiados; na verdade, a vida é uma partida de Uno completamente desordenada, injusta e desigual — como o programa *A Fazenda*, da Record. A competição tem seu lado positivo, mas, quando é sem limites, a ânsia por ser melhor que os demais prejudica todo mundo.

> A VIDA NÃO TÁ NEM AÍ PARA O SEU PLANEJAMENTO.

O ser humano já nasce competidor; em outras palavras, perdedor. Desde antes da vida, quando ainda somos espermatozoides, metade de nós, a competição nos é imposta. Após a ejaculação, os gametas masculinos fazem uma longa jornada em direção ao óvulo. Apenas alguns chegam ao útero, e os poucos que restam têm a difícil missão que é chegar ao óvulo. Você é resultado de um espermatozoide distraído que infelizmente conseguiu esse intento.

O maior problema do sucesso é conviver com a crença e a obrigação de atingi-lo a todo custo. Desde o início da vida passamos por diversas transformações, decisões e incertezas que podem deixar qualquer pessoa apreensiva com os desafios que surgem pelo caminho. O pior é que, mesmo que você o conquiste, vai continuar pensando nele e se esforçando para mantê-lo. O sucesso é uma faca cega de dois gumes: embora possa aparentemente trazer realização e felicidade para quem o conquista, costuma trazer frustração e tristeza àqueles que não alcançam seus objetivos.

Essa busca incessante é um grande fardo, porque muitos nem sequer cogitam a possibilidade de fracassar e fazem coisas terríveis na tentativa de se livrar desse risco. Muitos fazem "loucuras" em nome do sucesso.

Nas redes sociais vemos diversos exemplos: vale tudo para atrair milhares de seguidores e fãs postando qualquer coisa o tempo todo. Antes, os acontecimentos que provocavam nojo, constrangimento e vergonha alheia eram guardados a sete chaves. Agora são momentos de suposto sucesso que viralizam e viram notícias dignas de milhões de views ou dancinhas.

E isso vai se misturando com outros segmentos da sociedade. Como exemplo, há o caso do político que antes do mandato arrebanhou milhares de seguidores postando vídeos de técnicas inovadoras de depilação anal. Quem faria isso anos atrás? Não consigo visualizar Fernando Henrique Cardoso, José Sarney ou Tasso Jereissati nessa situação, e olhe que tenho imaginação fértil.

Neste momento, também é importante refletir sobre o conflito entre ambição e a ética. Ambição, em poucas palavras, é o conjunto de tudo que você pretende fazer na vida; já a ética funciona como um freio que você se impõe na busca de sua ambição. Quando a ambição ultrapassa os limites da lucidez e avança em disparada em direção aos lucros, não interessando quem atropela no caminho, pode ser considerada, inclusive, uma doença. Nesse sentido, os conceitos de ambição e ganância podem ser sinônimos.

* * *

Na fábula da galinha dos ovos de ouro, um garoto pobre recebe uma galinha de uma fada disfarçada. E não estou falando da fada cósmica que "orientou" o relacionamento de certas ex-celebridades. Essa galinha aparentava ser como todas as outras, colocando apenas um ovo por dia, mas o ovo era de ouro. Como toda criança que não tem o que fazer, o garoto inventa de acelerar o processo e decide matar a ave para pegar todos os ovos dentro dela. Então, o abestado descobre que ela era igual às outras e com isso deixou de receber seu ovo de ouro todo dia. O ambicioso menor de idade que assassinou a galinha está presente em todos os nossos círculos sociais.

A AMBIÇÃO É O CONJUNTO DE TUDO AQUILO QUE VOCÊ PRETENDE FAZER NA VIDA.

Infelizmente, com a escassez de oportunidades, de condições sociais e econômicas, normalmente optamos pela ambição antes da ética, embora moralmente o correto fosse o contrário. Dependendo da ambição, ficará mais difícil impor uma ética que frustrará nossos objetivos. Assim, há uma óbvia constatação: na maioria das situações, a ambição se torna ganância, típica dos maquiavélicos que consideram que "os fins justificam os meios". O principal, então, é conseguir mais e mais, não importando o que deverá ser feito para alcançar esse resultado.

Quando muitos percebem que não alcançarão seus objetivos, normalmente reduzem o rigor ético, e não a ambição. Daí os que aspiram ter muito dinheiro ou poder fazer coisas horríveis para alcançar seus objetivos. Se tudo que você quer é ter um negócio bem-sucedido, vai pisar nos outros, desrespeitando contratos de trabalho e sonegando impostos. Se tudo que quer é ter seus quinze minutos de fama, você vai renunciar à sua dignidade para conquistá-la.

A ÉTICA FUNCIONA COMO UM FREIO QUE VOCÊ SE IMPÕE NA BUSCA DE SUA AMBIÇÃO.

Portanto, um dos maiores obstáculos para o sucesso se chama ética. Muitos atingiram o ápice do sucesso sem se preocupar com a sensatez, o moralmente aceitável, o bom senso, as leis ou a culpa. Muitas histórias de sucesso deixariam você enojado, mesmo na voz do Cid Moreira.

> MUITOS ATINGIRAM O ÁPICE DO SUCESSO SEM SE PREOCUPAR COM A SENSATEZ, O MORALMENTE ACEITÁVEL, O BOM SENSO, AS LEIS OU A CULPA.

Outra questão é que muitos acreditam que, com muito esforço e dedicação, podem superar desigualdades e injustiças — o bom e velho mito da meritocracia. O sucesso depende mais da sua origem ou sobrenome do que do seu talento. Uma pesquisa feita nos Estados Unidos afirma que nascer em família abastada e ter boa educação garante mais sucesso do que as habilidades ditas natas.[47] Parece meio óbvio, mas algumas pessoas acreditam que podem reverter isso. Não adianta nascer superdotado: se a pessoa vier de uma família que não ofereça o suporte econômico e algum tipo de apoio emocional necessários, isso vai impactar diretamente nos seus resultados mais para a frente. A desigualdade é tão imensa que a maioria não fracassa por nunca ter tido uma oportunidade.

Poucos foram aqueles que superaram essas desigualdades com sua genialidade inexplicável. É o caso do matemático indiano Srinivāsa Rāmānujan. Desempregado, ele começou a rascunhar suas primeiras fórmulas, procurando por matemáticos em sua cidade que pudessem avaliar seus trabalhos. Sem conseguir ajuda, passou a escrever cartas para matemáticos fora da Índia. Em 1913, o professor G. H. Hardy, da Universidade de Cambridge, recebeu uma carta de Rāmānujan com exemplos do seu trabalho, o qual reconheceu como único e genial.

Depois que conseguiu ingressar no ambiente acadêmico, o jovem indiano precisou provar seus teoremas com o devido rigor científico, demonstrando uma capacidade fora do comum e contribuindo para as áreas de análise matemática, a teoria dos números, séries infinitas, frações continuadas, entre outros ramos da matemática, incluindo problemas considerados insolúveis. Ele morreu aos 32 anos de tuberculose, deixando um vasto legado matemático — e você aí se achando especial sem saber nem calcular os 10% do garçom.

Certamente, se Rāmānujan viesse de uma situação social e econômica melhor, ainda teria contribuído mais para a ciência, mas ele não tinha origem

[47] Lee, J. J.; Wedow, R.; Okbay, A., *et al.* "Gene discovery and polygenic prediction from a genome-wide association study of educational attainment in 1.1 million individuals". *Nat Genet*, v. 50, p. 1112-1121 (2018). Disponível em: https://doi.org/10.1038/s41588-018-0147-3.

e sobrenome nobres, o que inviabilizou o tratamento para a doença e ocasionou sua morte, que foi uma imensa perda para a humanidade.

TRABALHE ENQUANTO ELES HERDAM.

Vou usar o conceito da Ilusão do Iceberg para exemplificar. Existem muitos fatores que as pessoas não veem no sucesso, principalmente aquelas que acompanham a jornada de alguém bem de longe. Por exemplo, na imagem a seguir, a ponta do iceberg é o que as pessoas enxergam: prosperidade, glamour, riqueza, patrimônio etc. Mas logo embaixo da superfície existe uma gigantesca massa de gelo que teve de ser construída para que a ponta ficasse visível.

Isso significa que raramente as pessoas veem a herança, a falta de ética, a sonegação de impostos, o uso de mão de obra análoga à escravidão, a grilagem, o crossfit, o dízimo, a offshore na Suíça. Mas foi isso tudo o que fez o iceberg subir além da superfície, e é o que um empresário de significativo sucesso passou; uma série de fases, transformações e luta.

No fim, o que conta mesmo são esses fatores que ninguém vê, que compõem a ilusão do iceberg pelo caminho do sucesso. Nem todos conseguem visualizar a ilusão com tanta facilidade, e para suprir essa dificuldade indico usar o template do PowerPoint do Paraná com a palavra "sucesso" em destaque.

Não há nada de errado em ser ambicioso, desde que se defina cedo o seu comportamento ético. Algum pensador cujo nome esqueci falou que o fracasso e o sucesso são impostores. O sucesso é um impostor no sentido doloso da palavra: caso você o tenha e perca, não saiba lidar com ele ou faça todo o possível para obtê-lo novamente, vai sofrer graves consequências. Já o fracasso é tipo os falsos Patati Patatá: provocam barracos, desmaios e traumas em crianças inocentes.

Com o passar dos anos, a gana pelo sucesso só tende a crescer, pois as necessidades humanas mudam com o tempo. Sua ambição vai se transformando ao longo da vida, e aos poucos você deixa de ser uma criança problemática, passando a ser um adulto cheio de problemas e no fim da vida será um idoso cercado deles.

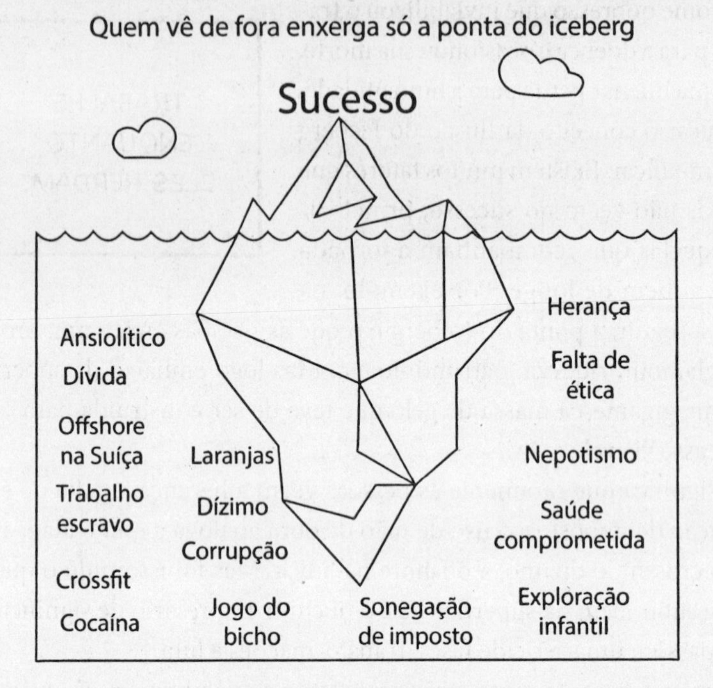

Só acha que o sucesso é o máximo quem nunca foi bem-sucedido. Se alcançar o sucesso em algo lhe traz uma felicidade momentânea, aproveite, mas lembre-se de que é efêmero. Os dois podem até ser impostores, mas o sucesso é eterno enquanto dura e o fracasso ficará eternizado.

Portanto, tenha muito cuidado com promessas de sucesso e de recompensas, principalmente se elas aparentemente não demandam esforço. Nos últimos tempos temos testemunhado um gritante movimento de falsas promessas de sucesso garantido que, de forma indiscriminada, vitima um grande número de pessoas que estão à procura de um lugar ao sol.

> O SOL NÃO NASCE PARA TODOS.

Quem nunca viu um anúncio de "triplique suas vendas na internet com apenas três passos rápidos"; "elimine 20 kg de fezes em uma hora"; "os dez passos para a prosperidade"?

Se isso soa tentador, é porque você tem sérios problemas cognitivos ou está buscando a qualquer custo alcançar seu objetivo, o que dá no mesmo.

Em diversos setores da nossa sociedade encontramos pessoas sem ética e sem escrúpulos: na política, nas forças policiais, na medicina, na engenharia, na educação, em ONGs ou até nos berçários. Quando um político anda com dinheiro de propina dentro da cueca, quando um policial corrupto é pego por tráfico de armas, um médico vende atestado ou um engenheiro faz um laudo falso, toda a sociedade sofre as consequências desses atos irresponsáveis, de forma direta ou indireta.

Entretanto, quando se trata da ambição das pessoas, dos sonhos, objetivos, desejos que envolvem diretamente questões financeiras, padrões de beleza ou autoestima, quando esse suposto profissional é antiético, causa consequências desastrosas para outros. Isso porque ocorre a venda do ideal, do sonho, da felicidade, do sucesso e de seus atributos. Ninguém vende o fracasso; a melancolia não dá Ibope.

Quando se trata de pessoas que não têm noção de ética ou são indiferentes a ela, que têm uma ambição inversamente proporcional aos seus valores morais, eis que surgem os oportunistas. Pessoas que prometem resultados milagrosos, fórmulas mágicas e entregam nada ou muito pouco comparado aos problemas que em tese estavam dispostas a resolver. Os picaretas se aproveitam, principalmente de pessoas fragilizadas que, ao vislumbrar o arco-íris, fazem o possível para chegar ao pote de ouro. E esse pote de ouro, na verdade, é um balde cheio de merda.

Coaches, influenciadores, gurus, vendedores de infoprodutos e mentores se aproveitam dessa busca doentia por um método para alcançar o sucesso de forma mais rápida e sem esforço. Isso ajuda a pregar a falsa promessa em seus seguidores, clientes ou adeptos; todos passam a mesma mensagem, se aproveitam do sucesso e de seus atributos como um produto com subprodutos. Muitos até se utilizam dos famosos esquemas de pirâmide, não as do Egito nem as dos incas. São muitos nomes com a mesma atitude, só muda o rótulo. A falta de vergonha na cara é a mesma.

Duvide de qualquer promessa que tenha retorno garantido. Todo tipo de investimento (tempo, esforço ou dinheiro) tem os seus riscos, em menor ou maior escala. Por isso, propostas que garantem retorno fácil devem ser analisadas com muito cuidado. É como aquele match no Tinder com uma divindade grega: horas depois vocês vão ao motel, e, caso você acorde, percebe que podem ter tirado de você não apenas dinheiro, mas inclusive um rim.

Nada que você faça vai garantir sucesso imediato. Esqueça os falsos profetas, as falsas promessas e os atalhos. Foque na consistência do fracasso. Ouvimos sempre uma ladainha, uma narrativa doentia, de que somos obrigados a buscar algo, o sucesso, que ele deve ser conquistado. Especialmente em um cenário de crises econômicas, com elevada competitividade, ouvimos que é preciso ter foco e determinação para nos destacarmos entre os concorrentes e conquistar nosso espaço.

Esses cenários transformam a busca, que já é complexa, em algo extremamente difícil e mais perigoso do que você imagina, corroborando os altos índices de problemas relacionados à saúde mental.

Não há níveis saudáveis para quem deseja alcançar o sucesso a qualquer custo — uma hora ou outra você terá um esgotamento mental ou um oficial de justiça batendo à sua porta. Conviver na luta pelo sucesso — seja para alcançá-lo ou mantê-lo — o faz deixar a saúde de lado e acabar se tornando apenas mais um dado relativo às pessoas que são acometidas por algum transtorno de saúde (físico ou mental).

Essa visão desenfreada e autoexigente desencadearia, no mínimo, uma síndrome de burnout. Reconhecer o significado que o sucesso tem em sua vida é fundamental, porque assim pode desistir daquilo que faz sentido para você em vez de ir atrás de coisas que são importantes para outras pessoas. Esqueça essa busca: mais importante do que procurar o sucesso é reconhecer o fracasso.

O grande desafio para o que sobrou dessa geração e das próximas será a construção de uma nova cultura que tire o foco dessa luta desesperada cujo objetivo é o alcance da prosperidade. Não se deve buscar uma "ressignificação" da definição do sucesso, e sim entender seu real significado em todas as esferas da vida para que você seja um fracassado que pelo menos tenha saúde e não seja preso.

"O sucesso é uma das consequências negativas do fracasso."

TRABALHE COM O QUE VOCÊ AMA E NUNCA MAIS VAI AMAR NADA.

TENHA FORÇAS PARA DESISTIR

"Mesmo com tantos motivos
Pra deixar tudo como está
Nem desistir, nem tentar
Agora tanto faz
Estamos indo de volta pra casa."[48]

Ao fazer uma busca no Google usando a palavra-chave "desistir", você vai encontrar coisas do tipo: "desistir não é opção"; "nunca desista"; "desistir nunca"; "você pode tudo menos desistir"; "só desista de desistir"... São tantos exemplos que eu até desisti.

E não é só na internet que as mensagens se multiplicam dizendo que a fraqueza maior está em desistir e que o caminho mais certo é sempre tentar mais uma vez. Seja lá o que você esteja fazendo, sempre tem um vídeo do

---

[48] POR enquanto. Intérprete: Cássia Eller. Compositor: Renato Russo. *In:* CÁSSIA Eller. [*S.l.*]: Polygram, 1990. Faixa 8.

Raul Seixas tocando "Tente outra vez" em alguma mensagem de amigos. Isso abrange praticamente todas as pessoas e todos os locais.

Recentemente até mesmo os absorventes íntimos são vendidos com frases motivacionais. Só lembrando que Raul estava completamente fora de si quando escreveu essa música; provavelmente sóbrio.

D~~R~~ESISTA

Imagino que a grande maioria das pessoas tenha a mesma ideia sobre o ato de desistir de algo: a sociedade enxerga essa decisão como algo ruim, relacionado à fraqueza, à covardia e ao fracasso. Quantas vezes você decidiu que finalmente ia começar alguma coisa e acabou largando algumas semanas depois? Talvez dias, horas, minutos ou milésimos de segundos depois? Desistiu de coisas triviais como beber mais água, dormir mais cedo, ler um livro, escovar os dentes, fazer a prova da OAB, ir para a academia, parar de fumar, peidar em público, dar uma opinião imbecil, fazer hemodiálise, fazer um aborto ou comprar o Twitter. Até mesmo em situações mais complexas como casamento, carreira (profissional ou canudo), almoço em família, comprar um carro, votar, jogar na Mega-Sena acumulada.

No começo dos anos 2000, um livro foi muito abordado em palestras corporativas e acabou virando modinha entre coaches: *Quem mexeu no meu queijo?*, de Spencer Johnson. Fui obrigado pelo RH da empresa onde eu trabalhava na época a assistir a vários treinamentos de recursos humanos sobre esse livro em 2008. Eram mais de duas horas de palestra que não serviam de nada, exceto pelo *coffee break* — que não tinha bolinha de queijo.

AMANHÃ VOCÊ VAI DESEJAR TER DESISTIDO HOJE.

Anos depois, li esse livro com mais calma e compreendi a metáfora. Basicamente o ratinho, que não é o apresentador, quer o seu queijo. O estoque de queijo do lugar onde ele vive está acabando. Ele pode ir para outro lugar enfrentar riscos, buscar e talvez encontrar mais, ou pode ficar no mesmo lugar se lamentando pelo queijo que está quase acabando. Moral da história: o controle de ratos é chamado de desratização, e é nesse sentido que vou usar aqui a ideia de desistir.

Todos passamos por desapontamentos quando não atingimos nossos objetivos, mas haverá um número muito maior deles pelo simples fato de não desistirmos. Como aquele projeto que não sai da fase inicial — sempre será um projeto —, aquele sonho de infância, que, na verdade, mais parece o labirinto — ou o Octógono — do Minotauro. Há anos você insiste em equilibrar um relacionamento que permanece na corda bamba — "O bêbado e o equilibrista"; faz tanto tempo que espera uma promoção na empresa e não tem coragem de mudar, afinal depois desse tempo todo a melhor promoção é uma demissão. Você conhece esses enredos e pode estar diante de um ou de todos eles neste exato momento.

Se você se identificou com algumas das situações acima, certamente não está só. Isso porque você é uma pessoa normal como outra qualquer, que tem vontade de desistir. Muitas vezes você até já pensou em desistir, mas, ao contemplar o espelho, tomar um susto e ver um fracassado, acaba optando por continuar, na vã crença de que pior do que está não fica.

Ver-se como um fracassado não é nada perto do que você vai sentir com o julgamento moral das pessoas, principalmente das mais próximas. Você morre de medo do julgamento dos outros e das suas detestáveis perguntas: "Não acredito! Você vai desistir?"; "Vai desistir do projeto?"; "Mais uma relação fracassada?"; "Não deu certo o emprego?"; "Vai dar para trás no seu sonho de ser youtuber?".

O problema é que esse padrão de continuar sempre tentando acaba nos perseguindo em praticamente quase todas as questões da vida, assim como os convites para fazer o cartão C&A. São raras as exceções, e um grande exemplo é quando um homem brocha: é mais fácil ele inventar várias desculpas esdrúxulas do que tentar novamente, admitir que está com o psicológico abalado ou até mesmo que não está à vontade.

DESISTIR É UM ATO DE CORAGEM.

Desistir é uma palavra forte para muitas pessoas, ligada à ideia de fracasso, fraqueza, incapacidade, e muitos têm uma verdadeira fobia irracional dessa atitude.

Chega a ser meio trivial compreender de onde vêm todo esse medo e os outros sentimentos envolvidos quando se pensa nessa possibilidade. É só observar ao seu redor e perceber que há diversas regras sociais, culturais e econômicas que implicitamente ensinam que é proibido desistir.

Em tempos de *just do it* — "querer é poder — basta fazer" — sempre que você pensa em desistir de algo, surge um cartaz na sua frente dizendo #VaiDarCerto; pode ser até mesmo um absorvente ou uma lata de achocolatado. E nesse momento tudo de ruim se mistura, porque nem a chance de ir ao banheiro ou de fazer um brigadeiro em paz você tem mais. É a positividade tóxica, o medo de ser visto como um fracasso, a ambição exacerbada pelo sucesso e, lógico, os aproveitadores travestidos de camelôs de sonhos.

Em muitos conteúdos de motivação, autoajuda e palestras de coaches existe uma formulação padrão, um slogan, segundo o qual o segredo do sucesso é a persistência. Essa afirmação por si só já é extremamente questionável, e se torna ainda mais absurda porque nem mesmo trata do fato de que desistir é no mínimo igualmente importante.

A ideia absurda de que você deve perseguir os seus sonhos a todo custo tornou-se um mantra da contemporaneidade — essa maratona infinita que você precisa correr para alcançar seus sonhos, seguindo por um caminho e se mantendo nele independentemente do que acontecer.

Diante de todas as pressões, cansaço, dificuldades e obstáculos, apregoam que você deve ter perseverança e persistência. Nos livros de autoajuda: "Desistir não é uma opção". Chega aquele amigo cheio de positividade tóxica e diz: "Tudo vai dar certo no fim. Se não deu ainda é porque o fim ainda não chegou". Para piorar, você entra no Instagram e vê um coach de vida dizendo que o seu fracasso aconteceu porque você não se empenhou o suficiente.

Fala-se muito que foguete não dá ré. Tem muita gente que fala isso e, ao engatar a ré no carro automático com sensor de estacionamento (câmera, alarme sonoro e flanelinha), bate o carro; imagine se estivesse dirigindo um foguete. Eu fico imaginando, pois, já que o foguete "não tem ré", essa pessoa nunca mais iria voltar ao nosso convívio. Quem fala isso com certeza também não conhece o Falcon 9, foguete da Space X que, após ser lançado em órbita, retornou e pousou em uma balsa-drone.

Entendo que existem momentos em nossa vida aos quais não podemos voltar, como na sala de cirurgia após a anestesia geral. É o caso quando você entra num foguete, mesmo que imaginário, que tem um destino traçado. Ele segue em frente numa direção completamente errada em relação ao destino final e, sem ré, olhar para trás não é mais uma opção, pois você nunca voltará ao estágio inicial depois desse trauma.

VÁ E, SE DE DER MEDO, VOLTE.

Se você quer buscar seus objetivos, vá, mas nessa busca não fique alienado quanto ao que acontece à sua volta, afinal, nada existe fora da realidade, e, diferente do que imagina, ela muda. De certa forma, mudamos juntamente com ela. O que desejamos hoje poderá ser completamente diferente amanhã; mudamos o tempo inteiro para permanecer os mesmos.

As razões para essa transformação no nosso modo de perceber pessoas e situações são as mais variadas: por vezes nós é que esquecemos nossas aspirações e descobrimos que não temos talento suficiente para continuar tentando, ou as ocasiões simplesmente seguem em direções diferentes das que havíamos previsto.

Quando a realidade contrapõe a expectativa que tínhamos, surge um conflito e talvez um questionamento angustiante: insistir ou desistir? O fato é que, muitas vezes, depois de anos de busca de uma peça do quebra-cabeça que faltava em nossa vida, descobrimos que ela já não serve mais e que já perdemos quase todas as outras peças do quebra-cabeça do Gugu ou da Angélica lançados pela marca Estrela, em 1996.

A ditadura da persistência, resistência e não desistência acaba alimentando sonhos impossíveis e habita o metaverso e universos paralelos que não existem. Estudos apontam que somos programados para sempre continuar tentando, caminhando em frente, o que faz muito sentido, pois, por mais incrível que pareça, nossos pés estão apontados para a frente, diferentemente do Curupira, que tem os pés virados para trás — e o pior de tudo é que ele tem dois pés esquerdos.

A persistência foi muito importante para a evolução humana. Antigamente, um caçador, por exemplo, precisava continuar se o seu objetivo era caçar animais para alimentar a si próprio e a sua família. Um exemplo mais próximo do nosso dia a dia é o cliente que vai até a boca de fumo, onde adquire certa quantidade de droga diretamente com o traficante, ou até mesmo por delivery.

Por falar em drogas, outro exemplo de pessoas que abusam da persistência são os empreendedores deste país. Fatores como a alta carga tributária, a ausência de estímulo de crédito, a alta e desleal concorrência, a dificuldade na gestão de pessoas e na gestão financeira, a ausência de uma legislação trabalhista moderna, que proíba o trabalho análogo à escravidão, juntamente com a burocracia para obter o CNPJ, são fatores que convenceriam qualquer pessoa normal a nunca inventar de empreender no Brasil.

NÃO EXISTE CEO DE MEI.

Outro exemplo poderia ser uma pessoa que tem o sonho de fazer medicina. Estudante de escola pública, trabalha para ajudar os pais, estuda mais de dez horas por dia, faz o Enem, tenta entrar em mais de quinze universidades ao redor do país, passa em uma que fica em outro estado, longe da família, e normalmente não tem como custear a moradia nesse local, não desiste de passar em alguma universidade mais próxima no ano seguinte até provavelmente desistir da medicina e ingressar em outro curso. Bem diferente da classe AAA+, que, ao desistir, vai fazer intercâmbio ou tirar vários anos sabáticos na Europa.

O problema é quando a persistência se torna repetitiva a ponto de atrapalhar a rotina e de gerar sentimentos de frustração, raiva, culpa e inadequação, além de compulsão (por comida, pensamentos negativos, compras) e de sintomas físicos como tensão muscular e dores de cabeça e no corpo. Se você está sofrendo com a persistência, veja algumas ideias de como superá-la:

- ✓ NÃO TENHA OBJETIVIDADE EM RELAÇÃO AO QUE E COMO FAZER: É COMUM SE EMPOLGAR COM UMA IDEIA, DAR OS PRIMEIROS PASSOS PARA REALIZÁ-LA E DEPOIS TORNAR ESSA ATIVIDADE COTIDIANA. PARA EVITAR QUE ISSO ACONTEÇA, FAÇA UM PLANEJAMENTO NADA REALISTA DAS METAS QUE DESEJA ALCANÇAR.
- ✓ SUAS METAS E EXPECTATIVAS SÃO MUITO BAIXAS: ESTABELEÇA METAS ALTÍSSIMAS E CRIE EXPECTATIVAS MAIORES SOBRE ELAS. EXEMPLO: COMEÇAR UMA DIETA PENSANDO EM PERDER 40 KG EM DOIS MESES É RECEITA QUASE CERTA PARA ACABAR DESISTINDO. ASSIM COMO ABRIR UM PERFIL NAS REDES SOCIAIS, VIVER DISSO, GANHAR DINHEIRO E BILHÕES DE SEGUIDORES COM UM CANAL SOBRE MAPAS CARTOGRÁFICOS. É IMPORTANTE CONSIDERAR QUE ISSO VAI ACONTECER DE UM DIA PARA O OUTRO.
- ✓ SEJA METÓDICO: SE VOCÊ NÃO É, PELO MENOS FINJA SER, POIS ASSIM TENDEMOS A DESISTIR COM MAIS FACILIDADE DAS COISAS, ACREDITANDO QUE SÓ EXISTE UM MODO CERTO DE REALIZAR AS COISAS. SE ESTÁ FAZENDO ALGO QUE NÃO DEU CERTO, NÃO TENTE DE OUTRA FORMA.
- ✓ CONCENTRE-SE NO RESULTADO, NÃO NO PROCESSO: ALGUMAS PESSOAS PRECISAM DE UMA RECOMPENSA RÁPIDA PARA SE ENGAJAR EM UMA ATIVIDADE; UMA SAGA DE CANDY CRUSH ÀS VEZES JÁ BASTA. SE VOCÊ EMAGRECEU MEIO QUILO ESTA SEMANA, COMEMORE COMENDO UMA PIZZA INTEIRA. O RISCO DE DESISTIR É GRANDE QUANDO A GENTE ACHA QUE A PRIMEIRA AULA DE UM CURSO NÃO FOI MUITO BOA, CONSEGUIMOS UM SALÁRIO PEQUENO NAS PRIMEIRAS DÉCADAS DE TRABALHO E EMAGRECEMOS SÓ ALGUNS GRAMAS NA PRIMEIRA SEMANA DE DIETA.
- ✓ NUNCA ESQUEÇA QUE VOCÊ ESTÁ CANSADO: NÓS GOSTAMOS DA FACILIDADE E DE EVITAR ESFORÇOS DESNECESSÁRIOS, AINDA MAIS DEPOIS DE UM DIA CHEIO. DIANTE DO IMPULSO DE DESISTIR DE ALGO QUE ESTAVA PLANEJADO, TENTE PERCEBER PENSAMENTOS, EMOÇÕES E REAÇÕES FÍSICAS. UM EXERCÍCIO DE RESPIRAÇÃO CONSCIENTE PODE SER UMA MANEIRA DE ATIVAR A REGIÃO DO CÉREBRO RESPONSÁVEL PELA TOMADA DE DECISÃO DE DESISTIR.

PENSO, LOGO DESISTO.

Independentemente da área da nossa vida, qualquer mudança gera uma crise e nos obriga a sair de uma situação da qual achamos que temos controle e partir para um total desconhecido, e nunca estamos preparados para enfrentar a turbulência. Até mesmo quando a insatisfação é grande, o movimento de buscar o sucesso e assumir riscos para tal atividade distorce a nossa avaliação e contribui para que subestimemos o desconforto. Todo obstáculo pode ser visto como um desafio, mas e se você não estiver disposto a enfrentá-lo? Todo ser humano tem seu limite de aceitação, compreensão e tolerância determinado pelas experiências prévias.

Se você chegou até aqui, já deve ter percebido e entendido que com o tempo o fracasso vai nos proporcionando a capacidade de saber mudar de ideia, alterar objetivos, desistir de sonhos que um dia pareceram importantes. Isso acontece com todo mundo que se predispõe a aceitar o fracasso, é da nossa natureza e, na maioria das vezes, é resultado de inúmeras circunstâncias das quais não temos controle algum.

O que está em questão não são os seus objetivos, e sim a sua obstinação para obtê-los. Preste atenção: haverá muitas pedras no caminho, então cuidado para não tropeçar nelas. Esteja atento às mudanças da realidade ao redor e principalmente a você.

Se você notar mudanças significativas, considere que o caminho já não faz sentido (nunca fez, na verdade); não existe nenhum problema em desistir. Diante da dúvida, seja ela qual for, reflita sobre o sofrimento que a situação atual está lhe causando. Não é preciso esperar que os sonhos, os projetos ou as relações o destruam antes que você desista deles.

TEMPOS DIFÍCEIS CONSTROEM PESSOAS SEQUELADAS.

O fracasso iminente ou a intuição de que algo não vai bem não são as únicas razões para você desistir. Se você se propõe a algo e isso está lhe exigindo sacrifício, dor e frustração, tirando a sua paz, debilitando sua saúde ou a satisfação de viver, esses são motivos suficientes para desistir.

Muitos vão tentá-lo, dizendo que esses sacrifícios de agora são para conquistas no futuro. Acreditar nisso é a receita para o desastre, uma das piores lições que nos é ensinada e que precisa ser desmascarada. Afinal, se você gasta toda a sua energia física e mental na tentativa de cumprir metas e alcançar objetivos — uma carreira de sucesso, uma relação, um empreendimento —, a sua vida só tende a se deteriorar.

Há uma hora certa de desistir? Como saber qual é o momento certo de parar de tentar? É lógico que existe a hora certa de desistir, mas saber o momento certo para parar de tentar vai variar a cada caso. Perceber a hora de desistir é fundamental em muitos aspectos da vida, seja em um relacionamento amoroso ou em um emprego: ambos não satisfazem e não oferecem oportunidades de crescimento.

> SE VOCÊ PODE SONHAR, PODE DESISTIR.

Deixar alguma coisa pela qual você não batalhou e que nem fez questão de ter já é bastante complicado; imagine desistir de algo que você acredita verdadeiramente que vai mudar a sua vida. Mais desafiador ainda é saber qual o melhor momento para fazer essa escolha.

Desistir no momento ideal é necessário para preservar o que lhe resta de equilíbrio emocional e evitar outros tipos de prejuízos.

A seguir, destaco cinco tópicos que vão ajudá-lo a desistir no momento certo:

1. **REFLITA ATÉ DESISTIR: NÓS GOSTAMOS DE TER CERTEZAS, MESMO SABENDO QUE TUDO É INCERTO, E ISSO PODE FAZER AS PESSOAS ACREDITAREM NO MITO DA ESTABILIDADE. SEJA NO RELACIONAMENTO, NO EMPREGO, NA CARREIRA OU EM QUALQUER OUTRA SITUAÇÃO DA VIDA, ACREDITAR QUE ESTÁ EM UMA SITUAÇÃO ESTÁVEL É SE ENGANAR PARA NÃO TER QUE LIDAR COM AS INCERTEZAS. NINGUÉM TEM**

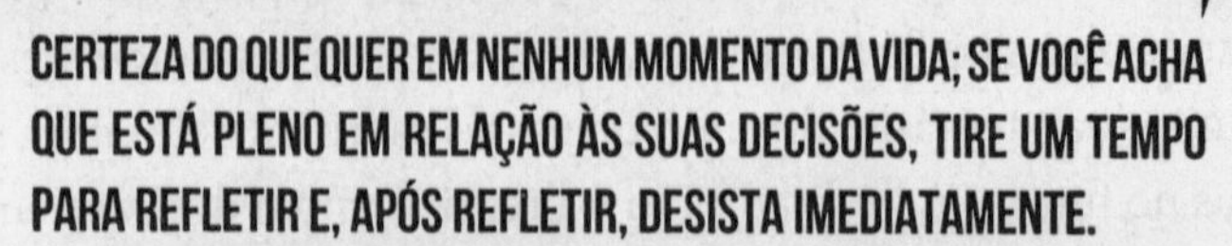

CERTEZA DO QUE QUER EM NENHUM MOMENTO DA VIDA; SE VOCÊ ACHA QUE ESTÁ PLENO EM RELAÇÃO ÀS SUAS DECISÕES, TIRE UM TEMPO PARA REFLETIR E, APÓS REFLETIR, DESISTA IMEDIATAMENTE.

2. SUAS ESCOLHAS REFLETEM SUAS CAPACIDADES: SE VOCÊ JÁ ESTAVA ENGANADO COM AS SUAS ESCOLHAS, CHEGA O MOMENTO DE PERCEBER QUE NÃO EXISTE ALINHAMENTO ENTRE O SEU QUERER, A REALIDADE E AS SUAS COMPETÊNCIAS. NESSE CASO, É MELHOR NEM TENTAR.
3. OS PRÓS E OS CONTRAS DE DESISTIR: FAÇA UMA LISTA APONTANDO TODOS OS PONTOS POSITIVOS E OS POSSÍVEIS PONTOS NEGATIVOS PARA FAZER UMA ANÁLISE DOS DANOS E GANHOS QUE A DESISTÊNCIA PODERÁ OCASIONAR. APÓS FAZER A LISTA, CORTE, ENROLE E COLOQUE EM DOIS POTES (PRÓ E CONTRA) PARA FAZER UM SORTEIO. JOGUE AS AMOSTRAS DO POTE "CONTRA" NA PRIVADA E DÊ DESCARGA. DEPOIS, FAÇA O SORTEIO HONESTO COM OS PAPÉIS DO POTE QUE RESTOU.
4. VOCÊ NÃO TEM O MESMO ENTUSIASMO: QUANDO ALGUÉM ESTÁ SE SENTINDO FELIZ E SATISFEITO COM O QUE ESTÁ FAZENDO, É PURA FALTA DE ATENÇÃO — A PESSOA ESTÁ TÃO DISTRAÍDA COM OUTRAS COISAS QUE SE MANTÉM FELIZ E ENTUSIASMADA. AO PERCEBER O ERRO E O TERROR QUE AQUELES SENTIMENTOS ESTAVAM LHE CAUSANDO, CONSIDERE QUE O MAIS SAUDÁVEL PARA O SEU EMOCIONAL É DESISTIR IMEDIATAMENTE.
5. OUÇA A SUA VOZ INTERIOR: MUITOS OUVEM UMA VOZ INTERNA NESSES MOMENTOS DE DECISÃO SOBRE DESISTIR. CUIDADO, PODE SER ESQUIZOFRENIA OU O BOM SENSO FALANDO SOBRE O QUE É CERTO E ERRADO. TODOS SABEMOS QUANDO ESTAMOS FAZENDO ALGO ERRADO, PERSISTINDO QUANDO O CORRETO SERIA DESISTIR. NÃO É FÁCIL OUVIR NOSSA VOZ INTERIOR; É PRECISO PRATICAR TODOS OS DIAS COLOCANDO O OUVIDO DIRETAMENTE NA PONTA DO COTOVELO E MANTENDO A MENTE ABERTA PARA ANALISAR SUAS AÇÕES DE MANEIRA PRAGMÁTICA E DESISTIR NO MOMENTO CERTO.

Quando você não desiste de algo que está causando dor, apenas adia e piora mais a situação acreditando cegamente que haverá um final feliz. É meu dever e minha obrigação lhe informar que você está muito equivocado. Você nunca será feliz, mesmo que alcance os objetivos pretendidos — o que é quase improvável, já que a vida não é um conto de fadas da Disney, e sim um conto dos irmãos Grimm, em que algum monstro engole você. Foi tanta dor e sofrimento que isso que você está sentindo, achando que é felicidade, talvez seja apenas uma sensação de alívio. Basicamente a mesma sensação de quem faz uma harmonização facial e fica com aquela cara plastificada.

Não tem meio-termo, não existe meia desistência, assim como não existe meia gravidez ou meia vasectomia. É uma decisão complicada suportar a dor por insistir ou aguentá-la por desistir, mas, uma vez analisados os fatores e tomada a decisão, pode ser necessário conviver com aquela situação ruim por um tempo, até que seja possível colocar em prática uma estratégia para você desistir de uma vez por todas.

SE FOR PARA DESISTIR, DESISTA DE TENTAR.

Todos se sentem inseguros com suas decisões, carreiras, corpos, investimentos, e é exatamente essa a dualidade em que vivemos na era da insegurança, que valoriza a coragem e a persistência. A coragem é uma virtude que você não deve confundir com burrice, raiva ou falta de motivação. Na maioria das vezes, desistir demanda muito mais coragem do que continuar.

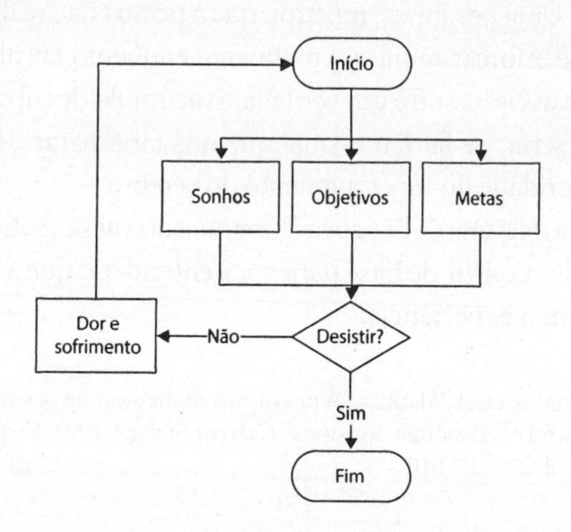

Você não é o Pequeno Príncipe tóxico, que afirma que tu és eternamente responsável por aquilo que cativas; você é o executor das suas decisões. Quer desistir? Desista. Você vai sentir um grande alívio se estiver passando por alguma situação que esteja lhe causando angústia. E, caso esteja apenas fugindo das suas responsabilidades, vai sentir o mesmo alívio, só que acompanhado de um peso na consciência.

Quando resolver abandonar um emprego ou relacionamento, não fique triste: há várias pessoas que sonham com isso diariamente. Orgulhe-se, mas não muito, pois essas escolhas significam que você fez uma avaliação e chegou à conclusão de que a situação o estava consumindo de modo muito intenso, seja na esfera psíquica, emocional ou financeira, tornando impossível manter tal situação.

São escolhas de quem amadureceu e sabe que desistir é muito difícil, tão ou mais complicado do que investir. Ao fazer essa escolha muito mais difícil que a do editorial do *Estadão*, porém acertada, você passará a entender que é muito mais justo consigo mesmo assumir o que não pode fazer ou já não consegue continuar de forma adequada. Não ser negacionista do óbvio já melhora bastante sua vida.

> **FRACASSAR NÃO É O FIM. RECOMECE E FRACASSE ATÉ DESISTIR.**

Haverá situações muito complexas em que a decisão de desistir não será nada fácil. Você pode ser acometido de uma fadiga, pois pensar muito também é capaz de intoxicar o cérebro — assim como o Marlboro, o Derby, o lança-perfume ou o hambúrguer do McDonald's. Uma pesquisa[49] mostrou que a pessoa que realiza um trabalho cognitivo, por se esforçar muito mentalmente enquanto faz alguma atividade ou toma alguma decisão, sofre um verdadeiro acúmulo de substâncias nocivas. Então, a fadiga seria, de fato, um sinal que nos faria parar de trabalhar para preservar a integridade do funcionamento do cérebro.

Após tomar a decisão, você provavelmente não vai se sentir bem, e as fases do fracasso podem servir de base para você entender o que aconteceu, desde que aprenda com a experiência.

---

[49] WIEHLER, Antonius; et. al., Mathias. "A neuro-metabolic account of why daylong cognitive work alters the control of economic decisions". *Current Biology*, 2022. Disponível em: https://doi.org/10.1016/j.cub.2022.07.010.

Com o tempo, vem o alívio, mas sempre surge a vontade de se lamentar, principalmente pelo tempo perdido. Não pelo tempo em si, mas pelas vezes que você ouviu a música da Legião Urbana achando que ia ajudar em algo.

Lembre-se de que toda experiência gera no mínimo um aprendizado. Da próxima vez, você vai desistir até mesmo sem tentar. Além disso, vai passar a entender que todo fim traz a impossibilidade de um recomeço, pois o recomeço é uma nova oportunidade que cada um de nós tem para fazer algo pior do que havíamos planejado. Aprender a fracassar e saber desistir no momento certo é fundamental para perceber mudanças de percurso que nos preparam para atingir nossos mais nobres fracassos.

Permita-se desistir: tenha forças para DESISTIR. Na maioria das vezes, desistir é um ato de coragem, nas outras vezes é só falta de noção mesmo. Em muitas situações na vida passamos por diversos conflitos, e muitos desses momentos não têm solução. E, para aqueles em que há uma solução, você é o problema da solução. Assim, se torna cada dia mais necessário entender quais são os seus limites, por quais caminhos você irá fracassar e por quais caminhos você não deve nem começar. A sua vida é feita de escolhas, e cada escolha é a oportunidade de um novo fracasso. Cada fracasso, uma nova tentativa, e cada tentativa uma nova oportunidade para fracassar. Um ciclo. Porém, com o tempo você deveria aprender a desviar de situações que lhe causam dor, sofrimento, angústia, decepções e frustrações. Fuja desse relacionamento que acabou faz tempo, procure um novo emprego onde o RH não se meta com coach, não seja reprovado naquele concurso (é só não se inscrever). Abrace suas limitações; você não sabe quão limitado você é, e reconhecer isso é um passo para um futuro diferente, porém igual.

NÃO DESISTA AMANHÃ, SE VOCÊ PODE DESISTIR HOJE.

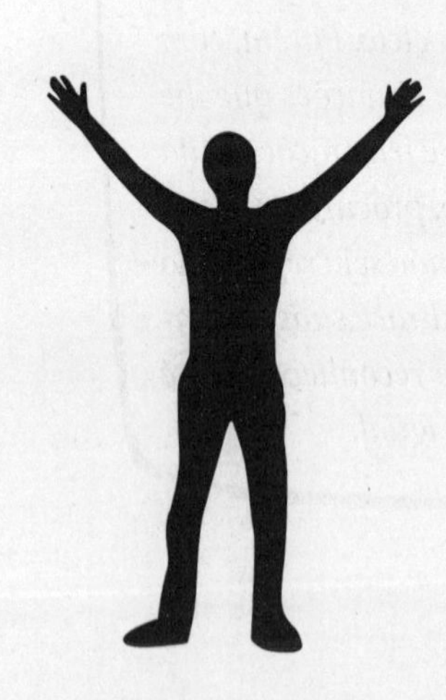

PRODUTIVIDADE: UMA PATOLOGIA

"Estou cansado, é claro,
Porque, a certa altura, a gente tem que estar cansado.
De que estou cansado, não sei:
De nada me serviria sabê-lo,
Pois o cansaço fica na mesma.
A ferida dói como dói
E não em função da causa que a produziu.
Sim, estou cansado"[50]

Há diversos mitos no ambiente corporativo; é quase a junção da mitologia egípcia com o folclore brasileiro — Compadre Washington ia gostar dessa mistura do Brasil com o Egito. Essas fantasias normalmente são expostas na forma de missão, visão e, principalmente, de valores de uma empresa. Neste livro, já tratei de outros desses mitos, como a meritocracia, a competência e a ética, mas este capítulo é dedicado a abordar o mito da produtividade e o

[50] PESSOA, Fernando [Álvaro de Campos]. "Estou cansado". *In: Poesias de Álvaro de Campos.* Lisboa: Ática, 1944 (impr. 1993).

fato de que esse mal deve ser diagnosticado o mais breve possível. O primeiro passo é adentrar o terrível submundo da produtividade.

Muitas pessoas ralam horrores no trabalho, na vida acadêmica, *rala ralando o Tchan aê*, e literalmente vão se matando de trabalhar, achando que são produtivos. De forma bem resumida, ser produtivo é fazer o seu trabalho de oito horas em cinco e não trabalhar oito horas e depois fazer mais seis horas extras — o nome disso é se matar de trabalhar, não confunda com ser *workaholic*, que nada mais é do que um idiota que trabalha demais e ainda se vangloria disso. Sabe aquelas três horas que sobram quando somos produtivos? Siga a dica da Marta Suplicy: relaxa e goza.

Seus resultados, seu crescimento e sua carreira estão diretamente relacionados à sua produtividade? Se sua resposta foi "sim", sinto pena de você e lamento profundamente a sua postura, ou talvez você tenha sido enganado e nem saiba. Você que respondeu "não" já deve ter percebido que seus resultados, seu crescimento e sua carreira não têm nenhuma correlação com quão produtivo ou improdutivo você é ou já foi. Se respondeu "talvez" ou não tem a mínima ideia, parabéns; é importante admitir a ignorância nesses momentos.

Como professor de procrastinação estruturada, tema do próximo capítulo do livro, venho ajudando milhares de pessoas a se tornarem menos produtivas, menos organizadas e capazes de executar seu trabalho para gerar os mesmos resultados no mesmo ou em mais tempo.

> A MAIOR MOTIVAÇÃO É O DESESPERO.

O termo "produtividade" infelizmente vem se tornando cada vez mais popular. Antes, era algo voltado mais para o setor industrial, sendo basicamente a relação entre o que foi produzido e os recursos utilizados para sua produção ou confecção.

Com o tempo, a produtividade foi meio que adentrando outras áreas, mas inconscientemente as pessoas ainda pensam nessa relação básica oriunda do setor produtivo, e isso é apenas umas das causas pelas quais ela está se tornando tão tóxica quanto um Faria Limer andando de patinete — exceto se for o Boça (do programa *Hermes e Renato*).

Para a internet, os blogs e os coaches, isso é um prato cheio, um Duralex fundo inquebrável da sua avó, meio marrom, no qual você tomava mingau. Hoje você abre o Instagram e lá estão as frases motivacionais sobre produtividade. Abre o Twitter e as encontra, timidamente. No LinkedIn nem se fala: a cada dois posts dez são frases de pessoas contando sua técnica, método ou fórmula para obter a tal produtividade.

Será que os discursos de coaches de produtividade, cheios de falas insensatas, funcionam? A curto prazo, pode até ser que eles tragam algum resultado e você acabe se empolgando, achando que encontrou a solução para os seus problemas, mas a longo prazo perceberá que você é o maior problema das suas soluções.

É importante explicitar de qual produtividade estou falando. Em um de seus significados mais utilizados na atualidade, produtividade é a relação entre a capacidade de produção e o tempo determinado; é uma informação que pode dizer respeito a uma empresa, instituição, time ou qualquer sujeito que atue em prol de algum resultado.

Porém, quando a produtividade entrou em áreas nas quais mensurá-la é difícil ou apresenta um caráter subjetivo, a ordem passou a ser produzir, de manhã, de tarde ou de noite, sem poder parar. Muitos de nós somos avaliados por metas e infelizmente atrelamos diversos objetivos de vida a esses resultados. Assim, a produtividade acaba se tornando uma necessidade a ser alcançada constantemente, e quando não atingimos esse objetivo nos sentimos culpados e aceitamos "pacificamente" nossa estagnação.

> VOCÊ É O MAIOR PROBLEMA DAS SUAS SOLUÇÕES.

O mito da produtividade é acreditar que é possível ser sempre produtivo, a todo momento. O maior problema dessa ideia é que ela associa o nosso valor exclusivamente àquilo que entregamos, seja no trabalho, em casa ou na universidade — o tempo não pode ser desperdiçado.

Apesar de ser cada vez mais comum, esse raciocínio não é nada saudável nem sustentável, pois muitos não dão a devida importância ao descanso mental, a ter um momento sem fazer nada, apenas deixando os pensamentos passarem, ou simplesmente aproveitar uma tarde de sol em plena quarta-feira para jogar basquete de praia, assistir ao *Chaves* ou ler as fofocas da Ilha de Caras dos anos 1990.

Neste mundo cada dia mais competitivo, onde só se pensa em lucro, manter a produtividade sempre alta é uma exigência muito comum nas empresas, sejam elas grandes, start-ups ou em CNPJ de bodega. Você nunca deve ter se perguntado se essa prática é realmente possível e saudável.

Você já deve ter ouvido ou visto em alguma rede social aquela famosa frase: "Trabalhe enquanto eles dormem." Essa afirmação irresponsável traz uma ideia perigosa, de que basta negligenciar o sono e trabalhar mais do que os outros para conquistar os seus objetivos profissionais, alcançar o sucesso e a prosperidade. Não preciso nem comentar quão nociva e doentia é essa frase. Não faça isso; se possível, afaste-se imediatamente de quem postou ou falou isso.

ESTUDE ENQUANTO
~~ELES DORMEM.~~ PUDER.
TRABALHE
ENQUANTO ~~ELES SE~~
~~DIVERTEM.~~ NECESSÁRIO.
~~LUTE ENQUANTO ELES~~
~~DESCANSAM.~~ VIVA, A VIDA NÃO É UM JOGO.
DEPOIS VIVA O QUE
~~ELES SEMPRE~~
~~SONHARAM~~ DEU PRA FAZER.

Como todo mito, o da produtividade vem cercado por crenças sobre produzir e estar sempre engajado em produzir mais, o que é impossível, junto com a esperança e a expectativa de obter uma determinada recompensa em forma de promoção, aumento de salário ou estabilidade.

Dessa forma, muitas vezes tendemos a nos cobrar pelas produções de maneira excessiva e desconsideramos o fato de que tudo deve ser equilibrado, mas essa produtividade tóxica é extremamente prejudicial para nossa saúde mental e física.

A glamourização do excesso de trabalho não vem de hoje — sempre foi comum ter um imbecil pregando a importância de se matar de trabalhar, com certo orgulho até. Provavelmente, em algum momento da história antiga, havia pessoas escravizadas se vangloriando do "trabalho", enquanto outras estavam lutando por sua liberdade. Felizmente elas não tinham redes sociais nem internet para intensificar esse movimento, tampouco acesso ao conteúdo de certos gurus neoliberais.

O trabalho árduo e a busca pelo lucro têm sido vistos como algo virtuoso em diversas culturas desde os primórdios dos sistemas econômicos. Com a massificação da informação e a facilidade em compartilhar histórias, a sociedade começou a glorificar e a endeusar empresários e empreendedores que prometeram mudar o mundo e que nos contavam como estruturavam suas rotinas exaustivas para conseguir isso. Dessa forma, o trabalho exaustivo começou a ser romantizado e lamentavelmente se tornou algo comum.

Os motivos pelos quais as pessoas trabalham longas jornadas em todo o mundo são variados. Passam de questões culturais do seu país até questões pessoais ímpares. Muita gente trabalha mais do que deveria para pagar dívidas, manter seus empregos, subir na carreira e, na maioria dos casos, as empresas esperam que os funcionários trabalhem todas as horas possíveis e estejam constantemente disponíveis.

De fato, nem é preciso muita pesquisa ou dados para verificar que tem bastante gente nessa situação. É só observar a quantidade de pessoas que posta que está trabalhando demais, vídeos saindo tarde do escritório, trabalho no fim de semana com a frase: "Depois vão dizer que é sorte". A maior sorte que esse cidadão poderá ter é poucas sequelas após um AVC.

Se em suas redes sociais você publica posts dessa natureza, saiba que é tão culpado por esse quadro quanto a mão invisível do mercado.

Esta pode até ser invisível, mas nesses casos da busca incessante pela produtividade e pelo lucro, ela vai encher você de pancada ou até mesmo uma dedada.

NENHUM CNPJ
VALE UM AVC.

O trabalho em excesso, a Síndrome de Burnout e o estresse relacionado a essa prática é um assunto que tem sido cada vez mais abordado por especialistas. Porém, é muito comum um coach arrombado dizer que isso é frescura ou mimimi.

As pessoas que pertencem à geração dos *millennials* sofrem um impacto maior, pois a relação dessa geração com o mercado de trabalho é diferente. Uma relação na qual ainda há preocupação com a segurança na carreira, na qual as pessoas constantemente se enganam e tentam provar aos outros que são profissionais aplicados, ambiciosos e comprometidos em causar um impacto positivo na empresa em que trabalham ou na sociedade em geral. Isso resultou na necessidade de produzir o tempo inteiro, caso contrário a pessoa se sente em desvantagem em relação aos outros que estão postando fotos saindo do escritório às 23h45 de um sábado.

O problema não está na produtividade em si, mas na infeliz ideia de que, quanto mais produzimos, melhor. E isso é um ciclo vicioso: acreditamos que, quanto mais produzimos, melhor — então, quanto maior a produtividade, melhor. Esse aspecto já é perigoso, mas nossa ambição e autoconfiança nos cegam a ponto de crermos que, quanto mais produtivos somos, maior o nosso valor. Dessa forma completamente nociva, irresponsável e fantasiosa, associamos nosso valor à produtividade. E, ao fazer essa associação, entramos em uma busca frenética, sem fim, para sermos cada vez mais produtivos, independentemente do preço que pagamos: anos de terapia, relacionamentos amorosos frustrados, caixas de Rivotril ou noites de insônia.

A principal contraprova disso é o famoso caso do pedreiro que você paga por diária, ou seja, quanto mais produtivo ele for, menos vai receber. Portanto, ele faz um serviço de qualidade no estilo da música do Martinho da Vila — "é devagar, é devagar, é devagar, é devagar, devagarinho",[51] com uma morosidade que só um bom mestre de obras com experiência é capaz de ter. Esse profissional contabiliza seu dia em infinitas pausas para o café, pausas para beber água, pausas para limpar ferramentas, pausas para fumar, pausas para prosear, descanso do almoço, descanso do descanso.

---

[51] DEVAGAR, devagarinho. Intérprete: Martinho da Vila. Compositor: Eraldo Monteiro. *In*: TÁ DELÍCIA, tá gostoso. Rio de Janeiro: Columbia Records, 1995. Faixa 4.

Neste mercado, ser produtivo é dar um tiro no pé, e há até mesmo o risco de ser visto como um profissional que não zela pela qualidade porque faz tudo muito rápido. Em tese, o orçamento do pedreiro não é composto apenas pelas suas horas, e sim por suas ferramentas, pelo seu vasto conhecimento e pela arte de cozinhar o galo, ou seja, de enrolar.

Com esse exemplo fica fácil verificar que a produtividade é algo complicado de mensurar e não se encaixa em todas as atividades e em todas as pessoas. O problema é que hoje as pessoas acham que o ser humano é um robô; provavelmente assistiram a filmes como *Transformers, Star Wars* ou *Blade Runner* e acreditaram que são baseados em fatos reais. O que poucos sabem é que *Exterminador do futuro* e *Robocop*, esses, sim, são filmes verídicos, bem como os livros do Isaac Asimov.

Como dizia aquele velho ditado, "o que se planta, colhe". Pessoas, corporações e empresas que têm a mentalidade de extrair até a última gota da produtividade de um funcionário colhem times mais desmotivados e pouco produtivos, o que reflete diretamente no clima organizacional e impacta nos resultados. Sem falar na perda de talentos e nos diversos afastamentos por questões de saúde.

VOCÊ É UMA MÁQUINA DE PRODUZIR FRACASSOS.

Por falar em gota, me lembrei do fotógrafo Jorge Tadeu da novela *Pedra sobre pedra,* que nas horas vagas fazia bico de cantor. Ele tinha uma música que diz:

As metades da laranja
Dois amantes, dois irmãos
Duas forças que se atraem
Sonho lindo de viver
Estou morrendo de vontade
De você![52]

---

[52] ALMA gêmea. Intérprete: Fábio Jr. Compositor: Aroldo Sobrinho. *In*: FÁBIO Jr. Rio de Janeiro: RCA Records, 1994. Faixa 1.

Tirando o amor entre irmãos, campo vetorial, pesadelo e a vontade de morrer, vou focar apenas na laranja. VOCÊ NÃO É UMA LARANJA, a menos que participe de algum esquema de rachadinha. O mercado de trabalho vê você como uma laranja; ele vai espremê-lo até a última gota, vai até extrair óleo da sua casca — e, no fim, você vai ficar só o bagaço. Diferente da música do Zeca Pagodinho, você está só o bagaço; nem teve pagode, comida, bebida ou canja.

Dados do Departamento Intersindical de Estatística e Estudos Socioeconômicos (Dieese)[53] informam que cerca de 70% dos profissionais brasileiros diziam estar com cargas de trabalho mais altas entre 2020 e 2021. Esse aumento também se deve à realidade do *home office*, mas não só; tem a ver principalmente com questões como redução de times, metas cada vez mais rigorosas e uma completa insegurança por conta da instabilidade econômica. Ao colocar todas as suas possibilidades em seus resultados de produtividade, a pessoa vai atingindo a exaustão e o esgotamento total.

Lidar com esse cenário requer uma nova postura das empresas, que devem ver seus recursos humanos de forma integral, individualizada e sem glúten. Isso exige uma mudança de cultura, na qual as pessoas estejam em primeiro lugar e em que haja um ambiente que garanta a segurança psicológica dos funcionários, onde eles se sintam confiantes para expressar opiniões e sugestões, fazer perguntas, usar o banheiro e saber que o erro faz parte do processo e pode ser fonte de aprendizado e não de punição.

Diante desse quadro, muitas empresas começaram timidamente a investir em soluções e políticas para melhorar a qualidade de vida dos funcionários. Aí inventaram até coisas relativamente boas, como ir trabalhar de bermuda, escritórios que têm um conceito de espaço desenvolvido estrategicamente para distrair as pessoas e áreas mais informais. Isso é bom, mas muitas dessas empresas entram no espectro de que "trabalhar é divertido" ou "meu escritório é animado" e passam mais um ar de creche com videogame, parquinho e pessoas infantilizadas do que de um ambiente corporativo.

---

[53] DIEESE. *Boletim Emprego em Pauta*, n. 22, maio 2022. Disponível em: https://www.dieese.org.br/boletimempregoempauta/2022/boletimEmpregoemPauta22.html.

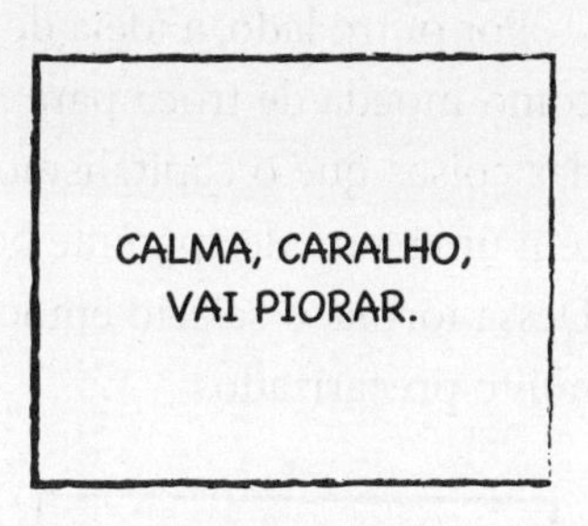

Mas o pior de tudo é o tal salário emocional, defendido como uma valorização do bem-estar, mas na verdade mais uma precarização do trabalho. No LinkedIn, a ideia de salário emocional é associada à necessidade de uma preocupação com o bem-estar em detrimento do foco exclusivo na remuneração financeira. Quem defende essa ideia diz que foi o tempo em que apenas salários altos eram suficientes para reter os colaboradores e que é mais importante um ambiente agradável, em que se tem autonomia, flexibilidade, desenvolvimento pessoal e comunicação objetiva com a liderança.

A ideia é muito boa, mas infelizmente não é colocada em prática, tendo se tornado uma verdadeira utopia. O golpe tá aí, cai quem quer. Hoje, muitas empresas estão com dificuldade para proporcionar um salário digno e os demais benefícios, imagine investir em ações para o tal salário emocional. Um bom ambiente de trabalho não deve ser parte de um salário, nem que seja o salário de *O fantástico mundo de Bobby*; isso é o mínimo que se espera.

Sendo mais explícito e deixando o delírio de lado, esse tal salário emocional basicamente é um pacote de coisas que deveriam fazer parte de qualquer relação empregado-empregador com base na ética e nas leis trabalhistas, e agora passou a ser usado como um diferencial para pagar menos. Afinal, dinheiro não é tudo. E, pela quantidade de comentários, palminhas e defensores dessa lorota no LinkedIn, logo será facilmente comprada por muitos setores da sociedade. Esse tipo de termo normalmente é cunhado por uma liderança que desconhece, finge não conhecer a realidade ou é mal assessorada por coaches empresariais.

Não se deve olhar para um ambiente saudável de trabalho, um plano de carreira e todo um conjunto de fatores que prezam pela saúde mental do trabalhador como benefício ou privilégio. Não é porque você trabalhou em uma empresa tão radioativa quanto Chernobyl que vai se deslumbrar com essas falsas promessas.

Por outro lado, a ideia de que apenas altos salários podem ser utilizados como moeda de troca para reter talentos na empresa é ultrapassada. Uma das coisas que o capitalismo faz bem é se apropriar desses discursos, que têm uma aura de aparente boa intenção, para adaptá-lo à geração de lucro. Dessa forma, o salário emocional representa uma precarização do que já é muito precarizado.

É SÓ UMA FASE
RUIM, LOGO
VAI PIORAR.

Os mesmos que defendem o salário emocional denominam os motoristas e entregadores de aplicativos, em seus subempregos, como "empreendedores", garantindo que eles têm flexibilidade e autonomia para trabalhar.

Essa ideia de salário está diretamente vinculada a uma lógica de exploração, pois é possível associá-lo com a promessa de um futuro melhor, manifestada pelos conceitos de projeto, implantação de uma nova cultura na empresa ou sonho, ambição do indivíduo. Nesse meio, você está mais perdido que o Fagner contra a Bélgica em 2018, acreditando, inocentemente, que, ao ser mais produtivo, vai conseguir uma promoção, terá uma boa carreira e talvez ganhará um bom salário — seja em reais ou emocional. Muito inocente de sua parte.

No contexto jurídico, o salário emocional é algo tão sem noção que nem caberia ser discutido. Se tivesse outro nome até que seria mais interessante, como Engana-Besta, Ouro de Tolo, PAVC (Plano de Aceleração do AVC) — *This Is Putaria*. Mas a ideia de salário no direito trabalhista envolve um direito basilar do trabalhador, que compõe sua remuneração e deve ser adequado ao seu trabalho. Supostos benefícios emocionais configuram-se como algo tão vago que a lei trabalhista não prevê uma regulação para eles. Aposto que neste instante vai ter leitor discordando, reclamando que a lei trabalhista deste país é muito moderna por não permitir trabalho análogo à escravidão ou infantil.

A CADA PASSO
PARA A FRENTE,
TRÊS PASSOS
PARA TRÁS.

Outra medida que muitas empresas ou até mesmo países estão adotando é a redução das jornadas de trabalho para quatro dias por semana ou até mesmo a redução da jornada diária de oito para seis horas. Em alguns países, a redução nos dias de trabalho já é realidade; em outros, um teste; e aqui no Brasil, uma ilusão. Cada dia mais empresas estão reconhecendo que a nova fronteira para a concorrência é a qualidade de vida, o que faz o trabalho com jornada reduzida e focado na produção ser uma forma de dar a elas uma vantagem competitiva.

Sou a favor, pois pessoas trabalham menos ganhando a mesma coisa, mas tenho muito medo do fim de semana com três dias, pois houve uma época em que tínhamos *Sabadão sertanejo* e *Domingo legal*. Além disso, seria a extinção da #sextou para a criação da #quintou.

Essas e outras práticas estão sendo adotadas para o bem-estar do trabalhador, mas se engana quem acha que é só por isso; há diversas questões políticas e econômicas por trás desses benefícios.

Quando nos sentimos bem, mesmo sem querer acabamos fazendo nossas atividades com muito mais prazer, vontade e qualidade. Tirando álcool e remédios tarja preta, a melhor forma de nos sentirmos bem é com saúde e reconhecimento. Dessa forma, algumas empresas menos irresponsáveis estão entendendo que é necessário investir na saúde e na qualidade de vida do colaborador para que de forma equilibrada ambos se beneficiem com a produtividade de maneira benéfica.

Portanto, essas corporações estão virando a chave e focando cada vez mais numa mudança de cultura que investe em ter colaboradores mais felizes, com mais saúde e mais alegria de vida. Em troca, elas esperam que esses profissionais estejam dedicados ao seu trabalho e capazes de produzir mais e com mais qualidade.

O problema é que, quando você estimula muito a qualidade de vida de uma pessoa, ela percebe que trabalhar vai no sentido oposto ao bem-estar. A pessoa tende a querer jogar tudo para o alto, virar hippie, vender arte na praia, viajar pelo mundo de carona, levar a família para uma zona rural bem afastada, sem luz e internet. Só quem não entendeu a mensagem de *Forrest Gump* é que pensa diferente.

Imagine você e mais cinco colegas de trabalho ganhando no bolão da Mega-Sena: você nunca mais vai pisar naquele ambiente tóxico. E tem mais:

quem deixou de participar do bolão vai ficar desesperado, chorando sem parar quando descobrir que perdeu a chance de ter qualidade de vida. E, se você continuar mantendo contato, só vai alimentar a inveja e o desespero de um pobre infeliz comum.

Lembre-se de que a felicidade é um recurso limitado no mundo: quando você está feliz, necessariamente é porque roubou a felicidade de alguém.

Quando a pessoa saboreia a verdadeira qualidade de vida, essa pessoa não suporta ficar presa a padrões, procedimentos, metas, horários, reuniões, nem ficar preocupada com os descontos ao receber o contracheque. Ela passa no RH, pede as contas e vai viver a vida plenamente. Muito cuidado ao saborear a qualidade de vida de forma equivocada, pois isso que você chama de qualidade de vida pode ser apenas uma forma de sobrevivência.

Agora que você já tem uma noção de quão prejudicial é a produtividade em sua vida, é necessário identificar alguns sintomas e sinais que mostrem o grau de avanço dessa patologia em seu corpo. O primeiro passo é fazer uma avaliação com os seus amigos e perguntar o que eles acham do seu comportamento em relação ao trabalho. Se respostas do tipo "Você faltou ao meu casamento para entregar aquele relatório" ou "Você não foi ao enterro do seu pai para participar daquela reunião" forem esfregadas na sua cara, agradeça por essas pessoas ainda serem suas amigas — você não as merece.

O segundo passo é juntar todos os comportamentos, atitudes ou ações que são características de uma pessoa que anseia ser reconhecida pela produtividade. No Quadro a seguir, faço o destaque de alguns pontos que são fortes indícios de que você está indo para o submundo da produtividade. O que é quase um caminho sem volta, assim como o violão, o crack e o podcast.

A proposta desse quadro é verificar quais conselhos e dicas você se esforça para seguir e como pode começar a reverter isso. Ao todo, listei cerca de trinta apontamentos para você conferir e analisar em quais situações já se encontrou ou se encontra na coluna "Atitude, ação ou comportamento que você tenta seguir".

- ✓ SE VOCÊ SE ENXERGAR EM MENOS DE CINCO SITUAÇÕES: NÃO SE PREOCUPE, VOCÊ NÃO TÁ NEM AÍ PARA A PRODUTIVIDADE. PARABÉNS.
- ✓ SE VOCÊ SE ENXERGAR EM MAIS DE CINCO SITUAÇÕES: JÁ COMEÇA A SER PREOCUPANTE, CUIDADO! COM O TEMPO A AMBIÇÃO PODE COMEÇAR A CAUSAR OUTROS SINTOMAS.
- ✓ SE VOCÊ SE ENXERGAR EM MAIS DE DEZ SITUAÇÕES: JÁ É CONSIDERADO UM CASO GRAVE, CHEGANDO AO PONTO DE ACREDITAR EM MERITOCRACIA E OUTROS MITOS.
- ✓ SE VOCÊ SE ENXERGAR EM MAIS DE VINTE SITUAÇÕES: É GRAVÍSSIMO. VOCÊ ESTÁ SE MATANDO DE TRABALHAR AOS POUCOS. ESTÁ FAZENDO UMA BOA RESERVA FINANCEIRA PARA SUA FUTURA GERAÇÃO, JÁ QUE NUNCA VAI USUFRUIR. OU TALVEZ VOCÊ SEJA SÓ UM COACH DE PRODUTIVIDADE SE PASSANDO POR EFICAZ PARA VENDER CURSO COMO SE FOSSE PRODUTIVO.

COMO VERIFICAR SE ESTOU COM PRODUTIVIDADE.

	DIAGNÓSTICO DE PRODUTIVIDADE	
Marque as ocorrências com um x	**Atitude, ação ou comportamento que você tenta seguir**	**Siga estas dicas**
	Comece o mais cedo possível.	Procrastine ao máximo o início do dia.
	Anote suas tarefas em uma agenda.	Nunca anote suas atividades; seja surpreendido por elas, pois a surpresa gera insights.
	Planeje sua lista de tarefas à noite.	Aproveite a noite para fazer outra coisa.

	Divida seus deveres em pequenas tarefas.	Transforme tudo em uma única atividade macro.
	Defina metas e prazos.	Só faça isso se for perguntado e estabeleça metas exequíveis em um prazo confortável.
	Não faça diversas coisas ao mesmo tempo.	Faça várias coisas ao mesmo tempo. Faça um pão italiano no meio da reunião do trabalho e sove enquanto dá banho no cachorro.
	Determine o que estará no topo da lista.	As nossas prioridades mudam mais que técnicos de time brasileiro; não se preocupe com isso.
	Identifique seu período mais produtivo.	Dormir talvez seja o seu momento mais produtivo.
	Use a técnica pomodoro.	Se não tiver pomodoro, pode ser molho branco ou quatro queijos.
	Faça pausas.	Enquanto os outros trabalham, faça pausas. Enquanto eles fazem pequenas pausas, você trabalha.
	Elimine as distrações.	Faça o possível para se distrair, habilite todas as notificações do celular, ative todos os grupos e redes sociais, tenha um Border Collie.

	Identifique coisas que estejam ocupando muito tempo.	Trabalho é uma delas.
	Não aceite todas as tarefas que surgirem.	Aceite tudo o que vier — depois reclame que não tem serviço.
	Crie um bom ambiente de trabalho.	Cerveja, sinuca, música brega, luz vermelha — Cabaré Office.
	Delegue tarefas.	É importante delegar as suas atividades para os outros, dessa forma você não fará nada.
	Se tiver muita coisa na cabeça, passe para o papel.	Pode ser no Word, no Excel ou no bloco de notas.
	Evite tomar decisões desnecessárias.	Faça o possível para ter que escolher coisas fúteis no seu dia. Qual canal de rádio do Zimbábue vou sintonizar antes de dormir?
	Gaste menos tempo com tarefas desnecessárias.	Tenha em mente que gastar tempo com tarefas desnecessárias é extremamente necessário nos dias de hoje.
	Prefira e-mails a reuniões.	Concordo com essa, mas, se a reunião tiver coffee break, eu discordo.
	Aprenda atalhos no teclado.	Shift + DEL, Windows + D, Alt + Tab, CTRL + C e CTRL + V bastam.

	Ouça músicas ou sons ambientes.	"Saravá metal" do Gangrena Gasosa, algo mais suave como Rogério Skylab ou Cannibal Corpse para ativar a concentração.
	Abra mão de fazer algumas coisas.	Se você fez mais de dez coisas dessa lista, já renunciou a tanto que viveu cerca de 50% menos que uma pessoa normal.
	Tome um banho frio.	Tome banho morno para dar sono.
	Tome um copo de água gelada para despertar.	Tome um copo de cachaça bem gelada com tira-gosto de seriguela.
	Vire diversas noites trabalhando.	Vire algumas noites na boemia.
	Faça cursos de mentoria e coach.	Faça um supletivo. Tem muito mais proveito.
	Consuma energético para ficar sempre ligado e focado.	Vá a uma cafeteria e se deleite lentamente ao beber seu café.
	Leia três livros por dia.	Leia no máximo um livro por mês contando com esse.
	Durma quatro horas por dia.	Durma mais de oito horas por dia; sua saúde agradece.
	Malhe mais de três vezes por semana.	Pedale, corra, nade, dance; seu corpo agradece. Só não faça ioga ou triatlo.

De certa forma, tudo isso que falamos aqui sobre o mito da produtividade, quanto ele interfere em nossa saúde e a brincadeira de mau gosto do salário emocional, só confirma a análise de Byung-Chul Han, no livro *Sociedade do cansaço*,[54] de que somos vistos como sujeitos-desempenho, que se sentem sempre na capacidade e na obrigação de fazer mais, de estar em todos os lugares ao mesmo tempo, de participar de tudo e ser parte de alguma coisa e de aproveitar o tempo ao máximo, afinal tempo é dinheiro.

É cilada, Bino! Esta é a cilada: para o autor, nada de novo se produz com pressa e com métodos ágeis, *sprint* daqui e *scrum* para lá. Precisamos de momentos ociosos. Nas palavras de Han, o repouso do corpo é o sono e o repouso da mente é o tédio, mas sentimos uma culpa quase cristã quando nos permitimos esses momentos, a ponto de já termos esquecido o que é, de fato, descansar.

Aproveitando esse ensejo do Byung-Chul Han, no próximo capítulo vou abordar meu método de procrastinação estruturada, para que você tenha momentos ociosos, de descanso, e continue a produzir o necessário com qualidade mesmo que seja na base do desespero — desmentindo todas as mentiras que os coaches sobre produtividade contam e vendem por aí.

---

[54] HAN, Byung-Chul. *Sociedade do cansaço*. Trad. Enio Paulo Giachini. Petrópolis: Editora Vozes, 2015.

VOCÊ É UMA MÁQUINA DE PRODUZIR FRACASSOS.

PROCRASTINAÇÃO ESTRUTURADA

"Depois de amanhã, sim, só depois de amanhã...
Levarei amanhã a pensar em depois de amanhã,
E assim será possível; mas hoje não...
Não, hoje nada; hoje não posso.
A persistência confusa da minha subjetividade objetiva,
O sono da minha vida real, intercalado,
O cansaço antecipado e infinito,
Um cansaço de mundos para
apanhar um eléctrico...
Esta espécie de alma...
Só depois de amanhã..."[55]

Comecei a escrever o livro por este capítulo. Isso já faz uns três anos, e percebi que, juntamente com o Instagram do Coach de Fracassos, este livro é só mais uma forma de não fazer todas as outras coisas que eu deveria estar fazendo —

[55] PESSOA, Fernando [Álvaro de Campos]. "Adiamento". *In: Poesias de Álvaro de Campos.* Lisboa: Ática, 1944 (impr. 1993).

preparando aula, escrevendo a tese do doutorado, estudando outros idiomas e realizando algumas atividades chatas do meu trabalho.

Fazer algo útil, adequado ou em prol de não fazer outras coisas sempre foi meu *modus operandi*, e apliquei isso em diversas áreas da minha vida — possuído pelo ritmo ragatanga. Era chato e eu não gostava de fazer? Eu deixava para depois, sem me preocupar com as consequências. Dessa forma, acabei virando um procrastinador estruturado nato sem nem mesmo saber o que isso significava.

Antes de entrarmos nos temas principais, vamos introduzir a procrastinação, que é vista como uma das maiores vilãs da nossa sociedade. Não é novidade para ninguém que a procrastinação é encarada como sinônimo de algo negativo, afinal, inconscientemente ou não, ela nada mais é que o ato de adiar o cumprimento de uma tarefa que precisa ser realizada. Mas ela não é algo necessariamente ruim — desde que você a utilize a seu favor.

Ela é tão discutida nos dias de hoje que talvez seja considerada um problema social mais maléfico que drogas, fome, desemprego, violência e criminalidade, escassez de moradia, saúde precária, falta de saneamento e coaches de masculinidade alfa. Ela é até considerada por muitos uma doença, algo que precisa ser combatido o mais rápido possível.

Porém, a procrastinação é muito recorrente na rotina de muitas pessoas. O tal jeitinho brasileiro só corrobora a ideia de que somos o país da última hora, que culturalmente somos procrastinadores e por aí vai. Não é uma inverdade — realmente somos um país que gosta de deixar as coisas para o prazo final. O brasileiro é mestre na arte de deixar para depois: basta ver quantas pessoas declaram o imposto de renda no último dia. Uma pesquisa realizada com 4.102 pessoas de 22 estados apontou que 97,4% admitem adiar atividades no seu dia a dia,[56] e que 2,6% mentem para si mesmas.

Sabendo que essa será uma atitude subjetiva, há pessoas que vão procrastinar coisas banais como iniciar uma atividade física, marcar uma consulta,

---

[56] MELO, Itamar. “Pesquisa revela que 97% dos brasileiros optam por adiar atividades do cotidiano”. *GZH Geral*, 4 ago. 2012. Disponível em: https://gauchazh.clicrbs.com.br/geral/noticia/2012/08/pesquisa-revela-que-97-dos-brasileiros-optam-por-adiar-atividades-do--cotidiano-3843115.html

fazer uma postectomia aos 36 anos, ler um livro, entregar o TCC, prolongar um noivado por mais de dez anos, entre outros.

Não existe padrão de atividade na procrastinação; normalmente deixamos quase tudo para depois. É óbvio que postergamos mais coisas pessoais do que profissionais, pois na vida pessoal ninguém fica cobrando que você faça isso ou aquilo, exceto todos da sua família e amigos mais próximos. No trabalho ou na universidade há pessoas que cobram e esperam resultados que em tese vão medir a sua capacidade.

Se formos olhar ao redor, vamos perceber que todos adiam exercícios físicos, saúde e planejamento financeiro. Por outro lado, muitos acreditam que as coisas que as pessoas menos adiam são casar, comprar apartamento, mudar de emprego e tirar férias. E todo mundo sabe que isso ficou num passado muito distante. Atualmente ninguém mais quer deixar o divórcio para amanhã; todo mundo está liso e sem condições de comprar um apartamento e ninguém mais muda de emprego. Aliás, a meta é ter dois ou mais empregos — logo, não há férias.

O excesso de decisões a serem tomadas e de atividades a serem realizadas acaba gerando cansaço e o hábito de deixar as soluções para a última hora. Não há nada de errado em procrastinar; o problema é quando isso começa a ficar crônico e passamos a adiar coisas que não poderiam ser adiadas, como fazer aquela colonoscopia ou jogar fora fantasias de cosplay.

Já comentei aqui sobre o livro *Sociedade do cansaço*, cujo autor trata de forma precisa o aspecto tenebroso da valorização da sociedade do desempenho. Para Byung-Chul Han, o excesso de positividade investido para alcançar o desempenho conduz o indivíduo, de forma inevitável, ao esgotamento típico dos sofrimentos psíquicos da nossa época. Esses estados de esgotamento são característicos de um mundo que se tornou pobre em negatividade e dominado por um excesso de positividade.

Antigamente, nosso relógio biológico era sincronizado com a luz, as estações do ano e a nossa atividade cerebral. Com o tempo passamos a ter outros estímulos, que interferem nesse ciclo natural. Infelizmente, hoje somos vistos como equipamentos eletrônicos que têm a função stand-by, ou seja, já foi superado o fato de sermos vistos como máquinas binárias tipo *on-off*. Hoje, vivemos de maneira que nada está de fato desligado e nunca há um estado real de repouso. Fica evidente que essa cultura que deprecia o sono, o descanso e a procrastinação enfatiza conceitos como produtividade, força de vontade, sucesso, superação, inspiração, objetividade, determinação e desempenho.

> SE QUALQUER FRASE ENTRE ASPAS O MOTIVA, VOCÊ É TROUXA.

"E também vós, para quem a vida é furioso trabalho e desassossego: não estais muito cansados da vida?" A pergunta de Nietzsche em *Zaratustra* serve para perturbar, inquietar e provocar reflexão.

Na verdade, qualquer um consegue fazer qualquer quantidade de trabalho quando não deveria estar fazendo isso naquele momento. Todos adiamos atividades que necessitamos fazer, seja aquele exame, começar uma atividade física, dormir mais cedo, parar de comer tanto doce. Porém, a procrastinação estruturada é fazer isso trabalhar por você e o ajudar a sair dessa vida corrida. Se você está achando que isso significa que não vai fazer absolutamente nada, achou errado, otário.

A ideia é utilizar seu tempo com coisas úteis, porém aleatórias e marginais a atividades mais importantes. Assim, você pode se dedicar à jardinagem, panificação artesanal, crochê, marcenaria ou organizar seus discos de vinil até quando decidir iniciar a atividade de máxima prioridade ou urgência.

O que seria algo estruturado? A vida é estruturada ou não estruturada? Quando falo da procrastinação estruturada, eu a associo a conceitos das linguagens de programação. Uma linguagem estruturada é uma forma de programação de computadores que preconiza que todos os programas possíveis podem ser reduzidos a apenas três estruturas básicas: sequência, decisão e repetição. A sua vida é tudo aquilo que você fez, fracassou e idealizou junto com as experiências e fatores culturais e sociais que o cercam. Você pode tratar esse conjunto de informações de forma estruturada ou não estruturada.

No conjunto das informações, situações e ideias estruturadas, o conteúdo é bem definido, rígido, pensado antes mesmo da própria existência da atividade — por exemplo, tarefas rígidas do trabalho ou da universidade de que você não pode fugir, gostando ou não.

TODO ESFORÇO TEM A SUA DECEPÇÃO.

Por outro lado, há atividades que não apresentam essas estruturas bem definidas, alinhadas e padronizadas. Essas atividades, ações ou ideias podem ser compostas por diversos elementos diferentes dentro de um todo, tais como relacionamentos (afetivo-sexuais, familiares ou de amizade) ou sonhos. Entretanto, na nossa vida temos que encaixar atividades estruturadas no meio de uma imensidão de situações não estruturadas.

Para uma pessoa que se diz disciplinada, o que por si só é uma mentira deslavada, já é complicado; imagine a dificuldade para um procrastinador fazer essas estruturas engrenarem minimamente. Há uma solução para isso? Não, mas, quando você tem a junção de algo não estruturado com algo estruturado, não há solução. O que você pode fazer é tentar quebrar coisas grandes não estruturadas e subdividi-las em problemas menores e, consequentemente, soluções mais simples, ou até mesmo esquecê-las.

Se você não entendeu, calma que vou explicar. Imagine aquela segunda-feira cheia de atividade no trabalho e você teve uma DR no fim de semana com seu parceiro ou parceira. Nesse meio-tempo, sua máquina de lavar deu problema e seu cachorro ficou sem ração. Pessoas comuns iriam fazer uma lista de atividades e alocar certa quantidade de tempo para resolver cada tarefa. Isso não funciona bem, pois separa as atividades que são bem definidas (estruturadas) daquelas com as quais você não tem a mínima noção do que pode acontecer (não estruturadas).

Por exemplo, na DR foi trazido um monte de histórias do passado. Faça um organograma de cada uma e não vá para a outra até chegar na tentativa da solução do conflito que gerou essa DR. Nesse instante, enquanto a pessoa fala, você pode expressar sua preocupação com a máquina de lavar e ligar para a assistência, ou seja, uma discussão que seria de duas pessoas passará a ser de três — com a participação de alguém imparcial. Durante o intervalo da conversa para o atendente da LG enxugar as lágrimas, seu chefe liga para você pedindo aquele relatório que está incompleto e você lembra que o filho dele estuda perto da sua casa e ama cachorros. Automaticamente você já faz um PIX (que não é auditável nem impresso como dinheiro) para seu chefe com o valor da ração do seu doguinho e delega para ele a tarefa de comprar e fazer o delivery quando for buscar o filho na escola; talvez ele até o leve para tomar banho e passear por conta do filho. E isso tomou só trinta minutos do seu dia.

Na continuidade da conversa sobre a DR, você não deve fazer ouvidos de mercador, mas coloque um gravador só para ajudá-lo e envie um arquivo corrompido no formato .pdf ou .doc para seu chefe. Quando ele for ver seu relatório para preparar uma apresentação, não vai conseguir abrir o arquivo. Provavelmente ele vai abrir um chamado no TI da empresa e você terá a tarde livre para continuar resolvendo seus problemas pessoais, fazer pão, pegar o cachorro e lavar roupa enquanto realiza outras atividades.

Quando você tenta resolver um problema, outros surgem; eu os chamo de subproblemas. Se não for possível encontrar uma solução direta para tais subproblemas, eles devem ser ignorados ou subdivididos. A ideia é que, à medida que as coisas vão se tornando cada vez maiores e mais complexas, você não vai investir seu tempo e esforço para trabalhar nelas. Paralelamente, vai alocar tempo para simplificar e melhorar a compreensão dessas questões dividindo-as em partes menores, ignorando-as ou simplesmente as deixando para lá.

NEM TENTAR É MELHOR DO QUE DESISTIR.

Diante da possibilidade de se esquivar de todos os problemas, você deverá criar uma espécie de banco de respostas com uma variedade significativa de alternativas potencialmente eficazes. Com isso, há um incremento na probabilidade de encontrar uma resposta que coaduna com a situação entre as centenas ou milhares de alternativas possíveis, mesmo se sua resposta for completamente aleatória.

Enfrentar um grande problema no meio de outras atividades vai impedir você de estar atento à orientação do problema para elaborá-lo ou avaliá-lo sobriamente. Após a avaliação, as pessoas precisam gerar o maior número de alternativas, desculpas ou mentiras para que seja mais provável encontrar soluções eficazes. E só assim, caso seja necessário, elas vão decidir se vão tomar uma decisão ou uma cerveja. Mas não para por aí: é necessário colocar esse *framework* em prática e fazer a verificação dos resultados.

Você vai perceber que, ao colocar em prática esse processo de modularizar problemas maiores em uma série de atividades menores, irá transformar um grande problema em diversos pequenos problemas. Assim alguns terão solução imediata, e outros, não. Os problemas que não têm solução, solucionados estão — sua única opção é desistir. O que for trivial você poderá deixar para depois ou fazer quando for obrigado.

Repita esse processo até que consiga encontrar uma rotina para solucionar (se for trivial), deixar para depois, desistir, negligenciar ou delegar cada um dos subproblemas definidos. Então, o problema original não estruturado será decomposto em várias pequenas decisões.

No quadro a seguir, apresento um exemplo didático composto por apenas dois níveis (problema e subproblema), levando à decisão a ser tomada depois. O ideal é fazer essa estruturação em vários níveis para errar ou acertar na decisão a ser tomada.

A ESTRUTURAÇÃO DA PROCRASTINAÇÃO

<table>
<tr><th>Nível I</th><th>Nível II</th><th>O que fazer?</th><th></th></tr>
<tr><td rowspan="10">Aspirações na careira: obter uma promoção</td><td rowspan="5">Fazer uma pós-graduação</td><td>Solucionar (se for trivial)</td><td></td></tr>
<tr><td>Deixar para depois</td><td></td></tr>
<tr><td>Desistir</td><td></td></tr>
<tr><td>Negligenciar</td><td></td></tr>
<tr><td>Delegar</td><td></td></tr>
<tr><td rowspan="5">Fazer um curso de inglês</td><td>Solucionar (se for trivial)</td><td></td></tr>
<tr><td>Deixar para depois</td><td></td></tr>
<tr><td>Desistir</td><td></td></tr>
<tr><td>Negligenciar</td><td></td></tr>
<tr><td>Delegar</td><td></td></tr>
</table>

Relaciona-mento: pro-blemas no casamento	Solucionar conflitos	Solucionar (se for trivial)	
		Deixar para depois	
		Desistir	
		Negligenciar	
		Delegar	
	Divórcio	Solucionar (se for trivial)	
		Deixar para depois	
		Desistir	
		Negligenciar	
		Delegar	

Uma coisa que todo procrastinador deveria saber é delegar atividades. Delegar não é só passar a atividade para a frente: é preciso começar com a escolha da potencial vítima e saber se ela tem capacidade de realizar aquilo que você deveria ter feito.

É difícil encontrar esse tipo de pessoa hoje em dia. Tão complicado que, em certos casos, é necessário aplicar um treinamento básico sem que a pessoa saiba. Aos poucos você terá alguém que estará apto a receber a delegação das suas atividades, assim como o chefe do exemplo. Talvez por ser chefe ele tenha atingido seu nível máximo de incompetência e dependa de você, sendo refém das suas ações.

Outro ponto que necessita ser discutido é que procrastinar de forma inteligente, ou menos burra, é uma maneira de se permitir fazer tarefas que não exijam um trabalho perfeito. Faça o que puder e não fique se culpando por isso. Sem se preocupar em fazer algo perfeito, quando necessário e possível, você vai se preocupar em fazer o trabalho imperfeito, mas adequado para aquela entrega. Faça alguns questionamentos sobre as suas atividades:

- ✓ PRECISA SER UM TRABALHO PERFEITO? NINGUÉM ESPERA DE VOCÊ UM TRABALHO COMPLETO, PERFEITO. SEMPRE VÃO APONTAR ERROS E FALHAS. ENTÃO, É MELHOR SEMPRE FAZER O ADEQUADO.
- ✓ PRECISA SER UM TRABALHO ADEQUADO? O ADEQUADO VARIA A CADA SITUAÇÃO E TIPO DE ENTREGA. SE ALGUÉM PEDE A VOCÊ UM RELATÓRIO SEXTA-FEIRA À TARDE, SAIBA QUE APENAS SEGUNDA PELA MANHÃ OU À TARDE VOCÊ VAI APRESENTAR UMA VERSÃO FINAL. O ADEQUADO É SEMPRE ÚTIL PARA A EMERGÊNCIA: "NÃO TÁ PRONTO, MAS TENHO ISSO AQUI." DESSE JEITO, CABE ATÉ UMA ENTREGA INCOMPLETA.
- ✓ PODE SER UM TRABALHO INCOMPLETO? MUITAS VEZES PERDEMOS A OPORTUNIDADE DE ENTREGAR ALGO INCOMPLETO POR ACHAR QUE NÃO É O SUFICIENTE, ADEQUADO E PERFEITO PARA A SITUAÇÃO. VOCÊ JÁ DEVE TER ESQUECIDO QUE TODO MUNDO É INCOMPETENTE, OU SEJA, EM VÁRIAS SITUAÇÕES O SEU TRABALHO INCOMPLETO JÁ É MAIS QUE COMPLETO PARA TAL OCASIÃO.

Um trabalho incompleto e adequado funciona tão bem que eu me permito esperar até que a tarefa esteja atrasada ou com o prazo estourando. O que significa que posso também realizá-lo agora, começar amanhã ou até mesmo depois de amanhã. Com o tempo se esgotando, a ficha começa a cair e o desespero passa a ser sua maior inspiração.

PARABÉNS.
FICOU UMA
BOSTA.

Isso tudo significa que procrastinar de forma estruturada é transformar atividades grandes ou complexas em pequenas atividades que sejam marginais à atividade principal e que possa ser decomposta em atividades menores, que podem ser feitas ou não. Se você acha que uma lista de tarefas, quebrando macroatividades em tarefas menores, vai ajudar, está enganado.

Quer fazer uma lista de atividades? Então faça! Liste uma série de atividades que pode realizar em paralelo com a atividade principal. Nesse caso, faça uma lista de tarefas que possam ser úteis em algum momento da sua vida ou até mesmo depois da sua morte (dependendo da sua crença) e que não coadunem com a sua atividade principal. Não estou falando em assistir a vídeos no YouTube ou ficar no celular no meio de uma reunião por videoconferência, e sim de prestar atenção à reunião, participar dela e mesmo assim se dedicar a outra atividade, como fazer crochê ou bordado, pintar com aquarela, fazer cerveja artesanal ou até mesmo cozinhar.

> CRIAR METAS É UM CAMINHO SEGURO PARA O FRACASSO.

A tecnologia é uma grande aliada e também principal inimiga do procrastinador estruturado. Há atividades que o computador leva milissegundos para fazer que não ajudam quem necessita de tempo para realizar algo aleatório. Não troque seu HD SATA por um SSD — você vai se arrepender —, mas, se você trabalha com sistemas computacionais mais complexos, que demoram horas ou até dias para renderizar uma imagem 3D, treinar um algoritmo de inteligência artificial ou trabalhar com transformações em Big Data, talvez possa usar esse tempo de processamento para desopilar em algo mais produtivo para você enquanto o computador faz o trabalho pesado.

Um dos grandes benefícios de buscar se encaixar nesse tipo de comportamento do procrastinador estruturado é que algumas tarefas consideradas importantes no topo da lista de alguém (chefe, orientador, esposa, agiota ou traficante) deixam de ser importantes ou apenas desaparecem. Vai que seu chefe troca de empresa, seu orientador muda o tema do artigo, sua esposa passa a ser sua cunhada e o agiota vira seu marido.

> NUNCA DEIXE PARA AMANHÃ AQUILO QUE VOCÊ PODE FAZER DEPOIS DE AMANHÃ.

Essa tarefa ou atividade que você nem tinha começado, à qual não dedicou um minuto sequer da sua vida, foi descartada — portanto, aprenda a identificar uma oportunidade como essa. Quando surgir alguma atividade ou projeto no qual você intui que será algo superficial, que não terá um investimento ou era só conversa para boi dormir, agarre a oportunidade: nunca faça hoje uma tarefa que pode desaparecer amanhã.

Quero deixar explícito que procrastinar é um problema quando se torna algo compulsivo a ponto de você nem conseguir estruturá-lo. A ideia não é fazer um exército de pessoas procrastinadoras, e sim tentar entender como se beneficiar com isso. Há sempre um número infinito de coisas que você está fazendo. Seja no que for que esteja trabalhando, você deixará de focar o resto. Então, a questão não é como evitar a procrastinação, mas como procrastinar de maneira que você não fique cheio de decisões e atividades intermináveis.

Em vez de se concentrar em alguma coisa, você pode se dedicar a não fazer nada, a realizar algo menos importante e, se sobrar algum tempo, a deixar coisas importantes para resolver amanhã.

Quando se dedica a uma atividade por muito tempo, você perde a noção da realidade ao seu redor e deixa de fazer várias coisas que poderiam limpar a sua mente e lhe trazer novas ideias. Imagine que esteja travado escrevendo sua tese, um livro ou codificando algo. Você não necessita de um fim de semana à beira-mar para revitalizar todas as suas energias e dar continuidade à ideia. Primeiro de tudo, falta dinheiro para isso. Talvez sovar uma massa de pão às três horas da manhã, limpar a caixa d'água, zerar o Super Mario Bros. pela trigésima vez ou fazer um banco de madeira poderá lhe trazer mais estímulos do que um resort cinco estrelas em Jericoacoara.

> TODO DIA É UMA OPORTUNIDADE DE ESTRAGAR ALGO NOVO EM SUA VIDA.

Quando não enxerga isso, você acaba se matando de trabalhar e não tem nenhum resultado, nem mesmo negativo. Ou seja, você está aplicando uma força vital perpendicular ao sentido do deslocamento dos seus objetivos. Com isso, o trabalho realizado é sempre nulo.

Por fim, me lembrei de um poema de Mário Quintana chamado o "O tempo":

> Se me fosse dado um dia, outra oportunidade, eu nem olhava o relógio.
> Seguiria sempre em frente e iria jogando pelo caminho a casca dourada e inútil das horas…
> Seguraria o amor que está à minha frente e diria que eu o amo…
> E tem mais: não deixe de fazer algo de que gosta devido à falta de tempo.
> Não deixe de ter pessoas ao seu lado por puro medo de ser feliz.
> A única falta que terá será a desse tempo que, infelizmente, nunca mais voltará.[57]

Esse poema faz todo o sentido, porém complemento a ideia de que é necessário lembrar que para as coisas boas da vida o depois pode ser muito tarde. Afinal, as coisas boas são extremamente raras, e a vida está tão corrida que ninguém mais está na idade em que é permitido postergar algo bom. No entanto, para aquelas outras coisas que em tese estão deteriorando sua vida, só tenho a dizer que…

Não deixe para amanhã aquilo que pode fazer depois de amanhã.

[57] QUINTANA, Mário. "O tempo". *In: Antologia poética.* Rio de Janeiro: Objetiva, 2015.

DAQUI A UM ANO VOCÊ VAI TER DESEJADO DESISTIR HOJE.

ACORDE CEDO PARA SE ATRASAR COM CALMA

"devagar, o tempo transforma tudo em tempo.
o ódio transforma-se em tempo,
o amor transforma-se em tempo,
a dor transforma-se em tempo.
os assuntos que julgamos mais profundos,
mais impossíveis, mais permanentes e imutáveis,
transformam-se devagar em tempo."[58]

Em uma rotina caótica como a nossa, ainda há quem acredite que quem controla seus horários com rigor e consegue estar na hora marcada em locais previamente estabelecidos agrega valor à própria imagem. Já ficou evidente que chegar cedo em um evento no Brasil vai lhe causar mais problemas do que benefícios. Preste atenção nestes exemplos:

---

[58] PEIXOTO, José Luís. "Explicação da eternidade". *In: A casa, a escuridão.* Lisboa: Quetzal Editores, 2014.

- A AULA NA FACULDADE NÃO COMEÇA ÀS 8 HORAS — O PROFESSOR DÁ TOLERÂNCIA DE DEZ MINUTOS E, MESMO TENDO CINCO PÓS-DOUTORADOS, AINDA VAI SE ENROLAR PARA LIGAR O PROJETOR.
- O ESCRITÓRIO ABRE ÀS 8 HORAS, MAS NINGUÉM VAI DECRETAR FALÊNCIA SE O FUNCIONÁRIO CHEGAR ÀS 8H15 TODOS OS DIAS DA SEMANA. AINDA VAI TER O CAFEZINHO, E TAMBÉM A CONVERSA NO BANHEIRO. LÁ PELAS 9H15 TALVEZ ALGUÉM COMECE A FAZER ALGUMA COISA.
- O CONVITE DA FESTA INFANTIL INDICA 15 HORAS — PROVAVELMENTE VAI COMEÇAR ÀS 17 HORAS, POIS FESTA DE CRIANÇA NO SOL NÃO EXISTE. SE VOCÊ CHEGAR NO HORÁRIO MARCADO, PROVAVELMENTE VAI SER NOMEADO UM DOS CERIMONIALISTAS IMPROVISADOS.
- CONVIDOU AMIGOS PARA JANTAR EM CASA ÀS 20 HORAS? NINGUÉM VAI CHEGAR ATÉ VOCÊ POSTAR FOTOS DA PIZZA E DA BEBIDA.
- COMPROMISSOS CORPORATIVOS NÃO ESCAPAM À REGRA — REUNIÕES, CAFÉS DA MANHÃ E FECHAMENTOS, ENTRE OUTROS, ESTÃO SEMPRE SUJEITOS A ATRASOS.
- EM CASAMENTOS, A INOVAÇÃO É QUE OS PADRINHOS AGORA CHEGAM DEPOIS DA NOIVA.

Sem falar dos atrasos de ônibus, trens, metrôs, aviões, serviços médicos, entrega de mercadorias, obras, menstruação, pagamento da pensão alimentícia... Infelizmente, a impontualidade é cultural e está impregnada em todos os níveis da nossa sociedade.

Pensando por outro lado, essa falta de comprometimento com os compromissos nos tira diversos pesos das costas, pois chegar no trabalho atrasado é algo comum para o brasileiro médio. Não estou falando do irresponsável que já sai atrasado, e sim da pessoa que chega atrasada. Esse atraso não acontece por preguiça, falta de motivação ou uma ressaca brava, mas pela falta de infraestrutura e de outras questões socioeconômicas.

Muita gente lida diariamente com o trânsito infernal, ônibus e metrô superlotados — totalizando mais de um quarto do dia enlatado como uma sardinha —, acorda às 5 da manhã e não se alimenta adequadamente só para tentar chegar ao trabalho a tempo. E quando não consegue, por causa de uma enchente ou de um acidente grave, ainda leva bronca.

Muitos dos que se incomodam com 15 ou vinte minutos de atraso da diarista, do Uber ou do porteiro podem agora mesmo tentar refutar o que falei no parágrafo anterior dizendo que essas pessoas poderiam dormir menos, vender os filhos para a máfia russa ou até mesmo morar mais perto do trabalho — nem que seja na rua. Não precisa ser um Sherlock Holmes para entender que essas mesmas pessoas compreendem quando o cantor sertanejo atrasa o próprio show, ou o médico atrasa a consulta, ou quando há eventos com autoridades.

Se pensarmos bem, essa história de desrespeitar horário marcado é antiga no Brasil. No século XIX, com a chegada da família real portuguesa ao país, era comum os nobres deixarem os súditos esperando pelo seu atendimento, só para demonstrar poder. O tempo foi passando e pouca coisa mudou, ou seja, a sua noção de pontualidade, além de subjetiva, é elitista.

Independentemente da luta para ser pontual, a sua vida é preenchida por pequenos atrasos do dia a dia. Então, a busca pela pontualidade é como uma avalanche de lava que arrebata tudo e todos por onde passa. O mais triste é ouvirmos que a pontualidade está entre as características mais marcantes das pessoas bem-sucedidas. Se elas fossem japonesas ou inglesas, não estariam fazendo mais que a obrigação.

Mais uma vez não se apegue a definição da pontualidade, a questão principal é que associar seu valor, seu sucesso a esse tema é fechar a porta das milhares de pessoas que nem tem a chance de ser ou não ser pontual, neste caso seria complicado até para o Jorge Pontual, aquele que imitou o Chewbacca na GloboNews.

Com uma rápida pesquisa na internet é possível verificar que existe uma infinidade de frases, vídeos e palestras afirmando que o hábito de acordar cedo seria o segredo para o sucesso. Esses conteúdos sempre seguem o mesmo padrão: citam grandes nomes do empreendedorismo, tentam evangelizar seguidores, vendem alguma técnica ou método para você aprender o hábito e apresentam alguns testemunhos.

Eu poderia tentar algo parecido, poderia afirmar que, de forma leviana ou não, dois CEOs bilionários na área da tecnologia são adeptos do hábito de enfiar o dedo no nariz e comer a meleca. E que alguns dos famosos mantêm em suas rotinas essa atividade de manhã, em jejum, porque isso lhes daria uma espécie de vantagem sobre as outras pessoas. Eu venderia um e-book dizendo como deixar a meleca mais volumosa e talvez até um tipo de pó para a pessoa cheirar que poderia deixá-la saborizada — talvez pera, uva, maçã ou salada mista. Depois eu pegaria o depoimento ou testemunho de pessoas famosas, por exemplo, a ex-BBB Viih Tube ou o ex-técnico de futebol da Alemanha Joachim Low, com imagens deles preparando o salão, o cardápio e fazendo a refeição.

Existe um exemplo bizarro de uma palestra para motivação de concurseiros cujo vídeo tem o título "Durmo 4h e tenho BMW. — E você dormindo 8h?". Neste momento, pergunto o que é mais bizarro: relacionar a posse de um bem com o fato de dormir quatro horas ou motivar concurseiros? É importante pontuar que, se você não quer ser reprovado em concurso, é só não se inscrever.

O ditado popular diz que "Deus ajuda quem cedo madruga", e não é de hoje que ouvimos que "Acordar cedo torna as pessoas mais produtivas", vendo profissionais se aproveitarem da fama de poucos e da ignorância de muitos. Ouvimos também que "Celebridades e CEOs têm esse hábito".

Juntaram isso em um pote de positividade tóxica diluído com autoconfiança e pó de leseira e moldaram na frase: "Você vai se sentir mais saudável e feliz". Para finalizar, ainda garantem que você vai ter mais autonomia sobre suas decisões: "Vai retomar as rédeas da sua vida".

Seguindo essa lógica, vire padeiro na padaria mais distante do seu bairro, acorde às 2 horas da manhã e comece a trabalhar às 3h30. Tenho certeza de que em menos de um mês você muda de opinião.

O Brasil está entre os países que menos dormem no planeta, sendo o campeão absoluto em comparação a países ocidentais. Uma pesquisa revela que 65% dos brasileiros dormem mal, e que cerca de 20% desse público tem como preditor de má qualidade de sono a percepção do uso exagerado de mídias digitais.[59] Outro dado interessante é que morar nas regiões Centro--Oeste, Sul e Sudeste aumenta a chance de ter um sono ruim; talvez seja por causa do peso na consciência devido às más escolhas.

Seja no trabalho, na vida pessoal ou na acadêmica, muitos daqueles que avaliam ou julgam você pela produtividade, pela resiliência e por outros males ainda não entenderam a importância da qualidade do sono. Só para ter uma ideia de como essa questão ainda é vista de forma equivocada pela sociedade, uma pesquisa feita por um instituto britânico descobriu que a falta de sono é a principal responsável pela baixa produtividade no trabalho. O consumo de bebidas alcoólicas, o tabagismo e a má alimentação não foram fatores tão relevantes para a produtividade, para surpresa dos cientistas e nenhuma para mim. Todo mundo sabe que o álcool ajuda na produtividade (nada como um café da manhã bem reforçado com cerveja), e que determinados tipos de tabagismo auxiliam na criatividade. Outros fatores, como preocupações em relação às finanças, problemas de saúde mental, doenças musculoesqueléticas e falta de exercício físico também afetaram a produtividade dos trabalhadores, conforme a pesquisa britânica.[60]

O jornalista Elio Gaspari escreveu em 2019, na *Folha de S.Paulo*, uma coluna com o título "O pesadelo do sono de Bolsonaro". No texto, o próprio presidente comenta sobre a péssima qualidade do seu sono. Em um exame de polissonografia, por exemplo, foram registradas cerca de 89 breves alterações por hora. Nas palavras dele: "Um recorde. Os médicos disseram: 'Como é que você consegue raciocinar?'"[61]

---

[59] DRAGER, Luciano F.; PACHITO, Daniela Vianna; MORIHISA, Rogerio; CARVALHO, Pedro; LOBÃO, Abner; Poyares, Dalva. "Sleep quality in the Brazilian general population: a cross-sectional study". *Sleep Epidemiology*, v. 2, dez. 2022. p. 100020. Disponível em: https://doi.org/10.1016/j.sleepe.2022.100020.

[60] HAFNER, Marco; VAN STOLK, Christian; SAUNDERS, Catherine L.; KRAPELS, Joachim; BARUCH, Ben. *Health, Well-Being and Productivity in the Workplace*: a Britain's Healthiest Company Summary Report. Santa Monica: Rand Corporation, 2015. Disponível em: https://www.rand.org/pubs/research_reports/RR1084.html.

[61] GASPARI, Elio. "O pesadelo do sono de Bolsonaro". *Folha de S.Paulo*, São Paulo, 27 mar. 2019. Disponível em: https://www1.folha.uol.com.br/colunas/eliogaspari/2019/03/o-pesadelo--do-sono-de-bolsonaro.shtml.

Donald Trump diz que dorme de quatro a cinco horas por dia num quarto onde há três TVs. Um dos efeitos mais imediatos de dormir mal é a diminuição das funções cognitivas, deixando você mais lento, menos alerta, menos preparado para situações de estresse e incapaz de tomar decisões de maneira racional. Talvez isso explique muita coisa.

Nesse processo, é muito comum que as pessoas se automediquem para conseguir dormir, consumindo desde extrato de maracujá, leitinho morno, medicamentos ansiolíticos ou até mesmo drogas mais pesadas, como assistir ao SuperPop.

A qualidade do sono deve ser tratada como um tema relevante para a saúde pública. Essa é uma constatação feita pelos pesquisadores e profissionais envolvidos na área, mas que não sensibiliza aqueles que têm poder decisório no âmbito das políticas públicas.

O comprometimento do sono por um longo período aumenta a chance de desenvolver obesidade e outras doenças, como hipertensão e diabetes e é, principalmente, um fator crucial para o desiquilíbrio da saúde mental.

Se tudo isso que eu falei não sensibilizou você sobre a importância de dormir saiba que, ao degradar seu sono, você atrapalha ainda mais a sua vida sexual. Mas não adianta dar essa desculpa na hora em que você brochar — é melhor ir dormir.

O tema da qualidade do sono tem um ponto-chave: mesmo diante de todas as evidências científicas, há quem defenda a privação de sono como forma de atingir a prosperidade. É o que vemos no caso do cidadão da BMW pregando que dormir quatro horas por noite é o suficiente. É fato que existem coaches mais conscientes que, munidos de alguma noção, promovem a qualidade do sono como um dos principais meios de cuidar da saúde física e mental. Eles incentivam a busca por profissionais da área da saúde, e isso é lindo.

Há outros, porém, que, em vez de promover a consciência das pessoas, assumem o protagonismo desse processo — infelizmente você sabe que tem coach para tudo, até para dormir. Mas, se você quer realmente uma solução, procure um especialista.

No Brasil, existe o médico do sono, um profissional com treinamento especial adicional em medicina do sono (clínica médica, otorrinolaringologia, pneumologia ou neurologia).

Conheci outro dia o curioso caso de uma coach especializada em "sono do bebê", "sono da mãe" e maternidade. Ela afirmava que começou a trabalhar como coach a distância, atendendo on-line. Acho bem difícil fazer um bebê dormir pela internet, mas um excelente coach de sono para mim é o Pedro Bial.

DURMA COM IDEIAS, ACORDE COM FRACASSOS.

Quando você diz que faz questão de ter mais cinco minutinhos de sono ou que não consegue acordar mais cedo, muitos se aproveitam desse momento para coagi-lo dizendo que agir dessa maneira é pura preguiça, falta de vontade, de comprometimento, e que mesmo diante de problemas você não pode pensar dessa maneira. É preciso ter coragem, força, capacidade de agir e "pensar fora da caixa" para acordar mais cedo ou chegar no horário.

Tenho vontade de colocar as pessoas que falam esse tipo de coisa dentro de uma caixa e enviar para a Sibéria. Esse tipo de julgamento mostra total falta de empatia. Quem fala isso não entende o seu problema ou, mais provavelmente, não quer entender.

"Pensar fora da caixa" é uma das expressões mais banalizadas da nossa geração. Seja em uma startup, uma grande empresa, na faculdade ou até mesmo se neste momento você estiver literalmente preso dentro de uma caixa. Essa ideia sempre me deixa com o pé atrás não pela proposta em si, mas porque pressupõe alguém querendo evangelizar o outro. É quase uma espécie de militância típica do crossfiteiro, do vegano, do PSTU ou do liberal.

É óbvio que haverá inúmeras situações, seja na vida profissional ou pessoal, em que você vai ter que se virar usando a criatividade. A inventividade é uma marca da nossa cultura, seja para coisas boas ou ruins — a capacidade do brasileiro de fazer gambiarras é notória. Inseridos em um caos social e econômico, todos nós conhecemos várias referências de pessoas que literalmente buscam a sobrevivência diária na base da criatividade.

A criatividade é um signo que está mais espalhado no cotidiano e que pode estar presente tanto na maneira de oferecer um cafezinho quanto na construção de um cenário, na criação de um novo produto ou serviço, na forma de exposição, no esquema de corrupção em uma estatal ou na rotina da rachadinha, no pedido de casamento ou mesmo em um novo negócio.

Se engana quem acha que o perfil criativo está apenas nos artistas, escritores, escritórios de publicidade, arquitetura, design e derivados. A criatividade, ao vivo e a cores, está em cada evento de chá de revelação que ocorre neste país, no novo hit do Carnaval e no cardápio do espetinho da esquina.

O brasileiro pensa fora da caixa desde a época em que não existia papelão, e aliás nem brasileiro: os povos indígenas colocavam a criatividade em prática muito antes de os europeus cantarem de galo por aqui, em diversas áreas, muitas das quais usamos até hoje: gastronomia, artesanato e medicina são alguns exemplos.

E digo mais: essa história de que é necessário pensar fora da caixa como um estilo de vida em que tudo tem a obrigação de ser criativo faliu grande parte das startups e pequenas empresas deste país. Afinal, quem vende essa filosofia pós-moderna normalmente não passa a real ideia sobre a inovação, ainda mais no ambiente corporativo: basta tentar tirar o seu gato de uma caixa (garanto que não vai ser uma boa ideia).

Podemos fazer uma analogia entre inovação e um motor de combustão, sendo a criatividade somente a faísca. Para esse motor funcionar é necessário que exista uma bateria, um motor de arranque, velas para ignição, combustível, ar pressurizado nas câmaras de combustão e toda a mecânica funcionando, ou seja, todos os recursos necessários para implantar esse processo. Além disso, tudo precisa estar bem sincronizado, no tempo certo de cada estágio (admissão, compressão, explosão e escape), caso contrário o motor nunca vai funcionar ou vai simplesmente explodir.

A inovação depende de um processo contínuo e sincronizado, do encontro entre pesquisa, ciência, criação e implementação. Quem aceita a ideia de que pensar fora da caixa é inovação apenas por ser algo que estimula a criatividade está comprando gato por lebre. Existe muita ciência por trás desse conceito, e essa metodologia está sendo escondida para transformar a inovação em um produto mais acessível, fácil e atrativo para leigos.

A criatividade é um recurso extremamente positivo. Ao permitir que a sua se manifeste, você deixa de lado os padrões que podem limitar seus pensamentos e consegue olhar para opções que não são óbvias. Assim você tem muito mais possibilidades de errar, fracassar e aprender.

Ser criativo é um processo de libertação do medo de errar.

Dependendo do nível hierárquico em que você se encontra, pensar fora da caixa só vai lhe trazer problemas, a não ser que você se encaminhe para a agência da Caixa mais próxima e fique ruminando sobre as voltas que a vida dá.

> QUANTO MAIS CRIATIVO E INOVADOR VOCÊ É, MAIS FRACASSOS VAI OBTER.

Imagine tentar fazer uma inovação dentro das Forças Armadas que vá de encontro à rigidez das normas, ou então buscar algo tão inovador em sua dissertação de mestrado ou tese de doutorado que possa ferir o ego de mais da metade dos professores do departamento.

Se trabalha em uma grande empresa, por exemplo, que tem como característica procedimentos rígidos, normas engessadas e processos bem definidos, mesmo que a companhia pregue uma "cultura de inovação", você vai enfrentar grandes dificuldades para quebrar paradigmas, padrões e regras. Inovar nessas organizações pode ser um tiro no pé: mesmo otimizando processos e gerando ganhos, vai ter chefe dizendo que quem inova não trabalha, vai ter líder se promovendo em cima de você ou as duas coisas ao mesmo tempo.

Se você é adepto da falsa catarse do pensar fora da caixa e se ilude com isso, eu o vejo como um gatinho indefeso, daqueles bem fofos, com olhos enormes, que amam uma caixa de papelão. Você pode comprar cama e arranhador para o felpudo felino, mas ele sempre vai preferir a caixa. Então, você é só mais um gatinho indefeso dentro de uma caixa que acredita que pode matar um leão por dia. Só se for engasgado.

Agindo dessa forma você se assemelha ao gato de Schrödinger. O físico Erwin Schrödinger ficou famoso pelo experimento mental que propôs para explicar um conceito da física quântica. O tal gato, cuja cor ninguém sabe, está dentro de uma caixa com partículas radioativas que podem circular ou não. Quem está de fora da caixa não sabe o que aconteceu, ou seja, só vamos saber se o gato está vivo ou morto se abrirmos a caixa, mas, se isso for feito, vamos alterar a possibilidade de o gato estar vivo ou morto. Esse experimento mental está intrinsecamente ligado ao princípio da incerteza de Heisenberg e ao princípio da certeza do seu fracasso.

Assim como tudo que discutimos neste livro, a criatividade é explorada de maneira equivocada em várias áreas pelos mais diversos profissionais, entre eles muitos picaretas. É fácil se deparar na internet com anúncios sobre coaches de criatividade, métodos para fazer aflorar a criatividade em onze passos, dicas para se tornar mais criativo em dez passos, roteiro para ser mais criativo em nove passos...

Os números referentes aos conteúdos que abordam o tema da criatividade são praticamente infinitos. Muitos livros e pesquisas apresentam aspectos sólidos sobre esse tema, mas é óbvio que grande parte desses conteúdos, se é que podemos chamá-los assim, não tem nenhum contexto científico — passa longe disso.

Ninguém "se torna criativo". Precisamos nos colocar em uma condição e em um ambiente favorável para que isso aconteça. Maratone a série do MacGyver e entenda do que estou falando (o nome da série traduzida no Brasil é *Profissão: Perigo*, e, se você lembrou, entregou a idade).

Infelizmente, é comum encontrarmos pessoas que se autodenominam professores de criatividade sem ter gabarito para isso. Não é porque você fez algo criativo ou inovador, ou porque trabalha em um coworking, é descolado e odeia tarefas administrativas, que pode sair por aí achando que tem competência para dar aula de criatividade.

Existem metodologias de ensino e aprendizagem que são, ou deveriam ser, aplicadas desde a educação infantil para o desenvolvimento de habilidades criativas, possibilitando sua adaptação às demandas do contexto social, científico e tecnológico.

São raras as pessoas das gerações Y (ou millennials) e Z que tiveram a oportunidade de ser criativas na escola, pois não fizeram trabalhos usando cartolina, com imagens recortadas de revistas velhas e textos copiados e colados dos almanaques, sem falar nos trabalhos que demandavam investimento em bolas de isopor e cola psicotrópica.

Recentemente, o renomado neurocientista e pesquisador brasileiro Miguel Nicolelis afirmou em uma entrevista que "não existe uma fórmula única para estimular a criatividade ou produtividade".[62] Essa estimulação é única para cada pessoa, em cada momento e em cada situação. Portanto, é uma pretensão enorme rotular a criatividade como algo que pode ser explorado de forma tão comercial, ensinada em cada esquina com tutoriais banais por pessoas despreparadas.

Nesta sociedade de ritmo acelerado, a primeira coisa que deixamos de fazer é dormir. Acho que isso tem a ver com a ideia terrivelmente equivocada de que o cérebro não faz nada enquanto dormimos. A maioria faz mais coisas úteis dormindo do que acordado — o sono é importante para o pensamento criativo e para o equilíbrio do corpo.

Há, porém, uma discussão sobre qual estágio do sono é mais relevante e por quê. Vários estudos sugerem que o sono REM (sono com movimentos rápidos dos olhos) e o sono não REM facilitam a criatividade de diferentes maneiras. Quando focamos os mecanismos de reprodução de memória em não REM, podemos abstrair de regras de informações aprendidas, enquanto a reprodução em REM pode promover novas associações, que estão relacionadas à conexão de informações. A ciclagem dos sonos REM e não REM ao longo de uma noite aumenta a formação de estruturas de conhecimento complexas e permite que elas sejam reestruturadas, facilitando, assim, o pensamento criativo.[63]

Sabe quando você fica mais solto quando toma umas caipirinhas ou uns copos de cerveja? De certa forma, o álcool libera seu lado criativo, e essa intoxicação moderada pode ser um caminho para deixar o estado de atenção mais favorável ao processo de criação. Nessa hora, eu até oro para São Martinho (o padroeiro dos bêbados) e me apego ao deus Baco.

Se o álcool e o sono deixam você mais criativo, cabe a você sempre buscar um equilíbrio entre dormir bem e chegar embriagado no trabalho. É provável que a sociedade ainda não esteja preparada para o profissional alcoolizado

---

[62] HONORATO, Ludmila. "'Não existe formula para estimular criatividade e produtividade', diz neurocientista." *Estadão*, São Paulo, 13 ago. 2022. Disponível em: https://www.estadao.com.br/economia/sua-carreira/criatividade-produtividade-neurocientista-miguel-nicolelis/#:~:text='N%C3%A3o%20existe%20f%C3%B3rmula%20para%20estimular%20criatividade%20e%20produtividade'%2C%20diz%20neurocientista.

[63] LEWIS, P. A.; KNOBLICH, G.; POE, G. "How Memory Replay in Sleep Boosts Creative Problem-solving." *Trends in Cognitive Sciences*, n. 22, p. 491-503, 2018. doi:10.1016/j.tics.2018.03.009.

no escritório, mas, se você está trabalhando em home office, é plausível; dá até para beber e dormir enquanto trabalha.

O home office é o sonho de muita gente que perdia horas no trânsito, se arrumando com pressa e literalmente engolindo o café da manhã para chegar ao emprego — tendo filhos, então, a correria é quadruplicada. Com o trabalho remoto, a pessoa acorda em cima da hora para acompanhar a reunião de resultados, que começa às oito e meia, com a câmera desligada. E, se ela não for chamada para falar na reunião, provavelmente vai continuar dormindo.

Outra vantagem do home office é o fato de que você pode trabalhar com trajes adequados, ou seja, roupa íntima, se necessário. Se precisar aparecer na videoconferência, você corre o risco de virar meme fazendo uma live no banheiro, transmitindo para toda a empresa alguém da sua família transitando completamente nu ou seu cachorro fazendo sexo com a almofada.

Em resumo, durma mais. As necessidades de sono são muito particulares de cada um, mas o "ideal" é dormir de sete a nove horas por noite. Busque profissionais da saúde caso esteja com problema na qualidade do seu sono. Em caso de insônia, opte por ver algum jogo do Corinthians.

SE ATRASE COM PONTUALIDADE.

Se você chegar uma hora e meia atrasado no trabalho ou no meio da aula porque dormiu bem e por tempo suficiente e se o chefe ou outra pessoa perguntar o motivo do atraso, responda sem pestanejar que foi em prol da melhora do processo criativo, da produtividade e consequentemente dos resultados. E, para finalizar, olhe bem nos olhos da pessoa e diga: "Chegar atrasado é pensar fora da caixa."

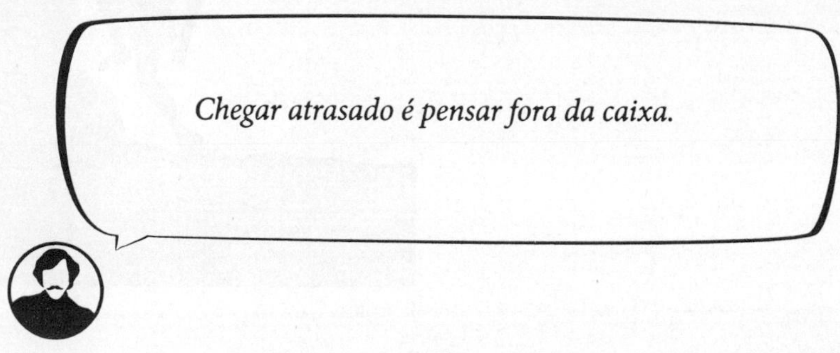

A VIDA É UM PORTFÓLIO DE FRACASSOS.

A VIDA É SUA. ESTRAGUE-A COMO QUISER

"Eu, filho do carbono e do amoníaco,
Monstro de escuridão e rutilância,
Sofro, desde a epigênese da infância,
A influência má dos signos do zodíaco."[64]

A frase que dá título a este capítulo é atribuída a Antônio Abujamra, ator e diretor de cinema, TV e teatro, que infelizmente não está mais entre nós. À frente do *Provocações*, na TV Cultura, Abujamra usava em suas entrevistas recursos que faziam jus ao nome do programa, quase sempre deixando o entrevistado numa saia justa com perguntas simples que geravam respostas complexas como: "O que é a vida?"

Normalmente, quando ouvia uma resposta meio morna, o entrevistador repetia a pergunta até a saia justa se tornar uma resposta magnífica para alguns ou uma inquietação em outros. Hoje esse programa é apresentado por

[64] ANJOS, Augusto de. "Psicologia de um vencido". *In: Psicologia de um vencido.* [*S.l.*]: Figura de Linguagem, 2020.

alguém muito parecido com o Professor Tibúrcio do *Castelo Rá-Tim-Bum*, só que calvo.

Quem sou eu para interpretar fielmente o que Abujamra quis dizer com essa frase? A meu ver, ela remete à responsabilidade, e principalmente a toda a nossa capacidade ou incapacidade de tomar decisões, viver e ser donos do livre-arbítrio. Tem a ver com autonomia para agir conforme nossa convicção e vontade.

A vida é nossa maior provocação. Viver é conviver com um conjunto de provocações externas e principalmente internas. Todos os dias somos nocauteados no primeiro round de uma luta que às vezes nem sabíamos que estávamos travando. Muitos já a encaram derrotados e apenas se deitam no chão em posição fetal para chorar. Mas não é porque você já está no chão que a vida não pode derrubá-lo.

Sempre que a vida nos provoca, tomamos o caminho da decisão ou o da omissão. Mas já comentei neste livro que ser omisso é o pior dos fracassos, pois você deixa de aprender com a situação — o típico "isentão". Porém, quando damos a cara a tapa e decidimos algo, as consequências, sejam elas positivas ou negativas, são fruto da nossa consciência, resultado de uma série de processamentos de sentimentos, percepções, ideais, informações, cultura, conhecimentos, experiências e observações ou até mesmo da ausência disso tudo.

A cada decisão que tomamos sofremos com as consequências, ou seja, novos problemas surgem diariamente. Alguns deles são triviais, enquanto outros são cruciais. E as pessoas diferem muito na capacidade de lidar com eles. Para muita gente, um tiroteio na noite anterior é só mais uma terça-feira, e para outros acordar e não ter café é o caos.

> NÃO É PORQUE VOCÊ JÁ ESTÁ NO CHÃO QUE A VIDA NÃO PODE DERRUBÁ-LO.

A realidade é que, se você não tem planos para sua vida, vai acabar fazendo parte dos fracassos de alguém. Se pensarmos bem, a maioria das pessoas não planeja fracassar, apenas fracassa por planejar. Um dos maiores motivos pelos quais muita gente não atinge seus sonhos e objetivos é o fato de ter planejado. O problema não é fazer o plano de ação em si, o que já é muito cafona, assim como o Jogo da Vida, mas fazer esse plano para realizar um suposto sonho.

O SONHO DE HOJE É O FRACASSO DE AMANHÃ.

Falei em "suposto sonho" porque é provável que você nem tenha escolhido um ainda. Muitos se percebem insatisfeitos depois de anos porque seguiram os planos de terceiros e fracassaram fazendo algo para os outros. Nem tiveram tempo de investir no próprio fracasso. Com isso, até a motivação para tentar algo novo se esvai, simplesmente porque todo o seu fracasso nem é seu — ele não veio de dentro dos seus anseios ou da sua essência, e sim de terceiros. É a mistura da precarização dos seus sonhos com a terceirização dos seus fracassos, quase a definição do subemprego (entregadores de delivery, motoristas de Uber, publicitários ou web designers).

Se conseguir ver um caminho na sua frente, saiba que está em uma trilha em mata fechada, e ela não vai lhe apontar o caminho para seu futuro fracasso — esse é um problema seu. Você não vai conseguir dar um passo sequer nesse caminho, pois criar sua própria estrada é bem mais difícil do que seguir pela BR-116. O que estou dizendo é que é muito mais fácil reclamar e criticar do que tentar e se lascar todinho.

RECLAME MENOS, FRACASSE MAIS.

A cultura ocidental ama empoderar quem tem o ego inflado. Em alguns setores, o ar é até mais rarefeito de tanto ego exalando pelos poros — não tem Rexona que dê jeito nesse cheiro. Diante de tantos exemplos, as pessoas buscam seguir o caminho de um herói, de um mito. Frases como: "Se é para ser, eu farei acontecer"; "Sem dor não há ganhos" (do inglês *no pain, no gain*) e "O meu sucesso só depende de mim" tentam nos convencer de que aquele caminho é a uma solução óbvia e trivial para o tão sonhado sucesso.

Mas a realidade é que esse caminho é extremamente acidentado, sem pavimentação, ou talvez até mesmo sem estrada — tipo a malha viária da região Norte do Brasil.[65]

Nesse caminho, você vai passar por situações dolorosas, humilhantes, mas quem deseja vencer vê isso cegamente como motivação. Usar essa dor e esse sofrimento como alicerces para a motivação é só mais uma forma de automutilação ou sadomasoquismo na busca por seus sonhos.

Motivação é algo que precisa ser muito bem pensado, trabalhado com ética e utilizado de maneira correta. Ela é vista como uma espécie de força interna que emerge, regula e sustenta todas as nossas ações mais importantes. Mesmo assim, é evidente que a motivação também é uma experiência interna, que não pode ser estudada diretamente.

Tem gente que busca a motivação de qualquer maneira, pois sabe que ela age como uma força sem que se especifique de que natureza. É por isso que é uma experiência interna, algo que sentimos e que ninguém vê. E, quando digo "de qualquer maneira", não estou exagerando. Há pessoas que, mesmo sem nenhum preparo, se arriscam a subir montanhas, andam sobre brasas (*firewalking*) ou sobre cacos de vidro.

Se você estiver pensando em andar sobre cacos de vidro, não recomendo, mas é possível tentar pular o muro das casas que optam por esse sistema de segurança arcaico. Se você utiliza esse recurso, está contribuindo para algo mais perigoso devido ao acúmulo de água, que é o Aedes aegypti.

Enfim, quando vejo pessoas se submetendo a certas situações para extrair a sua motivação, me pergunto o que é menos pior nessa problemática: ver um palestrante motivacional que já realizou o Projeto Sete Cumes, que consiste na escalada da maior montanha de cada continente, adaptada a suas dificuldades (detalhes técnicos como logística, aporte financeiro para cada projeto e a preparação física e mental) para o contexto de empresas, consultoria e vendas; ou alguém completamente despreparado nessa atividade pôr em risco a própria vida e a vida de outras pessoas com o intuito de motivá-las.

Diante desse grande questionamento, só consigo me lembrar de uma música do Falcão (um dos maiores artistas cearenses com 1,93 m de altura):

---

[65] *Pesquisa CNT de rodovias 2021.* — Brasília: CNT: SEST SENAT, 2021. 231 p.: il. color.; mapas, gráficos.

No alto daquele cume
Plantei uma roseira
O vento no cume bate
A rosa no cume cheira[66]

Aí entra a figura tão ameaçadora do coaching motivacional, uma tipologia cujo rasgo diferenciador consiste em desenvolver um pensamento positivo e otimista de maneira que indivíduos possam acreditar que podem alcançar seus objetivos. Ou seja, trata-se de destruir a vida das pessoas pelo uso abusivo e irresponsável da motivação.

Os indivíduos que se dizem coaches motivacionais são uma verdadeira febre na internet, na forma de memes e vídeos que você jura que são esquetes do início do programa *Hermes e Renato* da antiga MTV. Se bem que, quando lembro da qualidade do Massacration, maior banda de heavy metal do universo, vejo que é uma comparação injusta.

E a internet felizmente não perdoa. As pessoas com um pouco de sensatez estão vendo que muita gente promove uma espécie de cura da falta de motivação, e a gozação não tem fim. Destaco aqui alguns casos que viralizaram e ainda repercutem pelas redes sociais:

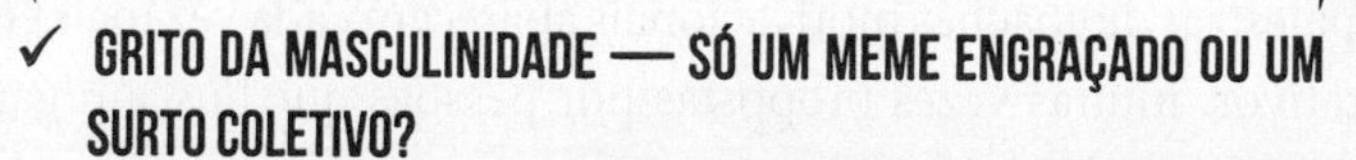

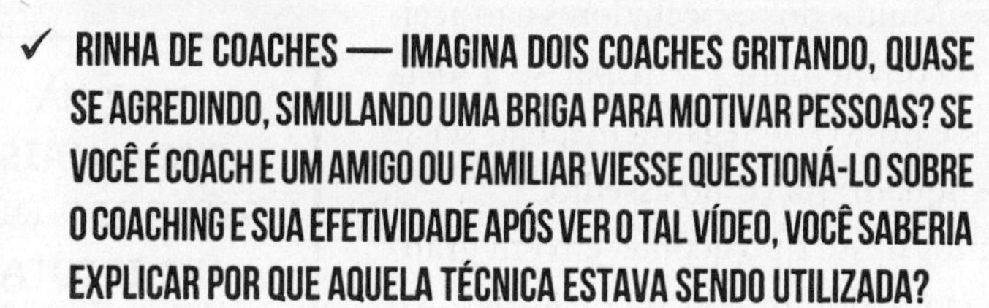

[66] NO cume. Intérprete: Falcão. Compositores: Falcão e Plautus Cunha. *In*: DO penico à bomba atômica. [*S.l.*]: SomZoom Studio, 2000. Faixa 4.

- ✓ COACH DE CACAREJO — VÍDEO DE DINÂMICA DE GRUPO COM PESSOAS IMITANDO GALINHAS INTRIGA A INTERNET.
- ✓ HAKA COACH — O HAKA É UMA DANÇA DE GUERRA QUE O POVO MAORI FAZ PARA INTIMIDAR SEUS OPONENTES OU DEMONSTRAR COMPAIXÃO POR ELES. SEU USO EM EVENTOS MOTIVACIONAIS, ALÉM DE SER APROPRIAÇÃO CULTURAL, É UM DESRESPEITO À TRADIÇÃO DE UMA NAÇÃO.
- ✓ POLÊMICA SOBRE O HOLOCAUSTO — "POR QUE AS PESSOAS FRACASSAM? POR QUE ELAS DESISTEM? POR QUE AQUELES JUDEUS QUE ESTAVAM LÁ NO CAMPO DE CONCENTRAÇÃO SIMPLESMENTE SE ENTREGAVAM?", QUESTIONOU UMA COACH DURANTE UMA PALESTRA DE MOTIVAÇÃO.

Esses são só alguns dos exemplos mais bizarros e comentados que circulam pela rede. Podemos citar uma lista de programas, quadros ou personalidades que brincaram com esse tema. Na comédia, são impagáveis os episódios que falam sobre coaching no *Porta dos Fundos*, no *Greg News* e no *Lady Night*; ou Murilo Coach (personagem do Murilo Couto) e até mesmo o Fantástico.

As palestras de coaches motivacionais aparecem cada vez mais em eventos corporativos, muitas vezes propostas por pessoas que buscam ganhar algo com isso. Muitos dos espectadores não aceitariam o convite para participar se a ideia não viesse do RH — legalmente, não sei se isso se enquadraria como assédio.

> NÃO HÁ NADA MAIS PERIGOSO QUE UM IDIOTA MOTIVADO.

Eventos desse tipo acontecem em grandes espaços e duram dois ou mais dias. No palco iluminado, um homem caminha de um lado para o outro, falando para uma multidão sobre fé, família, relacionamentos, sucesso, prosperidade e futuro. Poderia ser uma comédia stand-up, mas é bem mais divertido. Ele promete avanços na carreira em cinco meses e a reprogramação de crenças pessoais em três dias.

Ouve-se muita música trance misturada com "We Are the Champions", do Queen, e o "Tema da Vitória" (a música foi executada pela primeira vez com a vitória de Nelson Piquet e depois para Alain Prost — só depois passou a ser do Ayrton Senna). Dancinhas, gritos, dinâmicas acaloradas, jogos de luz profissional, palco com megaestrutura e gritos de guerra variados — cada coach tem o seu. No filme *Sim, senhor* (2008), estrelado por Jim Carrey, há uma cena na qual a arte se sobrepõe a essa realidade com uma sequência de "Yes! Yes! Yes! Yes! Yes!".

Para você ter ideia de como essa mistura de festa rave e culto de autoajuda é séria, no site de um dos maiores players desse negócio no Brasil, há um aviso informando que pessoas com esquizofrenia, transtorno de bipolaridade, surtos ou problemas de saúde psicossomáticos somente poderão participar mediante autorização médica por escrito. Esse aviso pode ser pouco, mas já é alguma coisa; tem a mesma proposta e força do "O Ministério da Saúde adverte: fumar causa câncer de pulmão".

Boa parte das técnicas usadas nesses eventos baseia-se na controversa programação neurolinguística (PNL). Criada na década de 1970, essa espécie de "reprogramação mental" por meio da linguagem se baseia principalmente no uso mais eficaz dos nossos recursos mentais e linguísticos. Por meio de algumas mudanças na forma de pensar, falar e agir, a maior transformação ocorreria no inconsciente, levando a pessoa a se reorganizar mentalmente e, assim, a obter os resultados que deseja.

A metodologia partiu do princípio de que modelar habilidades de pessoas excepcionais permitiria que todo mundo pudesse adquiri-las. Bateu uma vontade de me modelar nas habilidades de Marie Curie ou Ada Yonath, para me garantir pelo menos um prêmio Nobel.

Essa abordagem é considerada educacional, e não um processo terapêutico. Um olhar leigo pode confundi-la com a psicoterapia, mas a técnica não tem nada a ver com a psicologia.

O Conselho Federal de Psicologia (CFP) autoriza apenas o uso de técnicas validadas cientificamente, e a PNL não cumpre esse requisito. Um artigo de

2012 do periódico *British Journal of General Practice*,[67] por exemplo, analisou 1.459 artigos científicos sem encontrar evidências de que a PNL funcione.

Ela pode ser utilizada como recurso complementar no exercício profissional da psicologia, mas também é um recurso muito empregado em processos de coaching ou consultoria de carreira, segundo a Sociedade Brasileira de Programação Neurolinguística.

No entanto, é um grave erro achar que a PNL se fundamenta em evidências científicas da psicologia ou da neurociência. Também me causa náuseas a promessa de mudanças radicais em questão de dias. Não existe milagre: tomar consciência de traumas e de suas limitações dá um trabalho enorme, e muita gente nunca vai conseguir. A questão é que isso vai bem além da PNL. Sem regulação no Brasil, existem coaches que se apegam àquilo em que acreditam e àquilo em que o cliente quer ver. Até ao misticismo se recorre, utilizando o tarô egípcio para orientar clientes. É o caso de uma coach que afirmou em entrevista para *O Estado de S.Paulo*: "Ao longo da vida passei por processos de coaching. Queria levar essa transformação para outras pessoas. E sempre vi o tarô como um complemento nesse processo."[68]

E essa "profissional" descreve a metodologia de tal processo: "No começo é importante, para mapear como estão as energias de cada casa, ter ideia de como o cliente está em cada área da vida. Depois, tem o que chamo de reconexão, que é a fase da definição do objetivo. E, no fim, ele é utilizado para avaliar como esse caminho se desenvolveu."

Cada um acredita no que quiser. Não cabe a ninguém julgar o credo ou as crenças dos outros. Segundo a Sociedade Latino-Americana de Coaching, o tal coach motivacional usa uma combinação de flexibilidade, insight, perseverança, estratégias e ferramentas pautadas em uma metodologia de eficácia comprovada.

---

[67] STURT, Jackie; ALI, Saima; ROBERTSON, Wendy; METCALFE, David; GROVE, Amy; BOURNE, Claire; BRIDLE, Chris. "Neurolinguistic Programming: A Systematic Review of the Effects on Health Outcomes". *British Journal of General Practice*, v. 62, n. 604, p. e757-e764, 2012. Disponível em: https://doi.org/10.3399/bjgp12X658287.

[68] MENGUE, Priscila. "Tem coach para tudo, até para dar sono". *In*: *O Estado de S.Paulo*, São Paulo, 17 jun. 2017. Disponível em: https://sao-paulo.estadao.com.br/noticias/geral,tem-coach-para-tudo-ate-para-dar-sono,70001845008.

Quando olhamos para a realidade de grande parte desses profissionais, observamos que eles passam mais tempo jurando que seu método realmente funciona do que preocupados em se alinhar com a ciência para buscar evidências significativas para validá-lo.

Se você quiser assustar um coach ou deixá-lo sem jeito, peça o link do seu currículo Lattes. Se bem que essa história de currículo está ficando cada vez mais ultrapassada — mentir ou se equivocar nesse campo se tornou pré-requisito para diversos cargos do alto escalão. Você pode se autointitular mestre em educação apenas por ter se dedicado ao ensino bíblico, por ter visto Jesus no topo de uma goiabeira ou ser um jardineiro japonês como o Mestre Miyagi do *Karatê Kid*. Sem falar no exército de doutores sem doutorado.

Quando imagino que muitos investem tempo, dinheiro (e não é pouca grana), suor, paz e o pouco que lhes resta de saúde mental para cultivar um estado de motivação sem saber exatamente para quê, me pergunto se esse é um comportamento normal. Essa pessoa age em sã consciência ou se encontra em um estado psicológico similar ao da síndrome de Estocolmo? Como não consigo entender a partir de razões lógicas, passo a crer que existem razões motivadas por algo similar à fé.

Se nem o Estado ultimamente é laico, imagine esse fenômeno. Existe um movimento muito forte que está convergindo com rapidez entre a fé, no sentido religioso, e o coaching. Há palestras de coaching acontecendo onde deveria haver uma pregação, e vice-versa; uma mistura da teologia da prosperidade com coaching, um Smilinguido motivador.

A meu ver essa é uma grande contradição, pois as pessoas querem ouvir que seus "pecados" serão tratados como pedras e obstáculos que devem ser superados no caminho, isso de forma dinâmica (por meio de frases de efeito e de motivação), tudo associado ao desejo material.

A busca para ser altamente motivado requer que saibamos rejeitar as motivações ruins e prejudiciais que penetram em nossa vida como um câncer e apodrecem a nossa alma, sempre travestidas de boas motivações.

É só verificar a tara, quase sexual, que muitos têm pelos bilionários famosos da atualidade. Eles são transformados em heróis da modernidade, exemplos de sucesso em suas biografias. O marketing sobre o seu estilo de vida nos faz acreditar que a felicidade está em obter motivação, para buscar a produtividade, o sucesso e a plenitude.

Você começa a se autoimpor metas e objetivos cada vez maiores e, conforme o tempo passa, essa atitude até parece valer a pena. Mas você esquece que não é herdeiro de uma mina de esmeraldas, nem sabe a diferença entre hardware e software.

Para estragar a sua vida seguindo o próprio caminho, tome decisões com base naquilo em que acredita. Você não precisa de um coach de motivação para se motivar. Na verdade, se reparar bem nas suas atividades e na sua vida, nem de motivação você necessita.

Não há exigência de ir para o trabalho sempre motivado. Há dias em que você acorda, toma banho, escova os dentes, se arruma, toma café, pega o trânsito e nem se lembra de motivação. Quem vai para a faculdade motivado é calouro, e isso antes das primeiras provas — se você é estudante de engenharia, no fim do segundo semestre a única motivação que tem é desistir.

Eu acordo motivado para ir à praia com a minha esposa e nosso cachorro. Sou um entusiasta de motos e fico sempre motivado com planos para viajar sobre duas rodas. Sempre estou motivado para sair do trabalho no horário e ir tomar uma cerveja com os amigos. Sou um curioso nato e sempre estou disposto e motivado a aprender algo novo, mesmo que seja algo sem futuro como a ferramenta de programação Python.

> QUEM VAI PARA A FACULDADE MOTIVADO É CALOURO.

Você não precisa seguir ensinamentos de um coach motivacional, nem buscar imitar os hábitos de um bilionário russo (lembrando que tráfico de pessoas é crime), ou se guiar por influenciador, youtuber, podcaster ou qualquer outra criatura que use a influência como moeda de troca. Seja apenas você. Foque em seus fracassos, seus erros, suas derrotas, suas mazelas e suas frustrações. A sua vida já é tão deprimente quando você se concentra em si mesmo... Imagine sendo guiado ao fracasso pelos outros.

A vida vai provocar você com um mar de decisões, sejam elas programadas, estratégicas, táticas, operacionais ou não, envolvendo certeza, risco ou incerteza. A curto, médio ou longo prazo. Decisões de caráter racional, irracional e emocional. Seja no contexto da vida profissional, financeira, amorosa, familiar, estudantil ou pessoal.

E não pense que é um ou outro; às vezes é tudo de uma vez só. Quando você escolhe um curso de graduação na juventude ou diz "sim" em seu casamento, no mínimo tomou umas vinte decisões diferentes e talvez nem tenha percebido.

Há diversos tipos de decisões, das mais simples, como ir ou não a um aniversário (o seu aniversário),[69] até as mais complexas, como "comprar ou não uma casa", "ter ou não filhos", "trocar de emprego ou ficar desempregado", "abrir ou não um empreendimento". As decisões mais simples tomadas no dia a dia normalmente não impactam a sua vida no decorrer do tempo, exceto questões relacionadas à higiene ou à hidratação. Já as decisões mais complexas, seja em qual fase da vida você esteja, perpetuam a dor e o arrependimento durante longo tempo ou até durante a vida toda.

Para tomar essa decisão, o sujeito deve levar em consideração uma série de critérios úteis que facilitarão sua escolha. Esses critérios vão desde a temperatura da superfície do sol, a paz com a resolução de um conflito, o retorno sobre o investimento da relação tempo versus esforço e o suposto alívio gerado pelo prazer de decidir algo.

A pessoa escolhe a alternativa que amplia as consequências positivas e minimiza as negativas, mesmo sem ter a mínima ideia do que está fazendo.

Para começar a estragar a sua vida da forma certa, basta começar a segurar as rédeas da tomada de decisões. Diante de uma decisão, é necessário escolher uma alternativa, a mais adequada ou, na pior das hipóteses, nenhuma das que formulamos. Divida essa atividade em três passos:

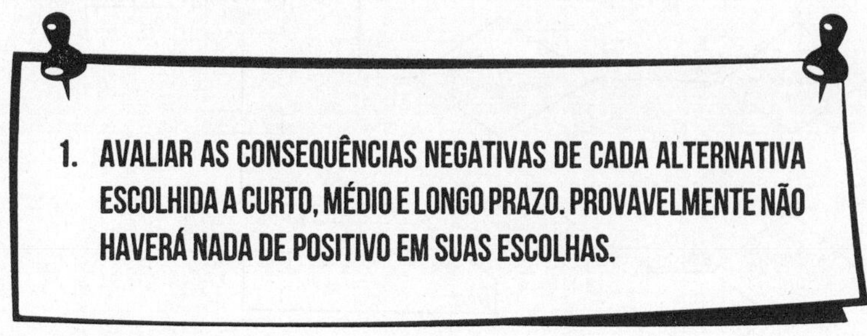

[69] Meus pêsames para você que faz aniversário hoje.

2. **ESTIMAR O GRAU DE PROBABILIDADE DE VOCÊ SE LASCAR EM CADA ALTERNATIVA.**
3. **USAR AS ALTERNATIVAS MENOS ADEQUADAS OU INVIÁVEIS.**

Decidir pode ser algo tão complexo que você acaba buscando ajuda de pessoas próximas. E essas pessoas naturalmente, com o objetivo de ajudar, só fazem atrapalhar, deixando você cada vez mais confuso sobre o tema. É por isso que você necessita com urgência criar uma árvore de decisão para a sua vida. É parecido com uma árvore genealógica, só que, diferente dos seus parentes, que você não escolhe, esta árvore é composta por uma série de fluxos de decisão que auxiliam você nesse momento.

Provavelmente você já viu ou até utilizou uma árvore de decisão. Isaac Newton usou uma dessas e olha aonde ele chegou. Um fluxograma é um exemplo — se você não conhece, dê uma olhada na figura a seguir.

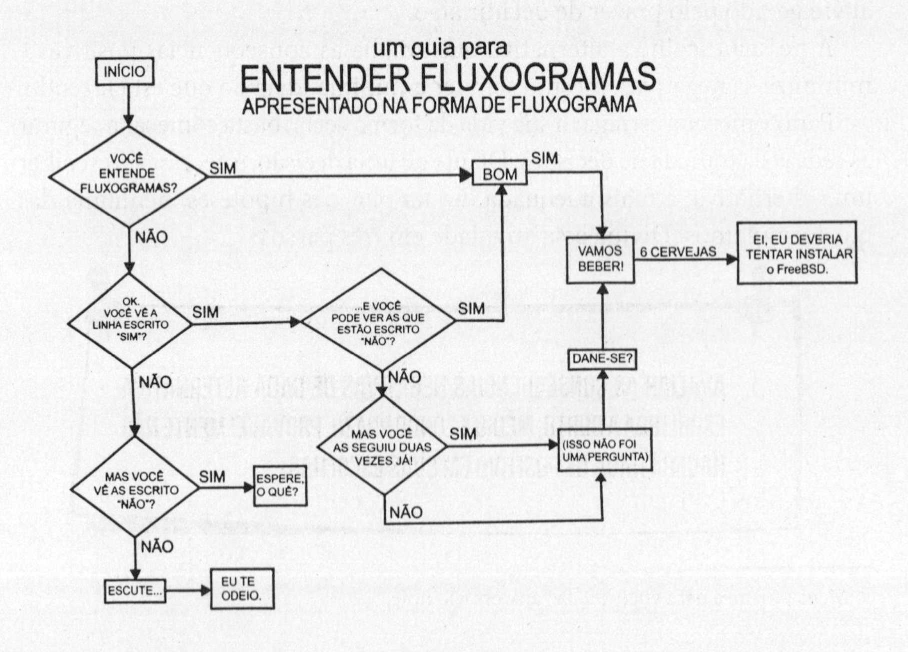

Vamos então criar os passos e as perguntas necessárias usando a notação de árvore de decisão.[70] Dessa forma podemos criar essa arvores partindo no nó raiz, que contém a pergunta: "Qual jogo escolher?", por exemplo. Como a vida acaba sendo uma sequência infinita de decisões, normalmente cada pessoa tem uma floresta repleta de árvores de decisões acumuladas com o tempo.

Para entender melhor, suponha que você vai fazer uma reunião com os amigos na sua casa, com direito a comida e bebida. Você quer jogar um jogo de tabuleiro, mas não sabe qual o melhor para essa situação, então pensa em recorrer à árvore de decisão para escolher de forma mais correta.

Vamos caminhar por ela a partir do nó raiz, que contém a pergunta:

- Está jogando com crianças?
- Não. Uma criança que joga esse tipo de jogo hoje tem problemas.

Então, vamos para o nó filho da esquerda.

- Vamos jogar por mais de duas horas?
- Sim. Possivelmente vamos virar a noite.

Assim, o próximo é:

- Vai ter bebida?
- Lógico. Mais importante que o jogo, aliás.

Seguindo na árvore, temos a próxima pergunta:

- Jogo com regras difíceis?
- Não, pois vai estar todo mundo meio bêbado, logo ninguém vai querer pensar muito.

---

[70] Árvores de Decisão — Uma árvore de decisão é um mapa dos possíveis resultados de uma série de escolhas relacionadas. Permite que um indivíduo ou organização compare possíveis ações com base em seus custos, suas probabilidades e seus benefícios. Podem ser usadas tanto para conduzir diálogos informais quanto para mapear um algoritmo que prevê a melhor escolha, matematicamente.

Por fim, a pergunta final:

- Todos os jogadores vão ficar até o final?
- Pela quantidade de álcool, vamos supor que sim.

Desse modo, chegamos ao último nó folha, com o Uno. As regras desse jogo não são muito difíceis — cada jogador joga de acordo com sua regra, podendo a rodada durar até três horas. Enquanto os outros competidores estão pensando e brigando entre si, você consegue preparar seus drinques e uns quitutes. E é o único jogo amigável que você tem em casa.

Munido do poder de decisão, cada um estraga seu próprio viver, acreditando e estando convicto de que a cada decisão, ação, a cada fato que é presenciado e construído, representa a nossa vontade e faz parte de nossa vida fracassada, que é diariamente construída. O que poucos sabem é que você tem um poder de decisão único, no qual há infinitas possibilidades.

Para você estar ciente de suas decisões, precisa ter autoconhecimento e saber identificar características mais marcantes, os gostos, as inclinações, os padrões de comportamento e os sentimentos vivenciados.

Gosto é igual a bom senso: tem gente que não tem e isso não se discute. Eu sei que essa afirmação foi meio leve, mas usei para evitar o clichê maldoso que você pensou. Tem gente que anda mais preocupada com o que você faz ou deixa de fazer com o seu órgão excretor do que com a própria vida.

Porém, se você não sabe identificar suas características mais marcantes, vai acabar tendo autoconhecimento com um viés da média das pessoas que o cercam. É importante trabalhar arduamente para se autoconhecer, e nessa atividade as mulheres estão anos-luz à frente dos homens — é só verificar a aderência da campanha do Outubro Rosa em comparação ao Novembro Azul.

> NOSSOS TROPEÇOS NOS MOSTRAM MUITO MAIS AQUILO QUE SOMOS DO QUE NOSSOS SONHOS.

Uma ferramenta de autoconhecimento que aborda diversas áreas e intersecções da vida pessoal e profissional é a ideia do

Ikigai. Você talvez já tenha ouvido falar dela: é uma palavra japonesa, geralmente traduzida como "razão de viver", "objeto de prazer para viver" ou "força motriz para viver".

Essencialmente, trata-se de um antigo conceito que pode ajudar você a encontrar o motivo pelo qual acorda todos os dias. E é muito óbvio que o motivo para isso é porque você dormiu — seria impossível acordar sem dormir.

Sendo assim eu trago uma nova proposta que é completamente oposta, até no nome — ela se chama Iagiki e é composta por quatro círculos que se sobrepõem:

1. **AQUILO QUE VOCÊ ODEIA — O QUE VOCÊ FARIA SE NÃO FOSSE PELO DINHEIRO?**
2. **AQUILO EM QUE VOCÊ É PÉSSIMO — QUESTIONE-SE: QUAIS SÃO SEUS PONTOS FRACOS? O QUE SABE QUE PODE FAZER MAL A VOCÊ? O QUE NINGUÉM VALORIZA EM VOCÊ? PERGUNTE TAMBÉM PARA AMIGOS, COLEGAS E FAMILIARES.**
3. **AQUILO QUE VOCÊ É MAL PAGO PARA FAZER — A VISÃO É BEM MAIS REALISTA: ONDE VOCÊ PODERIA TRABALHAR? QUE PROFISSÃO PODERIA EXERCER QUE ESTARIA ALINHADA COM SUAS REFLEXÕES ANTERIORES? O QUE VOCÊ FAZ OU ESTARIA DISPOSTO A FAZER QUE OUTROS ESTÃO DISPOSTOS A PAGAR? PENSE NO MAIOR NÚMERO DE TRILHAS POSSÍVEL.**
4. **AQUILO DE QUE NINGUÉM PRECISA — EM QUE VOCÊ PODE ATRAPALHAR OS OUTROS, POR EXEMPLO, TORNANDO O MUNDO PIOR OU DEIXANDO DE AGREGAR VALOR SOCIAL?**

Depois de aplicar o Iagiki na sua vida e se conhecer melhor, terá clareza sobre os caminhos que vai seguir e os rumos das suas decisões perante suas escolhas. Assim seguimos nosso caminho, construindo uma história que, em nossa percepção, leva ao fracasso.

Em determinados momentos, a busca pela motivação pode ser tão letal quanto a vontade de nossos inimigos, e nossos tropeços nos mostram muito mais aquilo que somos do que nossos sonhos.

Se você deseja fazer o teste de Iagiki, basta acessar qualquer ferramenta da proposta original e responder com as perguntas de acordo com o oposto da pergunta que é feita.

Por fim, cada criança que estivesse aprendendo a ler neste país, ao adentrar os portões de uma escola, deveria ser obrigada a ler: “A vida é sua. Estrague-a como quiser!” Quem sabe assim os jovens ouvissem mais seus verdadeiros mestres para que, cheios de liberdade, descobrissem, no conhecimento, os seus limites, de modo a não estragarem sua vida por completo caindo em papo de coach.

A vida é continuar andando no incerto e idolatrando a dúvida.

Onde houver a certeza, que eu leve a dúvida.

SONHAR.
ACREDITAR.
SE LASCAR.

O “NÃO” VOCÊ JÁ TEM. BUSQUE A HUMILHAÇÃO

“Das utopias
Se as coisas são inatingíveis... ora!
Não é motivo para não querê-las...
Que tristes os caminhos se não fora
A mágica presença das estrelas!”[71]

Você conhece alguém que tem dificuldade para ouvir “não”? Você é o primeiro que deveria reconhecer isso, por ter dificuldade com a rejeição na seleção para um emprego, por ter ficado chateado com o seu amigo que deu uma de Pedro e negou por três vezes sair hoje, por causa da sua aposentadoria negada pelo INSS ou até por quem você nutre sentimentos?

É muito doloroso ouvir um “não” quando estamos na expectativa de ouvir um “sim”. A regra é clara: “Não é não.” E isso vale para tudo na vida e não só em campanha contra o assédio no Carnaval.

---

[71] QUINTANA, Mário. “Das utopias”. *In: Espelho Mágico.* Rio de Janeiro: Globo, 2005.

Ouvir um "não" e aceitá-lo é, acima de tudo, respeitar o livre-arbítrio do outro em não concordar com a proposta que você fez, independentemente da índole da sua proposta. Faz parte da vida. Afinal, as coisas nunca caminham como gostaríamos.

Vivemos em uma sociedade em que é mais fácil você mentir dizendo que vai para uma festinha de criança e depois inventar uma desculpa por ter faltado ao aniversário do que simplesmente falar a verdade dizendo que não vai.

As pessoas ficam presas aos seus pensamentos mais críticos, se segurando por receio de desagradar, de não serem aceitas por discordar de algo. Tudo isso na tentativa de evitar desencontros, confrontos e conflitos. Uma tentativa que é só mais um esforço em vão.

Não tem quem me faça ir a uma festa de criança, pois há a possibilidade de haver um palhaço ou mais de um, pessoas aleatórias falando sobre fraldas, creches ou sobre como é bom ter filhos. Eu não minto e digo logo que não vou.

Mesmo assim, um amigo do trabalho que tem um casal de filhos me convidou para jantar e, quando cheguei à casa dele, fui apresentado às crianças. Olhei e não falei nada. Então ele perguntou:

— E aí? O que achou das crianças? A cara da mãe, não é?

— Sim! Gêmeas, né?

— Cara, a Laura tem 11 anos e o David tem 3.

Uma coisa é levar um "não" de uma pessoa, do seu cachorro, do restaurante do iFood, de um amigo, do banco ou do SISU. Outra completamente diferente é não saber aceitar os "nãos" da vida. Uma sequência de negativas que são consequências das suas escolhas, dos seus objetivos e da sua falta de noção.

O "não" poderá ser muito difícil quando você não está preparado para ele. Se você pede ou tem a expectativa de receber o "sim" e a resposta for negativa, bate logo aquela dose de frustração, causada principalmente pela irresponsabilidade de ter criado expectativas, de crer nas suas capacidades e de contar como certo aquilo que é duvidoso ou até impossível.

Assim a vida vai se tornando uma lista extensa de negações, e sempre que você tenta ir além essa lista cresce. Diferentemente dos bancos ou financeiras, a vida não faz empréstimo para negativado. Ela continua cobrando com juros e correção monetária.

Com sua teimosia e insolência, você continua a sua triste saga, e talvez ainda não tenha entendido que "não é não" e esteja tentando fazer as coisas darem certo de qualquer jeito, uma verdadeira distorção do mundo real mesclado com a fantasia.

Creio que muitos adultos se recordam da frustração que viveram quando eram crianças ao receber um "não". A típica situação da criança esperneando em frente a uma loja e o pai dizendo que na volta compra. Muitos desses adultos não atualizaram suas percepções e, por instinto de proteção e como resultado de sua educação, hoje são crianças de pouco mais de 40 anos fazendo birra, fingindo chorar e apresentando todo tipo de drama quando não são atendidos. Tem uns que chegam a dar pena — marmanjos barbados se prestando a um papel tão ridículo.

Na verdade, eu não tenho dó nem piedade de pessoas que agem dessa forma, pois elas fogem da realidade como as sombras fogem da luz. Embora a realidade seja única, as percepções, sensações e emoções sentidas diante do fracasso são muitas. Aproveite-as.

Sentir-se desconfortável com um "não" que a vida dá a você faz parte do mundo real, mas esse desconforto também é fruto das distorções, associações e emoções confusas dentro de nós. Há muitas emoções: culpa, raiva, tristeza e frustração. Entretanto, sabemos que nesse momento há também um sentimento tão forte que pode nos destruir: a humilhação.

A humilhação é uma emoção presente no dia a dia. Muitas pessoas não conseguem se comunicar se não for humilhando os demais, acreditando que estão realmente lhes fazendo algo bom. É assim nos jogos de futebol com os amigos, no trânsito, em batidas policiais e principalmente no Twitter.

O sentimento de humilhação resulta de uma ofensa, de um ataque ao ser, à sua condição de existência como indivíduo ou membro de um grupo. Nós, brasileiros, somos especialistas em diversas modalidades de humilhação, desde os sofrimentos causados por determinações sociopolíticas, étnico-raciais, econômicas, narcísicas, ancoradas em mecanismos muitas vezes inconscientes.

O humilhado é destituído de sua condição de humanidade e jogado em uma condição inferior. Seu corpo, a cor da sua pele, seu grupo étnico, suas crenças, sua religião, sua origem, sua identidade de gênero, sua situação socioeconômica, todos esses pontos são usados como justificativas para atos de discriminação, violência, tortura e rebaixamento.

Não vou me aprofundar nesses tipos horríveis e inescrupulosos de violência e sobre as formas de humilhação citadas acima, mas vale salientar que infelizmente a maioria de nós passa por uma ou mais situações absurdas dessas durante a vida, e suas consequências traumáticas afetam diretamente nossas percepções e escolhas.

Diante da possibilidade de continuar tentando atingir o tão sonhado objetivo inalcançável ou desistir, você está apenas corroborando ainda mais a sua humilhação quando não opta pela desistência.

OS HUMILHADOS NUNCA SERÃO EXALTADOS.

Isso me faz lembrar de que talvez você esteja utilizando o método da tentativa e erro para conseguir atingir metas e objetivos. Nessa espécie de transtorno obsessivo-compulsivo, você tenta um método, observa se ele funciona e, se não funcionar, tenta outro diferente — tipo os planos infalíveis do Cebolinha da Turma da Mônica.

Esse método tem a premissa de realizar várias tentativas a fim de obter um problema maior, ou seja, você vai obter muito mais erros do que tentativas — só que o maior erro é não parar de tentar.

Por exemplo, imagine tirar uma caminhonete enorme da garagem de um condomínio depois de ter dilatado a pupila no escuro sem enxergar praticamente nada.

- ✓ PRIMEIRO, VOCÊ TENTA MOVER A CAMINHONETE PELA PARA A FRENTE E BATE NO MURO.
- ✓ EM SEGUIDA, EXPERIMENTA DAR RÉ E BATE EM UM MUSTANG.
- ✓ POR FIM, JÁ QUERENDO FUGIR DA SITUAÇÃO, VIRA PARA A DIREITA, BATE EM MAIS DOIS CARROS, ATROPELA UM IDOSO, MAS CONSEGUE SAIR DA GARAGEM DO SUBSOLO 2. FALTA SÓ MAIS UM SUBSOLO E A PORTARIA.

Você acabou de usar o método de tentativa e erro para criar vários outros problemas, e é assim que a sua vida funciona. É uma situação factível se você trocar a pupila dilatada por uma bebedeira com os amigos — e é aí que as coisas começam a pender negativamente para o seu lado, pois a culpa é sua.

NÃO PARE ATÉ SE HUMILHAR.

Essa busca incessante nunca é interrompida. Lembra aquela ideia de dividir um problema original em subproblemas menores da procrastinação estruturada? Agora, em vez de solucioná-los, você está criando problemas maiores, até que se tornem impossíveis de resolver. Chamo isso de teoria do problema recursivo.

Em vez de desistir de algo, assumindo seus fracassos, suas limitações e entendendo o seu lugar, você tenta desafiar tudo, todos e, o pior, a si mesmo com a esperança de obter algo positivo. Um objetivo, sonho ou meta que nem existia em sua vida passa a ganhar corpo, se torna uma ideia estúpida e, por fim, vira uma série de problemas inexistentes anteriormente. E, para resolver esses novos problemas, você vai criando outros, e assim por diante.

Você vai ser incapaz de parar e vai viver a vida toda resolvendo os problemas que criou, e depois os problemas provenientes dos seus anseios. É basicamente uma série de Fibonacci[72] (de forma recursiva) feita exclusivamente dos seus problemas. Seus problemas crescem conforme a sequência de Fibonacci. Caso não tenha entendido procura no Google.

Lógico que esse esforço todo é compreensível na grande maioria dos casos e justificável, pois grande parte da população se vira como pode para ter o mínimo. O que é fracasso para uns é sonho para outros; o que é lixo para uns acaba se transformando em fonte de renda para outros. Veja, por exemplo, o trabalho do Vik Muniz: você com certeza não tem capacidade de inventar arte a partir do lixo como ele.

---

[72] A sequência de Fibonacci é uma sequência de números inteiros na qual cada termo subsequente corresponde à soma dos dois anteriores.

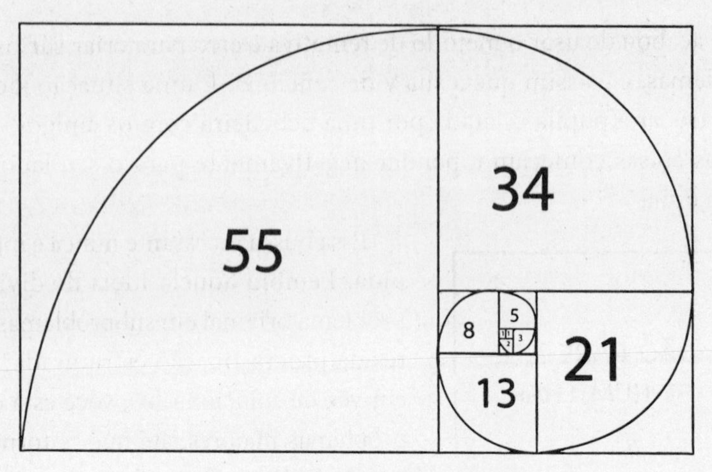

Se pensarmos "pratrasmente" (como diria Odorico Paraguaçu, personagem de *O Bem-Amado*),[73] no começo do século XXI, surfando em commodities, com a estabilidade política na base da paz e amor, o país passou por um crescimento econômico que foi benéfico para todos. Foi grande a importância que o Brasil ganhou no cenário internacional, pois até empregada doméstica viajava para a Disney na época, para desespero do ministro Paulo Guedes.

Revisitando dados de 2010, um estudo do Centro de Políticas Sociais da Fundação Getulio Vargas (FGV)[74] indica que, entre 2003 e 2009, a classe C (grupo à época da reportagem com renda domiciliar mensal entre R$ 1.126 e R$ 4.854) passou a representar mais da metade (50,5%) da população brasileira e ultrapassou as classes A e B em poder de compra.

De forma bem resumida, pois não sou economista para errar com precisão, ocorreu um inchaço da classe C em paralelo à redução das classes D e E, ou seja, nesse período tivemos um crescimento das classes A, B e C. Essa "nova classe média" gerou um sentimento de ascensão da classe C e uma percepção

---

[73] *O Bem-Amado* foi uma telenovela brasileira escrita por Dias Gomes, dirigida por Régis Cardoso e exibida pela TV Globo originalmente de 22 de janeiro a 3 de outubro de 1973, com 178 capítulos.

[74] FELLET, João. "Classe C cresce e já engloba maioria dos brasileiros, indica estudo". *BBC News Brasil*, São Paulo, 10 set. 2010. Disponível em: https://www.bbc.com/portuguese/noticias/2010/09/100910_classec_fgv_jf.

da diminuição da pobreza e da desigualdade social. Em números, estatísticas e índices, isso ocorreu. Mas o que é o Índice de Gini, instrumento estatístico para medir o grau de concentração de renda das populações de determinado lugar, quando se tem uma favela dividindo o muro com o Alphaville?

Mesmo com esses sentimentos e percepções subjetivos, a sociedade passou a ter uma perspectiva de um futuro menos pior, e alguns passaram a aspirar a um futuro melhor.

O fenômeno da geração massiva de expectativas positivas somadas com certo ar de esperança foi embriagando tudo e todos, deixando as pessoas sedentas por oportunidades, buscando o seu lugar ao sol e fazendo o possível e o impossível para crescer financeiramente, empreender e atingir a tão sonhada ascensão social.

AS COISAS VÃO PIORAR. NEM QUE SEJA PARA MELHOR, MAS VÃO PIORAR.

Porém, você já deve estar calvo de saber que a vida não é uma caixinha de surpresas, mas um contêiner de decepções.

As coisas estavam, aparentemente, indo conforme o planejado para algumas pessoas, mas então desde 2010 é só ladeira abaixo. Uma década marcada por crises econômicas, políticas, sociais e até futebolísticas. Muita gente dizia que a copa de 2014 tinha sido comprada, e o que vimos no Mineirão provavelmente foi fruto de algum cheque sem fundo, da falta de limite no cheque especial ou essa verba também foi desviada.

No segundo trimestre de 2014, estávamos formalmente em recessão. Toda aquela expectativa virou uma verdadeira frustração coletiva, e a esperança virou desesperança, incredulidade, ceticismo, dúvida, desilusão, desengano, decepção, desapontamento, desespero, desesperação, ódio, fúria, medo e, principalmente, rancor.

Quando a bib'sfiha de carne do Habib's passou a custar mais de R$ 1 e perdemos a promoção da "Quarta em Dobro", constatamos a triste realidade de que o país estava em crise.

DAÍ PARA A FRENTE FOI SÓ PARA TRÁS.

O que nunca tinha sido bom foi piorando a ponto de ir se tornando cada vez pior, mas agora fodeu de vez. A economia não está se arrastando, está agonizando desde então, e só tende a piorar. Nesse intervalo, veio a pandemia de covid-19, a guerra na Ucrânia, a alta dos preços dos alimentos e da energia, a recessão mundial e mais uma edição do MasterChef, entre infinidades de variáveis que nos assolam diariamente.

Em meio a tudo isso, você se encontra desesperado para sair do fundo do poço, onde o nível de chorume já está quase ultrapassando a sua altura. Quanto mais você entra em pânico e se debate para tentar sair dessa situação incômoda, maior a probabilidade de afundar mais e mais.

Nesse contexto, o maior perigo não é ficar preso e se afogar, e sim achar que você tem a capacidade de sair dessa fossa e desse líquido escuro, viscoso e fétido composto por frustrações, dor, sofrimento e arrependimentos, produto da decomposição dos resíduos dos seus sonhos perdidos, investimentos falidos, metas não alcançadas e objetivos não atingidos.

Você acha que não, mas, ao não realizar o processo de reciclagem, acaba por atrair diversos vetores de doenças, como coaches e gurus espirituais, por ainda acreditar que tudo na vida tem jeito.

Muitos vão lhe dizer que essa sua situação no fundo do poço é consequência de seu comodismo, e daí soltam aquela frase que todos conhecem: "Saia da sua zona de conforto." Quem a defende afirma que é uma zona perigosa, cheia de armadilhas e que a sua caminhada para prosperidade, sucesso e plenitude se inicia com a atitude de sair dela.

NUNCA SAIA DA SUA ZONA DE CONFORTO.

Um cabaré é mais civilizado, organizado e higiênico do que muitos eventos de coaching por aí. E quem pensa o contrário talvez nunca tenha conhecido algum dos inferninhos noturnos das grandes capitais deste país. Como se a zona de conforto fosse algo ruim. Será que é mesmo?

A sensação de conforto é algo que vem da nossa necessidade biológica, natural e necessária. Essa zona nos remete ao cuidado que recebemos quando bebês e nos perpassa em vários estágios da vida. O colo dos pais, a segurança de dormir sabendo que tudo vai ficar bem, a espontaneidade de dar risada das coisas simples, tudo isso só é possível se estivermos em conforto ou quando nos sentirmos completamente à vontade. Caso contrário você provavelmente está sob efeito de álcool ou outras drogas mais pesadas como chocolate.

Em qualquer site de busca, se você procurar "zona de conforto", vai receber uma enxurrada de frases, conteúdos, vídeos, imagens e livros. Alguns desses conteúdos a definem como "sedutora", "irresistível", "familiar", "perigosa" e "desastrosa".

Há uma imagem muito peculiar sobre esse tema, que é a de um peixe laranja pulando de um aquário em direção ao oceano. O que me faz lembrar da exploração visual que é feita a partir de um sequestro de um peixe deficiente e a árdua jornada de seu pai para reencontrá-lo — a ponto de essa barbaridade ser romantizada com uma história de superação e fuga da zona de conforto. Diferente do Nemo, que é um peixe-palhaço, o peixe da imagem peculiar é um peixe-japonês, que é de água doce e morreu ao cair no mar.

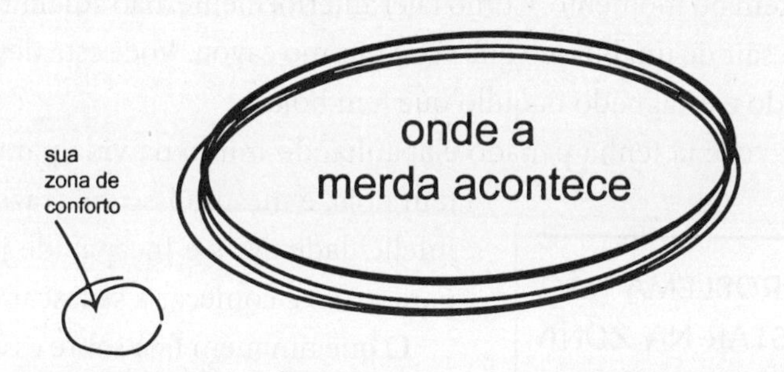

Todo mundo sabe que qualquer coisa que tenha os adjetivos "sedutora", "irresistível" e "familiar" é perigosa e desastrosa. A zona de conforto é definida, não por mim, como a tendência a fazer o que é fácil, cômodo e conhecido, sem intenção de interromper ciclos viciosos e improdutivos ou de começar algo novo ou desafiador, que demande autodisciplina, motivação e comprometimento e que cause dispêndio extra de energia e nos tire da inércia.

Essa área onde as situações são previsíveis e nada foge do seu controle, assim como Ratanabá, não existe. O que de fato acontece é que as ocorrências da sua vida vão se desdobrando e que você está se preparando para elas da pior forma possível.

A questão de sair da zona de conforto é pura positividade tóxica, uma imposição da cultura doentia da alta performance e da produtividade. Dessa forma, eu pergunto: não é confortável descansar depois de não ter feito nada?

O papo de que você só vai crescer, se desenvolver e evoluir quando sair dessa tal zona de conforto é história para boi dormir. Muita gente vai entender isso de maneira errada e acabar sendo irresponsável, assumir riscos desnecessários e sem medir as consequências. Quando se dispõe a sair da sua zona de conforto, você começa a fazer coisas que a maioria das pessoas não faz: trocar o ruim pelo péssimo ou o certo pelo duvidoso. Sair da zona de conforto dói e não vale a pena.

SAIR DA ZONA DE CONFORTO DÓI E NÃO VALE A PENA.

O problema não é estar na zona de conforto, mas querer sair dela. O fundo do poço é profundo, mas não é romântico, e talvez seja a única coisa que você tem no momento. Como falei anteriormente, não adianta espernear querendo sair de um buraco que você mesmo cavou. Você está devidamente estacionado e estagnado naquilo que tem hoje.

Talvez você já tenha penado e apanhando muito da vida para ter o que tem hoje, e mesmo isso vai trazendo certa infelicidade. Mas é incapaz de jogar tudo para o alto e começar a se lascar do zero.

O PROBLEMA NÃO É ESTAR NA ZONA DE CONFORTO, MAS QUERER SAIR DELA.

O que ninguém fala sobre esse conto de fadas é que no futuro você poderá sentir saudade dessa tão temida zona de conforto de onde decidiu sair. Nunca saia dela, nunca mesmo — no máximo para comprar cerveja e voltar.

A dica que dou é: expanda a sua zona de conforto. De forma bem didática, a ideia de expandir é se manter no fundo do poço, mas transformar aquele chorume gosmento em um fluido não newtoniano — ou seja, quando esse fluido sofre pressão, fica duro como pedra, mas sem pressão parece água, tipo a Piscina Maluca do Gugu.

Você sofre uma leve pressão ao expandir a sua zona de conforto. Em termos práticos, você age dentro de suas possibilidades, sem atropelo, respeitando suas limitações e sem assumir riscos. Mudar de emprego pode ser muito complicado, mas, se você realmente deseja aumentar seu salário, talvez uma renda alternativa a priori seja uma opção. Oferecendo aulas particulares de reforço escolar, vendendo brigadeiros ou fazendo uma conta no Privacy.

Se você tem interesse em fazer carreira no exterior e o inglês ainda é um desafio, ao expandir a sua zona de conforto você pode aprender espanhol primeiro. Talvez apareça uma oportunidade de fazer performance de mariachi em um clube de striptease perto da sua casa.

GRATIDÃO POR MAIS UMA HUMILHAÇÃO.

Às vezes, isso ocorre até de forma inconsciente. Tipo a novela *Os Mutantes* da Record: ninguém via, mas todos sabiam que era muito ruim e ainda assim a atração conseguiu entrar na categoria de ícones trash do país. Então, só resta a você agir dentro da zona de conforto, expandindo-a.

E essa exemplificação pode ser estendida para todos os cenários da sua vida, seja em questões profissionais, acadêmicas, financeiras, em relacionamentos, entre outros. Muitas vezes ficamos paralisados por muito tempo na zona de conforto e caímos na tentação de querer sair, como se fosse possível fazer isso de forma não prejudicial.

O grande erro do discurso tradicional sobre a zona de conforto é querer obrigar você a, de uma hora para a outra, começar a atuar em uma área sem qualquer habilidade. Por exemplo, digamos que eu queira ampliar minha capacidade de cozinhar. Para isso, resolvo deixar meu emprego, começo uma graduação em gastronomia e faço diversos cursos de chef de cozinha. O que vai acontecer? É provável que eu desista ou morra de fome. Afinal, como vou me manter financeiramente? Isso

A DICA QUE DOU: EXPANDA A SUA ZONA DE CONFORTO.

acontece porque passam a ideia de que devemos ir de um extremo a outro. De forma abrupta, sem nenhum tipo de preparação.

Agora o que aconteceria se primeiro eu assistisse a todos os episódios do *Larica total* (minha fonte de culinária de guerrilha, exibido pelo Canal Brasil), me tornasse o churrasqueiro oficial da família no fim de semana e ajudasse a vó na feijoada no sábado? Nunca iria querer ser chef e ficaria feliz cozinhando o que eu gosto, para quem eu gosto e do jeito que eu achar que é o certo. Fico feliz fazendo uma moqueca de ovo.

Antes de mais nada, é importante ter humildade para reconhecer que do jeito que está não está bom, e mais humildade ainda para reconhecer que tentar mudar isso só vai piorar. Não reconhecer é ir além da humilhação. Ou seja, um sujeito revoltado, movido pelo complexo movimento de desforra, mas também de fazer justiça, de recuperar a honra e a dignidade. E isso é o mesmo que perder a dignidade e acreditar que foi de forma digna.

Ao expandir sua zona de conforto, você estará aproveitando tudo de bom que ela tem agora e se preparando para buscar algo com calma: "Tá ruim, mas tá bom. É o que tem e o que dá para fazer." Essa é a melhor forma de definir esse processo, e sejamos realistas: a zona de conforto sempre vai existir e sempre será muito importante na sua vida.

Precisamos descansar e recuperar a energia para dar o próximo passo e conquistar o próximo fracasso. Senão, a vida vira uma corrida desenfreada e não dá tempo de apreciar nada, nem de tirar uma selfie ou mijar pelo caminho.

Embora realmente seja necessário encarar alguns desafios, você descobriu aqui que isso deve ser feito de forma gradual, com a expansão da sua zona de conforto. Com essa expansão, a tendência é ficar bem mais confortável — vai ter sofá reclinável de três lugares, cadeira gamer, colchão de molas entrelaçadas, uma rede preguiçosa para deitar, um animal peludo vivo como almofada e assim por diante.

Ao sair da zona de conforto em busca da felicidade, vai ter irresponsável dizendo que ela pode ser desenvolvida como qualquer comportamento em sua rotina; basta querer, treinar, repetir e se enganar. Fique na sua zona de conforto, há felicidade nela. Só que você poderá nem perceber que ela está com você.

Tipo uma pedra nos rins: você nem sabia que estava ali, mas, ao sair, causa dor intensa. Especialmente quando a pedra começa a se movimentar em direção ao ureter, bexiga ou uretra, ou quando é muito grande e fica presa no rim.

Beba água. Chorar desidrata.

O UNIVERSO NÃO TÁ NEM AÍ PRA VOCÊ.

Foi muito difícil chegar até aqui, mesmo chegando em lugar nenhum.

É com grande alegria e enorme tristeza que termino este livro. Não, não são sentimentos antagônicos. Sinto felicidade por acreditar ter conseguido colocar em palavras várias das ideias absurdas que eu tive. E lamentação por ter chegado ao fim ainda com várias outras ideias absurdas que não couberam nestas páginas.

Em tese, se você não pulou nenhuma etapa, está um pouco mais preparado para o fracasso. A metodologia foi pensada com o objetivo de traumatizá-lo, e em caso de dúvida é só entrar em contato pelo Instagram ou pelo comprovante do PIX. Provavelmente vou ignorar você com o objetivo de orientá-lo.

Ao fim de todos os ensinamentos, reflexões, refluxos, dicas e ferramentas, você poderá solicitar o seu diploma do Método F.D.P.® através do QR-coach. Após preenchê-lo com seus dados, envie para o RH da sua empresa. Talvez aquela tão sonhada e esperada promoção se torne uma demissão. Caso isso não se concretize, poste essa sua pequena, porém humilhante, conquista no LinkedIn.

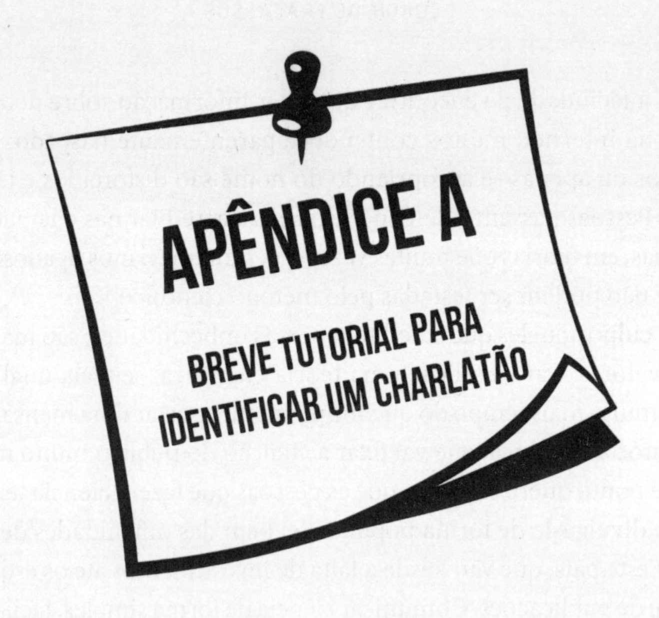

Este apêndice tem a proposta de complementar alguns pontos tratados no livro sobre a prática do coaching. À medida que aumenta o número de pessoas atuando como coach, aumenta também a confusão sobre a sua aplicabilidade.

Hoje, dependendo de quem vende o serviço, o coaching pode resolver qualquer coisa. Parece que, quanto menos formação a pessoa tem, mais mágica ela acha que é. Aqui quero me limitar a apresentar um pequeno tutorial para identificar o coach bizarro ou charlatão.

Poucos devem se lembrar do Homem do Rá, que se considerava um paranormal em plena década de 1980 no Brasil. Ele fazia demonstrações do poder da sua mente, energizando pessoas, e vivia como uma espécie de guru de famosos de uma doutrina muito nebulosa. E se dizia que era capaz de, trinta minutos depois de quebrar um ovo, transformar a gema e a clara num pintinho apenas com o poder da mente — talvez tenha vindo daí a inspiração do Gugu para a música do Pintinho Amarelinho.

Óbvio que casos como esse eram midiáticos e até fazem parte do folclore brasileiro, mas também refletem um pouco dessa mística e verdadeira falta de noção que o ser humano tem quanto a buscar poderes sobrenaturais, energizar pessoas, curar, mudar o DNA para a abundância e outras coisas que na minha mente são pseudociências.

Com a facilidade de encontrar qualquer informação sobre determinado assunto na internet, muitos conteúdos aparentemente baseados em fatos científicos ou apenas se apropriando do nome são distorcidos e levados ao público. Pessoas passam a defender e outras a acreditar nas chamadas pseudociências, em teorias que muitas vezes apresentam termos ligados à ciência, mas que não podem ser testadas pelo método científico.

Nem culpo aqueles que acreditam nessas imbecilidades; são mais vítimas do que vetores. Para explicar uma teoria científica, seja ela qual for, você demora muito mais tempo do que simplesmente postar uma mensagem atraente aleatória e maluca, que vai fixar a atenção do público muito mais cedo.

Neste ponto quero salientar que as pessoas que fazem ciência têm dificuldade em divulgá-la de forma popular. Sei bem das dificuldades de produzir ciência neste país, que vão desde a falta de investimentos até os esquemas de pirâmide de publicações. Comunicar ciência de forma simples, fácil, atrativa e de forma massiva é impossível. É sempre muito mais difícil explicar a ciência.

Já a pseudociência, pelo contrário, não precisa ser explicada nem defendida porque é mentira, então é mais fácil: você a coloca ali e quem quiser aceita. O problema é que antes um bando de desocupados se juntava com um guru e sumia no meio do mato, e ninguém nem se importava com o que eles estavam fazendo, se estavam se curando usando pedra.

Porém, o negócio foi ficando tão sério que só o Sistema Único de Saúde (SUS) oferece 29 práticas integrativas baseadas em teorias que não podem ser cientificamente comprovadas. A respeito dessas práticas, a divulgadora científica brasileira Natalia Pasternak Taschner[75] afirmou, em uma entrevista ao *Jornal da USP*:[76]

> O que nós estamos falando é de um desperdício de dinheiro público muito sério e muito perigoso. Primeiro, porque ele gasta dinheiro público à toa em lugar onde faltam até luvas. E,

---

[75] Ph.D. e pós-doutora em Microbiologia na área de Genética Bacteriana na Universidade de São Paulo. Na época da pandemia, Natalia ficou rouca de tanto dar entrevista falando sobre a desvalorização e o descrédito da ciência.

[76] CARDOSO, Thaís. "Pesquisadora esclarece riscos gerados pelas pseudociências". *Jornal da USP*, São Paulo, 15 maio 2019. Disponível em: https://jornal.usp.br/atualidades/pesquisadora-esclarece-riscos-gerados-pelas-pseudociencias/.

> segundo, porque ele endossa terapias que não têm comprovação científica alguma e podem desviar pessoas de seus tratamentos convencionais — que, esses sim, iriam curá-las —, podem atrasar diagnósticos de doenças graves e as consequências disso para a saúde podem ser superdeletérias. E essas consequências também podem ser financeiras, porque quando você atrasa um diagnóstico de câncer, por exemplo, você ainda vai onerar mais o sistema posteriormente.

O coaching se tornou uma das sensações do momento para quem busca o desenvolvimento pessoal ou profissional. Porém, há anos se percebe uma infestação desenfreada de pessoas sem formação ou com formação em locais desqualificados, que se aventuram a influenciar a vida dos outros sem o menor preparo acadêmico ou ético.

O problema aqui não é a metodologia coach, mas o fato de esse termo ter sido apropriado por pessoas que não têm noção do que estão fazendo, ou que, recebendo algum conhecimento superficial, já se consideram prontas para consertar a vida dos outros. A ponto de a pessoa declamar frases desconexas sobre motivação, sucesso, produtividade. Faz uma mistureba com técnicas de persuasão, vendas e se intitula coach sem nenhuma regulamentação. Isso quando a bizarrice não chega a outros patamares com o uso de termos e expressões como "quântica" e "reprogramação do DNA", para ganhar ares científicos.

Lembrando que a tal "reprogramação do DNA" nem é pseudociência, já é anticiência. Se fosse possível reprogramar meu DNA, eu gostaria de ser um mamute voador — tipo o Dumbo, só que peludo e com presas enormes. E você? A resposta mais criativa merecia até um prêmio.

Existem profissionais dessa área que são qualificados, que têm responsabilidade e ética. São pessoas sérias, com algo a contribuir e que estão buscando se reinventar no mercado. Vendendo seu conhecimento, experiência, expertise de carreiras anteriores (ou paralelas) como empresários, professores, executivos, psicólogos, educadores físicos, médicos. Um bom profissional de coaching executivo, por exemplo, vai passar anos estudando técnicas da psicologia organizacional, métodos de liderança executiva e alinhar suas experiências e conhecimentos na área.

Entretanto, vemos o oposto disso no dia a dia. O que chega até nós é uma supervalorização do mundo do espetáculo dos palestrantes motivacionais e outros tipos de coaches se promovendo como megainfluenciadores. Não nego que esses eventos motivacionais devem ser bem divertidos. Se fizer tipo micareta — um Chiclete com Banana, abadá colorido e cerveja (uma é R$ 3 e três são R$ 10) —, vai ser um show de entretenimento com muita motivação para pegação.

Seja lá o que se busque em um coach sem noção, não existe mágica no processo, não existe grito de guerra, não existe rinha ou fórmula mágica. Essas coisas não vão mudar pelo grito ou por qualquer outra pseudociência. Tem muita gente que lê um livro e acha que é coach.

Pior é o caso das pessoas que tiveram experiências positivas utilizando algum método. No nicho do coach de emagrecimento, há diversos exemplos disso. A pessoa perde dez quilos em quatro meses e, sem nenhuma qualificação da área da saúde, decide que o método que ela usou para emagrecer poderia ser repassado a outros em sessões de coaching. Se não enxerga problema nisso, você também é responsável.

Em 2019, eu perdi 45 kg em seis meses seguindo orientações de uma junta formada por um endocrinologista, um psicólogo, um educador físico e um nutricionista. Três anos depois, indico apenas o médico que consultei, pois seria de extrema irresponsabilidade passar para outra pessoa minha dieta da época ou a medicação que utilizei.

Cada pessoa tem um metabolismo diferente, uma situação clínica diferente e por aí vai. Mas eu poderia utilizar esse resultado, usar algumas de minhas fotos pessoais com 140 kg no passado e com 85 kg hoje, para enganar pessoas ao afirmar que elas podem atingir o mesmo resultado. Sem parar de beber cerveja nem de comer churrasco diariamente.

Ainda hoje muita gente me pergunta como emagreci, e eu continuo indicando a busca por um tratamento com profissionais da saúde. Porém, há os que preferem um(a) influenciador(a) digital sem nenhuma formação em saúde que faz carreira como coach de alimentação saudável ou de emagrecimento. Alguns ainda se autodenominam empresários do emagrecimento, e é obvio que essas pessoas não têm nenhum registro no Conselho Federal de Nutrição (CFN).

Muito cuidado com a pseudociência dos coaches de emagrecimento. A página do Instagram e este livro só existem por conta do ódio que senti de uma coach. Profissionais da área de nutrição alertam para os perigos do aconselhamento nutricional irresponsável feito por celebridades e influenciadores de redes sociais.

Esses gurus da atualidade são a personificação dos livros de autoajuda, revistas de dieta e manuais de técnicas de venda que eram sucesso nas bancas de revistas na década de 1990. Eles têm uma receita infalível. Primeiro descubra o objetivo e visualize-o. Cole uma foto — num lugar bem visível — da casa dos seus sonhos, como os antigos borracheiros faziam. O cérebro é tipo o Datena, precisa de imagens. Transforme esse sonho em um desejo ardente, estilo o Cine Privê que passava nas madrugadas de sábado na Band.

Faça todos os sacrifícios necessários e os desnecessários. Em caso de pouco sacrifício, é sempre bom ter um ali de sobra. Sempre se mantenha motivado, independentemente do que aconteça. Monitore o seu progresso fazendo lives no Instagram.

Caso o cliente do coach não venha a atingir seus objetivos e se questionar se há algo errado com o método, é obvio que a resposta do coach será que o problema não é com o método e sim com o cliente que não se esforçou o suficiente.

Em qualquer área existem profissionais bons, ruins e picaretas. Os picaretas são os profissionais que não têm caráter, agem de má fé e sem ética, independentemente da capacidade técnica. E é preciso separar a vinhaça da cachaça.

Há muitos coaches que não se enquadram nesse contexto bizarro e de charlatanismo, e esses deveriam ser os primeiros a buscar formas mais robustas de regulamentação para a categoria. Até o Uber é regulamentado, pois de certa forma a empresa e seus profissionais estão sendo afetados com essa banalização e com a satirização.

Houve um crescimento tão desordenado de pessoas ofertando esse tipo de serviço que ficou impossível distinguir quais profissionais são realmente confiáveis. E há tantas sociedades de coaching que promovem cursos e mais cursos que fica impossível fazer uma rastreabilidade e uma avaliação de qualidade por algum órgão competente.

Entretanto, esses seres sorrateiros e de má índole precisam ser identificados e, para que os desatentos percebam a aproximação de charlatões, venho lhe ajudar a identificá-los. A reclamação nos faz humanos, e, se a pessoa não se utiliza desse artefato, é inumana, o que começa a soar estranho.

Outra dica é prestar atenção nos traços do profissional: se for um homem branco de dreads, fuja! Esse, se não for coach, já está no caminho. O #gratiluz ainda não é coach pela falta de oportunidade, mas muito em breve também será integrante da seita.

Existe ainda um terceiro ponto infalível: você deve narrar alguma situação desagradável como isca, e o provável coach charlatão só tem duas saídas: a primeira é se compadecer da sua desgraça, o que seria o correto, porque está foda mesmo; e a segunda é dizer: "Não foi tão ruim assim, poderia ter sido pior. Com esse método de repro..." — nesse caso, fuja! Corra para longe e nem ouça a proposta.

1. **"Aprenda a conquistar as pessoas com minha fórmula de sedução."**

Coach de sedução que faz live e vende técnicas de como "pegar mulher". Isso é mera ilusão. Apesar de muitos pregarem, não existe fórmula mágica que conquiste as pessoas. Tudo depende da sua bio do Tinder ou dos amigos ou amigas do seu ex-namorado(a).

2. **"Você pode melhorar a sua situação seguindo os meus ensinamentos."**

Nem Platão dizia isso. Frase de guru que, na verdade, são verdadeiros charlatões enganadores movidos pelo intuito de se aproveitar da sua situação emocional. Para piorar, ele solta um "só depende de você mesmo e de mais ninguém!".

Sabemos que isso é errado, pois ninguém melhora de uma depressão com métodos mágicos sem auxílio de medicação e psicoterapia. O mesmo vale para sua situação financeira — não é o fato de você usar a camisa *Stop Being Poor* da Paris Hilton que automaticamente um PIX de dez mil reais milagrosamente irá ser depositado em sua modesta conta.

Nesse caso é frequente a polarização entre "produtos naturebas" e "indústria farmacêutica"; entre "ciência moderna e inovadora" e "ciência tradicional e retrógrada"; entre "eu que quero ajudar meus clientes" e "todos os outros que têm inveja do meu sucesso". O velho discurso do "bem contra o mal" não é utilizado somente na política. Com essa técnica, os coaches visam passar uma imagem de vítimas e honestos para ludibriar e lucrar.

3. **"Se você me seguir no Instagram, sua carreira será um sucesso."**

Realmente isso vai acontecer, só que o sucesso virá para o próprio coach sem noção, que com esse papinho continua conquistando mais seguidores que desejam o sucesso de forma rápida e eficaz.

Essa é só mais uma frase que esses elementos utilizam ao pregar a palavra "abundância". Assim, eles conseguem promover a própria popularidade on-line e não ajudam ninguém a se reerguer na carreira. Cuidado quando escutar isso e fuja de profissionais que falam besteiras como essas.

4. **"No próximo treinamento, vamos aprender técnicas poderosas."**

Já percebeu que, quando você termina Cálculo I ou Física I, o professor nunca diz: "Quem não reprovou no próximo semestre vai aprender técnicas poderosas de integração". Ele não fala isso porque não é um vendedor de sonhos que vive de quem compra esses treinamentos.

Essa frase é quase um grito de socorro. Ao identificar o que as pessoas querem ouvir e o que elas estão dispostas a comprar, o discurso de melhora rápida em aspectos pessoais e profissionais é usado para gerar efeito, causando assim a ilusão de que em passos simples a sua situação vai melhorar. Os coaches vendem o delírio para seus clientes — que muito em breve descobrirão que essa solução milagrosa não existe.

5. **"Você vai ficar rico trabalhando poucas horas por semana."**

Talvez essa seja a maior mentira de todas, porque, na atual situação em que vivemos, dois empregos concomitantes não são suficientes para encerrar o mês com saldo positivo. Essa ilusão financeira idiota é replicada de maneiras alternativas, por exemplo, "não trabalhe mais, trabalhe melhor" — o que todos sabemos que é falácia porque não moramos na Suécia nem temos jornada de trabalho reduzida. A picaretagem de insistir no discurso de ficar rico trabalhando pouco não existe, e ouso dizer que nunca existirá.

Isso vem acompanhado da glamourização e ostentação, com consultas e tratamentos a preços exorbitantes e exclusividade, o que serve para passar uma imagem de sucesso ao público geral. É uma estratégia há muito usada para agregar valor e criar certo desejo no consumidor.

Essas promessas não afetam apenas o aspecto financeiro, pois mexem com noções como corpo perfeito, desintoxicação, juventude, vigor físico, produtividade, criatividade, aprender ciência de dados em três meses, antes versus depois, cura de doenças crônicas.

6. **"Faça um curso de coaching completo e saia cobrando R$ 600 por sessão."**

Esta frase é dita principalmente por aqueles que se intitulam master coaches, ou seja, coaches para formar coaches. Funciona como um golpe do WhatsApp ou o e-mail do príncipe da Nigéria.

Neste momento, vemos uma similaridade com a cultura egípcia, pois isso funciona na base do esquema de pirâmide. O master coach usa a malandragem dele para fisgar coaches e estes têm que fisgar alunos (otários — que podem entrar no esquema como coaches), que farão cursos de coaching em determinadas áreas, por exemplo "Como vender a ideia de prosperidade em poucos passos". A ilusão de dinheiro fácil, rápido, sem esforço é bastante utilizada pelos charlatões.

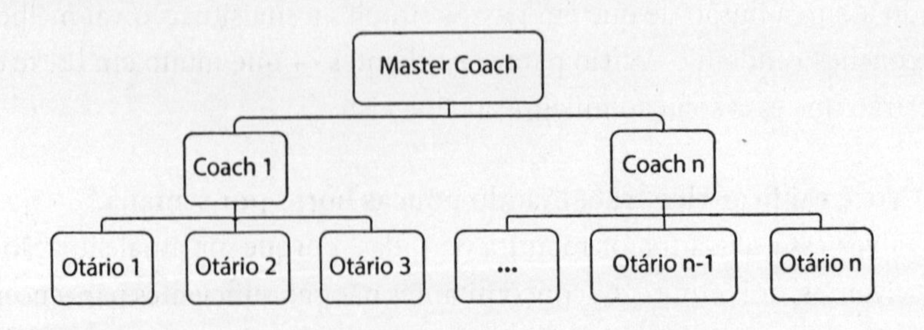

Maus profissionais apresentam "pseudotítulos", isto é, titulação conferida por "sociedades" não reconhecidas, muitas vezes criadas por eles próprios. Muitos desses diplomas ou certificados não têm validade no Brasil. E é comum esses maus profissionais serem intangíveis, no sentido de que é frequente sofrerem com processos éticos ou mesmo judiciais, acabarem sumindo de tudo por um tempo e depois voltarem.

7. **"Você vai se tornar a pessoa mais desejada em poucas semanas."**

Se pensar bem, você já é uma pessoa desejada — basta abrir sua caixa de entrada de e-mails e olhar quanta gente quer aplicar um golpe em você. Tente consultar preços de eletrodomésticos no Google que ele vai lembrar por meses de tudo o que você queria comprar. Se ficar meses isolado, mesmo assim ninguém vai esquecer você, a julgar pelas cartas da concessionária de luz, água, cartão, Serasa etc. Recentemente até mesmo no celular têm surgido ótimas oportunidades de se tornar gerente da Amazon. A fila de possibilidades de golpes é imensa, basta escolher em qual cair.

Por mais ávidas que sejam as tentativas de clonar seu cartão ou ganhar dinheiro em cima de você, nada disso vai ajudar a salvar o seu relacionamento. Existem duas técnicas boas para isso, e chamam-se tomar banho e escovar os dentes. De resto não existe milagre: o golpe tá aí, cai quem quer.

8. **"As ferramentas que usamos são cientificamente validadas."**

Essa é só uma jogada de marketing que muitos picaretas praticam. Dizer que algo é cientificamente validado passa a falsa impressão de que a técnica é infalível, o que acaba enganando as pessoas.

E, quando há algum tipo de estudo, é comum que estudos ruins e de baixa qualidade sejam usados para justificar as opiniões pessoais do mau profissional. Assim como estudos robustos e de forte impacto científico são deixados de lado, se assim lhes favorecer.

Quando você pergunta pelas referências, pela base de dados, qual o jornal, o fator de impacto da publicação, vai ter no máximo uma postagem no Instagram como prova, um livro do próprio coach como referência ou um vídeo do YouTube.

O conhecimento científico é de livre disponibilidade. Qualquer profissional com boas intenções e boa vontade consegue ter acesso, interpretar a literatura científica e citar suas referências. O mau profissional cita o charlatão-mor. "Eu faço porque o Dr. Fulano, superfamoso, faz." Muitos dos "gurus" ministram cursos e ganham a vida vendendo informações distorcidas para os maus profissionais.

9. **"Sem esforço e com pouco tempo."**

Dívidas, estas são as únicas coisas que você faz sem esforço e com pouco tempo. Basta comprar tudo do seu carrinho da Shopee que magicamente você terá contraído um débito grande numa pequena quantidade de tempo.

Se você acredita numa coisa dessas, digo que até dá para fazer muitas coisas sem esforço e em pouco tempo, mas é melhor nem começar a listá-las.

Nada, nem mesmo o mundo, foi criado em pouco tempo e sem esforço. Para criar o mundo foi preciso haver uma série de explosões e o sacrifício dos dinossauros (RIP). Assim, a calma e o empenho caminham juntos para estruturação de algo novo.

Há também a prática excessiva da ritualização. Quanto mais complexo e ritualístico for o processo, mais forte é a sensação de pouco esforço. Alguns processos têm a complexidade de verdadeiros rituais esotéricos.

10. **"A mudança é mais fácil do que se imagina."**

O infeliz que disse isso certamente nunca fez uma mudança. A quantidade de caixas, fita adesiva, o caos ao enrolar toalhas nos copos para que eles não quebrem, a infinidade de técnicas para garantir que nada se perca ou estrague é impressionante. Se existe anarquia para organizar objetos móveis, imagine quando se trata de mudar percepções.

Toda e qualquer mudança, na vida pessoal ou profissional, de quem quer que seja, envolve trabalho, desconforto e muito suor. Isso porque requer que saiamos da situação prévia para outra completamente desconhecida, aplicando a lei da inércia na prática.

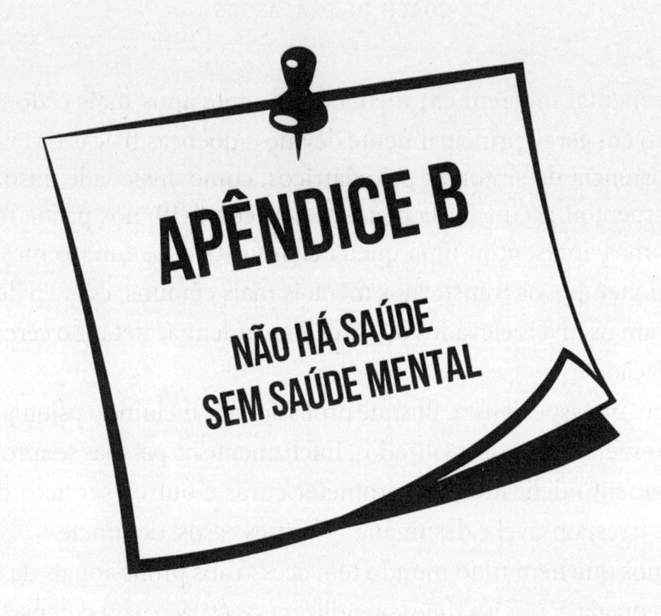

A saúde mental é uma parte integrante e essencial da saúde como um todo, e diversos fatores podem colocá-la em risco. O abuso sexual infantil e o abuso por intimidação são causas recorrentes da depressão. Desigualdades sociais e econômicas, emergências de saúde pública, guerras e crises climáticas estão entre as ameaças estruturais globais à saúde mental.

Há também fatores psicológicos e de personalidade específicos que tornam as pessoas vulneráveis aos transtornos mentais. Por último, há algumas causas biológicas, incluindo fatores genéticos, que contribuem para desequilíbrios químicos no cérebro. Ansiedade, mal-estar psicológico ou estresse continuado, depressão, dependência de álcool e outras drogas, perturbações psicóticas e demência, entre outros, são alguns exemplos.

Em 2019, quase um bilhão de pessoas —incluindo 14% dos adolescentes do mundo — viviam com um transtorno mental. O suicídio foi responsável por mais de uma em cada cem mortes, e 58% dos suicídios ocorreram antes dos 50 anos de idade.

Os transtornos mentais são a principal causa de incapacidade, causando 1 em cada 6 anos vividos com incapacidade. Pessoas com condições graves de saúde mental morrem em média dez a vinte anos mais cedo do que a população em geral, principalmente devido a doenças físicas evitáveis.[77]

A ocorrência de sintomas psiquiátricos, como ansiedade, insônia e estresse, aumentou no início da pandemia de covid-19, nos primeiros meses de 2020, mas apresentou uma queda significativa no fim do mesmo ano. Ao mesmo tempo, os transtornos mentais mais comuns, como a depressão, mantiveram os níveis elevados de antes da pandemia, afetando cerca de 30% da população.[78]

Procure um especialista. Busque profissionais, incluindo psiquiatras, psicólogos e enfermeiros especializados. Infelizmente há pessoas se aproveitando desse momento delicado para prometer curas e outros serviços de forma irregular, irresponsável e desumana — nesses casos, denuncie.

Sabemos que nem todo mundo tem acesso aos profissionais de saúde de forma adequada. É por isso que vou utilizar este espaço para compartilhar um QR Code que remete ao site da Sala de Apoio à Gestão Estratégica (SAGE), referente aos Centros de Atenção Psicossocial — CAPS do Governo Federal.

Os CAPS são serviços de saúde de caráter aberto e comunitário voltados ao atendimento de pessoas com sofrimento psíquico ou transtorno mental, incluindo aquelas com necessidades decorrentes do uso de álcool, crack e outras substâncias, que se encontram em situações de crise ou em processos de reabilitação psicossocial.

Se você conhece alguém que esteja necessitando de auxílio psicológico e não tenha condições financeiras, indique esse serviço.

---

[77] WORLD MENTAL HEALTH REPORT: Transforming Mental Health for All. Genebra: *Organização Mundial da Saúde*, 2022. Licença: CC BY-NC-SA 3.0 IGO.

[78] SUEN, P. J. C., *et al.* "Examining the Impact of the Covid-19 Pandemic Through the Lens of the Network Approach to Psychopathology: Analysis of the Brazilian Longitudinal Study of Health (ELSA-Brasil) Cohort Over a 12-year Timespan". *J Anxiety Disord*, v. 85, p. 102512, jan. 2022. 10.1016/j.janxdis.2021.102512.

188
CVV
Centro de Valorização da Vida

BOM DIA, TRISTEZA
QUE TARDE, TRISTEZA
VOCÊ VEIO HOJE ME VER
JÁ ESTAVA FICANDO
ATÉ MEIO TRISTE
DE ESTAR TANTO TEMPO
LONGE DE VOCÊ

SE CHEGUE, TRISTEZA
SE SENTE COMIGO
AQUI, NESTA MESA DE BAR
ME DÊ O SEU OMBRO
BEBA DO MEU COPO
QUE É PARA EU CHORAR
CHORAR DE TRISTEZA
TRISTEZA DE AMAR

"BOM DIA, TRISTEZA"
VINICIUS DE MORAES E ADONIRAN BARBOSA*

---

* BOM DIA, tristeza. Intérprete: Aracy de Almeida. Compositores: Vinicius de Moraes e Adoniran Barbosa. *In*: CONTINENTAL 17437. Coleção de origem: Nirez. [*S.l.*]: Continental, maio de 1957. Lado B.

VOCÊ AINDA
NÃO CHEGOU LÁ,
MAS OLHA O
QUANTO VOCÊ
JÁ SE FODEU.

ESQUEÇA OS ERROS
DO PASSADO
PLANEJE OS ERROS
DO FUTURO

A VIDA TE
DERRUBA HOJE
PREPARANDO
PARA A QUEDA DE
AMANHÃ

UM DIA VOCÊ
PERDE. NO OUTRO
VOCÊ NÃO GANHA.

QUANTO MAIS FRASES DE
SUPERAÇÃO
VOCÊ POSTA
MAIS A GENTE SABE QUE
VOCÊ NÃO SUPEROU NADA

NO TEMPO
CERTO
TUDO DARÁ
ERRADO

NADA COMO UM
DIA PIOR
QUE O OUTRO

FOCO
FORÇA
FRACASSO

NUNCA É
TARDE PARA
DESISTIR.

VAI SER DIFÍCIL,
VAI SER CANSATIVO,
VAI LEVAR TEMPO E
NÃO VAI VALER A PENA.

PARA FICAR RUIM TEM QUE MELHORAR MUITO.

O FRACASSO É
A EXPERIÊNCIA
DA PRÓPRIA
VIDA.

OS DIAS RUINS
PASSAM PARA
QUE OS **PIORES**
POSSAM VIR.

NUNCA É **TARDE**
PARA PARAR DE
SONHAR.

O SOL NÃO
NASCE PARA
TODOS.

LUTE COMO UM
PERDEDOR.

SE FOR PRA
DESISTIR,
DESISTA
DE TENTAR.

SE AINDA NÃO
DEU MERDA
É PORQUE AINDA
NÃO ACABOU.

É PRECISO FECHAR
CICLOS PARA
FRACASSAR
EM ALGO NOVO.

DAQUI A

UM ANO,

VOCÊ VAI DESEJAR

TER DESISTIDO

HOJE.

Este livro foi composto na tipografia Minion Pro,
em corpo 11/15, e impresso em
papel off-white no Sistema Cameron da
Divisão Gráfica da Distribuidora Record.